名师名校名校长

凝聚名师共识
回应名师关怀
打造名师品牌
培育名师群体

程明远题写

乘着歌声的翅膀

崔玲 著

山西出版传媒集团

山西人民出版社

图书在版编目（CIP）数据

乘着歌声的翅膀 / 崔玲著. -- 太原：山西人民出
版社，2024. 8. -- ISBN 978-7-203-13487-9

Ⅰ. G633.951.2

中国国家版本馆CIP数据核字第2024K7L164号

乘着歌声的翅膀

著　　者：崔　玲
责任编辑：贾　娟
复　　审：李　鑫
终　　审：梁晋华
装帧设计：言之凿

出版发行：山西出版传媒集团·山西人民出版社
地　　址：太原市建设南路21号
邮　　编：030012
发行营销：0351-4922220　4955996　4956039　4922127（传真）
天猫官网：https://sxrmcbs.tmall.com　电话：0351-4922159
E-mail：sxskcb@163.com　发行部
　　　　　sxskcb@126.com　总编室
网　　址：www.sxskcb.com

经　销　者：山西出版传媒集团·山西人民出版社
承　印　厂：北京政采印刷服务有限公司

开　　本：710mm×1000mm　　1/16
印　　张：15.5
字　　数：258千字
版　　次：2025年3月　第1版
印　　次：2025年3月　第1次印刷
书　　号：ISBN 978-7-203-13487-9
定　　价：58.00元

如有印装质量问题请与本社联系调换

序言

　　我喜欢这样一种状态，太阳在天上照着，我在走，行人在走，我们相对而行，互相送出一个微笑，虽相见不相识，心里却萌生出浅浅的欢喜。就像与一棵树相遇，一朵花相逢。聆听音乐就是这样一种状态，我们隔空与大师进行灵魂交流，感悟他们传达给我们的情感，不管是怎样的一种音乐风格，怎样的一种音乐状态，我们都能体味音乐中所表达的思想。音乐无国界，音乐无阶层，音乐属于每一个人。从教十几年来，我屡屡碰到这样的情况，学生喜欢音乐却不喜欢音乐课，我一直在思考，究竟为什么会这样？

　　在全国都在大力推进美育的今天，我一直想为艺术教育在学校里的"口头上重视，行动上轻视"的现状做点儿什么，也能让音乐老师在课堂教学当中能有所借鉴。于是我将自己在十几年的教学中积累的点滴教学感悟整理出来，结合工作室成立三年来，我们的团队在不断汲取达尔克罗兹、柯达伊、奥尔夫等音乐教育家的教育理念，结合中国国情形成的有中国特色的音乐教育"新体系"的教学理念和教学方法，让音乐教育不断深入推进。

　　以培养学生的核心素养为主旨的课堂教学改革是教育发展的必由之路。学生的核心素养是适应个人终身发展和社会发展的正确的价值观、必备品德和关键能力。这是学生面对未来世界发展和自身发展的挑战。如何把核心素养落实到学校的教学中，是当前教学改革的最重要的核心任务。音乐教育在教学改革当中有着举足轻重的作用，让音乐伴随每一个孩子的成长，让音乐属于每一个孩子，让音乐成为孩子终生发展的伴侣。

　　国务院办公厅《关于全面加强和改进学校美育工作的意见》（国办发〔2015〕71号）指出：把培育和践行社会主义核心价值观融入学校美育全过程，根植中华优秀传统文化深厚土壤，汲取人类文明优秀成果，引领学生树立正确的审美观念、陶冶高尚的道德情操、培育深厚的民族情感、激发想象力和

1

创新意识、拥有开阔的眼光和宽广的胸怀，培养造就德智体美全面发展的社会主义建设者和接班人。

坚持育人为本，面向全体。遵循美育特点和学生成长规律，以美育人、以文化人，在整体推进各级各类学校美育发展的基础上，重点解决基础教育阶段美育存在的突出问题，缩小城乡差距和校际差距，让每个学生都享有接受美育的机会。

坚持因地制宜，分类指导。以问题为导向，充分考虑地区差异，重点关注农村、边远山区、贫困和民族地区美育教学条件的改善，加强分类指导，因地因校制宜，鼓励特色发展，坚持整体推进与典型引领相结合，形成"一校一品""一校多品"局面。

坚持改革创新，协同推进。加强美育综合改革，统筹学校美育发展，促进德智体美有机融合。整合各类美育资源，促进学校与社会互动互联，齐抓共管、开放合作，形成全社会关心支持美育发展和学生全面成长的氛围。学校美育课程建设要以艺术课程为主体，重视美育基础知识学习，各学科相互渗透融合，增强课程综合性，加强实践活动环节。要以审美和人文素养培养为核心，以创新能力培育为重点，科学定位各级各类学校美育课程目标。

义务教育阶段学校美育课程要注重激发学生的艺术兴趣，传授必备的基础知识与技能，发展艺术想象力和创新意识，帮助学生形成一两项艺术特长和爱好，培养学生健康向上的审美趣味、审美格调、审美理想。

综上所述，艺术教育课堂教学改革势在必行，以前一本书、一支笔就可以上一节课的传统教学模式已经远远落后，再也不能适应学生的需要，要为艺术教育注入新的血液，让艺术课堂成为孩子们的乐园。

崔玲

2024年2月

目录

上 篇 书写理论与知识的乐谱

第一章　中小学音乐教育 ………………………………………………… 2

  课堂教学改革 ………………………………………………………… 2

  中学音乐教育的重要意义 …………………………………………… 8

  音乐教学法原则 ……………………………………………………… 11

  中学生音乐心理发展特征与音乐教学主要特点 …………………… 19

  中学音乐教学的主要内容和教法 …………………………………… 26

第二章　国外著名音乐教育体系与教学法 …………………………… 50

  达尔克罗兹音乐教育体系 …………………………………………… 50

  柯达伊音乐教育体系 ………………………………………………… 55

  奥尔夫音乐教育体系 ………………………………………………… 63

第三章　音乐教学设计的概述 ………………………………………… 70

  初中音乐课堂教学设计的要求及特点 ……………………………… 70

  音乐课堂教学设计的前期准备 ……………………………………… 74

  音乐教学设计的步骤 ………………………………………………… 80

  音乐教学过程的结构形态 …………………………………………… 93

音乐教学动态过程的设计思路 ·······················95

音乐教学设计的艺术 ······························98

第四章　初中音乐教学的知识点 ···············108

湖南文艺版八年级音乐上册知识点 ···············108

湖南文艺版八年级音乐下册知识点 ···············119

下篇　聆听应用与感悟的声音

第五章　初中音乐教学设计案例 ···············132

七年级上册教学设计 ····························132

七年级下册教学设计 ····························155

八年级上册教学设计 ····························171

八年级下册教学设计 ····························176

第六章　教育故事和收获 ·····················180

我的入党故事 ································180

遇见好时光 ··································183

那个与二胡为伴的孩子，你还好吗？ ············184

当我的双眼遇到你 ····························187

我的支教故事 ································189

那个瞬间，温暖了清晨 ·······················191

听观评思感 ··································193

学校德育教育与学科德育渗透的方法探究 ………………… 196

孩子，去飞吧！ ………………………………………………… 200

这年冬天不太冷 ………………………………………………… 202

敬畏生命 ………………………………………………………… 205

最美的风景在路上 ……………………………………………… 208

用生命中最美的姿态向上生长 ………………………………… 210

总结提升　勇于攀登 …………………………………………… 219

我们一起向未来 ………………………………………………… 220

随风潜入夜　润物细无声 ……………………………………… 224

春华秋实　善爱育人 …………………………………………… 228

参考文献 ………………………………………………………… 234

后　　记 ………………………………………………………… 236

上 篇

书写理论与知识的

乐谱

课堂教学改革

一、课堂改革的核心

　　课堂教学改革是课程改革的核心，倡导的是学生"自主、合作、探究"。其根本目的是增加学生的参与度，便于学生动口交流、思维碰撞、分享观点，便于生生互动，便于老师分别指导，从而打破教师"一言堂"，打破传统的教师"主宰课堂"，实现教师"主导课堂"，实现学生学习方式的转变目标。教育改革如何改？应一切从人出发。应以育人、以学生成才为中心。教育的目的就是培养人，就是把人变好。雅斯贝尔斯在《什么是教育》中也有精辟的论断："教育是人的灵魂的教育，而非理性知识和认识的堆积。"令人遗憾的是，当前中国不少学校却忽视了这一点，以至于把学校变成一个硕大的生产车间，把学生变成批量生产的产品，向社会兜售，严重忽视了学生作为一个有性灵的人的存在，只重视升学率，背离了教育的本质功能。由此，我想到了美国哈佛大学的教改方案——2006年核心课程改革方案。这一改革有四大目标：一是培养全球性的公民；二是发展学生适应变化的能力；三是使学生理解生活的道德面向；四是让学生意识到他们既是文化传统的产品，又是创造这一传统的参与者。

　　课堂教学改革中，培养学生的核心素养是关键，核心素养是党的教育方针的具体化，是连接宏观教育理念、培养目标与具体教育教学实践的中间环节。党的教育方针通过核心素养这一桥梁，可以转化为教育教学实践可用的、教育工作者易于理解的具体要求，明确学生应具备的必备品格和关键能力，从中观层面深入回答"立什么德、树什么人"的根本问题，引领课程改革和育人模式变革。核心素养的基本原则是：

第一，坚持科学性。紧紧围绕立德树人的根本要求，坚持以人为本，遵循学生身心发展规律与教育规律，将科学的理念和方法贯穿研究工作全过程，重视理论支撑和实证依据，确保研究过程严谨规范。

第二，注重时代性。充分反映新时期经济社会发展对人才培养的新要求，全面体现先进的教育思想和教育理念，确保研究成果与时俱进、具有前瞻性。

第三，强化民族性。着重强调中华优秀传统文化的传承与发展，把核心素养研究植根于中华民族的文化历史土壤，系统落实社会主义核心价值观的基本要求，突出强调社会责任和国家认同，充分体现民族特点，确保立足中国国情，具有中国特色。

在此原则的基础上，总结出了中国学生的六大核心素养：

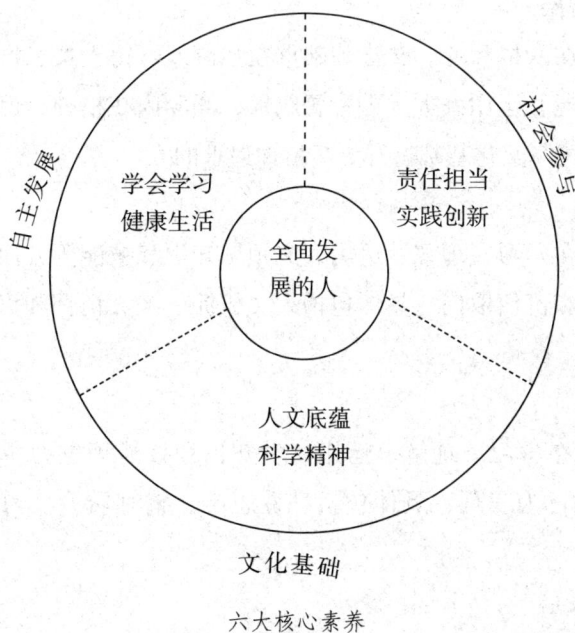

六大核心素养

学生发展核心素养，主要指学生应具备的、能够适应终身发展和社会发展需要的必备品格和关键能力。研究学生发展核心素养是落实立德树人根本任务的一项重要举措，也是适应世界教育改革发展趋势、提升我国教育国际竞争力的迫切需要。

二、总体框架

中国学生发展核心素养，以科学性、时代性和民族性为基本原则，以培养"全面发展的人"为核心，分为文化基础、自主发展、社会参与三个方面。

综合表现为人文底蕴、科学精神、学会学习、健康生活、责任担当、实践创新六大素养，具体细化为国家认同等十八个基本要点。

根据这一总体框架，可针对学生年龄特点进一步提出各学段学生的具体表现要求。

三、基本内涵

核心素养课题组历时三年集中攻关，并经教育部基础教育课程教材专家工作委员会审议，最终形成研究成果，确立了以下六大学生核心素养。

（一）文化基础

文化是人存在的根和魂。文化基础重在强调能习得人文、科学等各领域的知识和技能，掌握和运用人类优秀智慧成果，涵养内在精神，追求真善美的统一，发展成为有宽厚文化基础、有更高精神追求的人。

1. 人文底蕴

主要是学生在学习、理解、运用人文领域知识和技能等方面所形成的基本能力、情感态度和价值取向。具体包括人文积淀、人文情怀和审美情趣等基本要点。

2. 科学精神

主要是学生在学习、理解、运用科学知识和技能等方面所形成的价值标准、思维方式和行为表现。具体包括理性思维、批判质疑、勇于探究等基本要点。

（二）自主发展

自主性是人作为主体的根本属性。自主发展重在强调能有效管理自己的学习和生活，认识和发现自我价值，发掘自身潜力，有效应对复杂多变的环境，成就出彩人生，发展成为有明确人生方向、有生活品质的人。

1. 学会学习

主要是学生在学习意识形成、学习方式方法选择、学习进程评估调控等方面的综合表现。具体包括乐学善学、勤于反思、信息意识等基本要点。

2. 健康生活

主要是学生在认识自我、发展身心、规划人生等方面的综合表现。具体包括珍爱生命、健全人格、自我管理等基本要点。

3. 社会参与

社会性是人的本质属性。社会参与重在强调能处理好自我与社会的关系，养成现代公民所必须遵守和履行的道德准则和行为规范，增强社会责任感，提升创新精神和实践能力，促进个人价值实现，推动社会发展进步，发展成为有理想信念、敢于担当的人。

4. 责任担当

主要是学生在处理与社会、国家、国际等关系方面所形成的情感态度、价值取向和行为方式。具体包括社会责任、国家认同、国际理解等基本要点。

5. 实践创新

主要是学生在日常活动、问题解决、适应挑战等方面所形成的实践能力、创新意识和行为表现。具体包括劳动意识、问题解决、技术应用等基本要点。

四、主要表现

人文底蕴、科学精神、学会学习、健康生活、责任担当、实践创新六大核心素养又具体细化为人文积淀、国家认同、批判质疑等18个要点，各要点也确定了重点关注的内涵。

（一）文化基础——人文底蕴

1. 人文积淀

重点是：具有古今中外人文领域基本知识和成果的积累；能理解和掌握人文思想中所蕴含的认识方法和实践方法等。

2. 人文情怀

重点是：具有以人为本的意识，尊重、维护人的尊严和价值；能关切人的生存、发展和幸福等。

3. 审美情趣

重点是：具有艺术知识、技能与方法的积累；能理解和尊重文化艺术的多样性，具有发现、感知、欣赏、评价美的意识和基本能力；具有健康的审美价值取向；具有艺术表达和创意表现的兴趣和意识，能在生活中拓展和升华美等。

（二）文化基础——科学精神

1. 理性思维

重点是：崇尚真知，能理解和掌握基本的科学原理和方法；尊重事实和证据，有实证意识和严谨的求知态度；逻辑清晰，能运用科学的思维方式认识事物、解决问题、指导行为等。

2. 批判质疑

重点是：具有问题意识；能独立思考、独立判断；思维缜密，能多角度、辩证地分析问题，做出选择和决定等。

3. 勇于探究

重点是：具有好奇心和想象力；不畏困难，有坚持不懈的探索精神；能大胆尝试，积极寻求有效的问题解决方法等。

（三）自主发展——学会学习

1. 乐学善学

重点是：能正确认识和理解学习的价值，具有积极的学习态度和浓厚的学习兴趣；能养成良好的学习习惯，掌握适合自身的学习方法；能自主学习，具有终身学习的意识和能力等。

2. 勤于反思

重点是：具有对自己的学习状态进行审视的意识和习惯，善于总结经验；能够根据不同情境和自身实际，选择或调整学习策略和方法等。

3. 信息意识

重点是：能自觉、有效地获取、评估、鉴别、使用信息；具有数字化生存能力，主动适应"互联网+"等社会信息化发展趋势；具有网络伦理道德与信息安全意识等。

（四）自主发展——健康生活

1. 珍爱生命

重点是：理解生命意义和人生价值；具有安全意识与自我保护能力；掌握适合自身的运动方法和技能，养成健康文明的行为习惯和生活方式等。

2. 健全人格

重点是：具有积极的心理品质，自信自爱，坚韧乐观；有自制力，能调节和管理自己的情绪，具有抗挫折能力等。

3. 自我管理

重点是：能正确认识与评估自我；依据自身个性和潜质选择适合的发展方向；合理分配和使用时间与精力；具有达成目标的持续行动力等。

（五）社会参与——责任担当

1. 社会责任

重点是：自尊自律，文明礼貌，诚信友善，宽和待人；孝亲敬长，有感恩之心；热心公益和志愿服务，敬业奉献，具有团队意识和互助精神；能主动作为，履职尽责，对自我和他人负责；能明辨是非，具有规则与法治意识，积极履行公民义务，理性行使公民权利；崇尚自由平等，能维护社会公平正义；热爱并尊重自然，具有绿色生活方式和可持续发展理念及行动等。

2. 国家认同

重点是：具有国家意识，了解国情历史，认同国民身份，能自觉捍卫国家主权、尊严和利益；具有文化自信，尊重中华民族的优秀文明成果，能传播弘扬中华优秀传统文化和社会主义先进文化；了解中国共产党的历史和光荣传统，具有热爱党、拥护党的意识和行动；理解、接受并自觉践行社会主义核心价值观，具有中国特色社会主义共同理想，有为实现中华民族伟大复兴中国梦而不懈奋斗的信念和行动。

3. 国际理解

重点是：具有全球意识和开放的心态，了解人类文明进程和世界发展动态；能尊重世界多元文化的多样性和差异性，积极参与跨文化交流；关注人类面临的全球性挑战，理解人类命运共同体的内涵与价值等。

（六）社会参与——实践创新

1. 劳动意识

重点是：尊重劳动，具有积极的劳动态度和良好的劳动习惯；具有动手操作能力，掌握一定的劳动技能；在主动参加的家务劳动、生产劳动、公益活动和社会实践中，具有改进和创新劳动方式、提高劳动效率的意识；具有通过诚实合法劳动创造成功生活的意识和行动等。

2. 问题解决

重点是：善于发现和提出问题，有解决问题的兴趣和热情；能依据特定情境和具体条件，选择制定合理的解决方案；具有在复杂环境中行动的能力等。

3. 技术运用

重点是：理解技术与人类文明的有机联系，具有学习掌握技术的兴趣和意愿；具有工程思维，能将创意和方案转化为有形物品或对已有物品进行改进与优化等。

中学音乐教育的重要意义

音乐教学《大纲》明确指出："美育是全面发展教育方针的重要组成部分，音乐教育是实施美育的重要手段之一。它对于建设社会主义精神文明，培养有理想、有道德、有文化、有纪律的社会主义公民有着重要的作用。"同时进一步指出："音乐教育是通过音乐艺术形象的感染，培养学生的审美能力；使学生热爱社会主义祖国，热爱社会主义事业，热爱中国共产党；对学生进行集体主义教育和共产主义理想教育。"

国家教委所颁发的《全国学校艺术教育总体规划》的前言部分，再次全面地强调了艺术教育的重要意义："我国学校教育的根本任务是坚持为社会主义建设服务的方向，培养德、智、体、美、劳全面发展，有理想、有道德、有文化、有纪律的一代新人，提高全民族的素质。艺术教育是学校实施美育的主要内容和途径，也是加强社会主义精神文明建设、潜移默化地提高学生道德水准、陶冶高尚情操、促进智力和身心健康发展的有力手段。艺术教育作为学校教育的重要组成部分，具有其他学科教育所不可替代的特殊作用。"

这些内容，对我国艺术教育的性质作出了全面而明确的规定，也给中学音乐教学指出了正确的方向，对中学音乐教学具有普遍的指导意义。

一、艺术教育是学校实施美育的重要内容和途径

（一）关于美育的教育学概念

美育和德育、智育、体育等方面具有密切的联系，要注意几个方面的密切结合。但是美育作为一个独立的教育方面，首先必须明确它的基本概念、基本特征，从而为提高对于艺术教育的认识打下必要的基础。

美育，即审美教育或美感教育。指教育者在教育过程中，自觉提供并建设具有审美意义的对象，使学生通过感知和理解，产生指向教学目标、具有积极意义和文化蕴含的愉悦情感。在此过程中，提高学生欣赏美、表现美、创造美的能力。长期如是过程，一方面可以提高学生的审美理想，另一方面可以帮助学生积淀审美情操，从而完善学生的素质。从这个意义上说，只有包含美育的教育，才可能成为完全的教育。

这里的愉悦情感，是一个广义的美学概念。它包含了崇高、优美、悲壮和幽默等内容，而不仅是快乐，更不同于快感。在这里，愉悦感和美感的意义极为相近。

美感、愉悦感具有历史和社会的具体内容。任何时代、任何社会，审美实践总有着具体的规范，对于什么是美，即美的标准，总表现着一定的规定性和约定性。今天，中学美育的规范，就是以社会主义精神文明为美，以热爱祖国和人民为美。同时，积极吸收古今中外文化遗产中具有积极审美意义的内容，以丰富审美教育内容。

（二）艺术教育的审美特征

艺术教育的教材，都是从现代社会和古今中外文化史上挑选的珍贵作品，并且适合青少年审美接受能力的作品。因而，它们最容易激发学生的一系列审美心理活动，最容易使学生产生审美的愉悦情感，从而让他们积极地接受教育，陶冶他们的情感，升华他们的思想。所以，古今中外的思想家和教育家们，历来十分重视艺术教育的审美特征，并把它作为实施美育的主要内容和途径。

中学阶段，青少年的身体和心理同时有了明显的发育和成长，审美心理十分活跃，艺术兴趣十分强烈。适时的审美教育，对于他们一生的身心健康与发展具有极为深远的积极意义。因此，中学音乐教师应以强烈的艺术教育责任感，在有限的课时内，积极创造条件，加强学生的音乐学习积极性，在成功

地进行审美熏陶的同时，使音乐教育、使美育产生促德、益智、健体的积极影响。

二、音乐教学过程中的审美特点

（一）建设听觉审美对象

音乐教育向学生提供的审美对象，主要是以教材系列形式出现的、古今中外优秀的音乐作品。音乐课程以学生的听觉感知为主要途径，教师在教学中提供的音乐作品的实际音响效果、范唱和伴奏，是学生进行音乐审美的直接对象。因此，教师应努力建设这些方面，提高和丰富它们的审美内涵，使它们名副其实地成为学生的听觉审美对象。在此基础上，教师也应从指挥动作、形体动作、教学语言及组织教学手段等各方面作出努力，使它们同时成为学生学习过程中的审美对象。音乐课是艺术课程，教师在这些方面应该对自己提出较之其他课程更高的审美要求。

（二）充分实现感性与理性相结合的审美过程

音乐课的美育过程是感性与理性相统一的过程。一方面，教学过程中应当充分发挥学生的感性直觉作用，使学生确切感受到教育内容中实际的美好音响，并且引导学生充分体验，使之与教材内容产生尽可能强烈的情感共鸣。这一点，可以说是艺术学科教育过程中的重要特征。另一方面，应提高学生的理解能力，使学生有可能更完整、更深刻地感知审美对象。首先是认知乐谱符号，掌握必要的视唱能力，这是理解音乐语言的基础条件。同时，要让学生掌握良好的音乐科学知识，提高学生对于正确的音乐行为的自觉认识，从而形成正确的站、坐、歌唱、吹奏、律动等姿势。在此基础上，通过适量的重复练习，并加以纠正，使学生掌握一定的基本技能。马克思指出，对于不辨音律的耳朵来说，最美的音乐也毫无意义，音乐对它来说不是对象，……因为对我来说任何一个对象的意义……都以我的感觉所能感知的程度为限，如果谁想得到艺术的享受，他本身就必须是一个有艺术修养的人。只有具有一定的音乐理解能力，审美对象才可能被学生接受，审美过程才能够得以开始和进行。

（三）深化审美主体的情感体验

情感体验不仅仅是审美的过程，也是审美活动的归宿。要让学生充分地实现情感体验，不断深化，使其获得一定的心理活动能量，从而得到审美情感的满足。为此，音乐教师在教学中，特别要铺垫学生情感的起伏，并形成相对的高潮，让学生与教材提供的审美对象产生强烈而深沉的共鸣。这就是我们所说的潜移默化的过程，即学生接受美育的过程、思想情感升华的过程。

综上所述，在音乐教学过程中自觉地对学生实施审美教育，目的是培养学生良好的审美素质，使他们成为具有良好的社会主义精神文明的一代新人。正如马克思指出的："艺术对象创造出懂得艺术和欣赏美的大众——任何其他产品也都是这样。因此，生产不仅为主体生产对象，而且也为对象生产主体。"

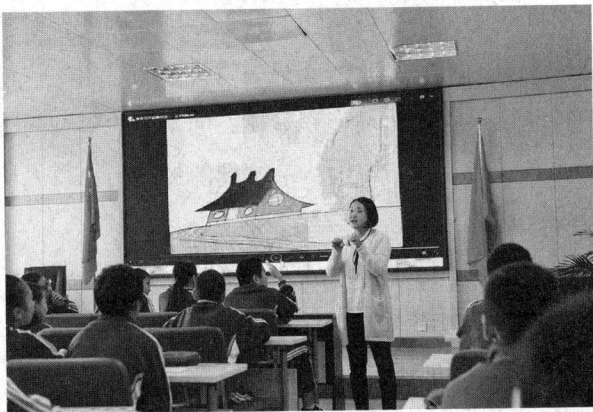

课堂实景

音乐教学法原则

当音乐教育学从教育学与音乐学的结合中脱胎而出之后，音乐教学法便成为其中的一个章节。当音乐教学法进一步从音乐教育学中独立出来之后，势必对教育原则的内容及其表述形式提出更高的要求与思路。如果在本章中重复引用教学论或音乐教育学中的教学原则，不仅不合适，而且这本身也是一种体例上的混乱。因此，本章在简单介绍一般教育原则的基础上，力图进一步表述音乐教学法的若干原则，从操作性这一基本特点出发，对原则的内容加以新的限定，以使原则的内容更集中、更明确，更符合音乐教学法在整个音乐教育理论结构中的层次位置。这既是音乐教育理论建设自身有序化的必然，也是音乐教学实践的具体需要。

一、音乐教育理论体系的逻辑要求

音乐教育学中的教学一般原则，涉及教学目的、教材内容等许多方面。音乐教师运用教学法进行教学操作的时候，不言而喻，也要遵循这些一般原则。在这一前提下，必须进一步研究教学法的若干原则，因此，对于某一现象的领域所特有的某一种矛盾的研究，就构成某一门科学的对象。"正因为如此，如果不研究矛盾的特殊性，就无从确定一事物不同于其他事物的特殊的本质，就无从发现事物运动发展的特殊的原因，或特殊的根据，也就无从辨别事物，无从区分科学研究的领域。"

本章从逻辑形式的整齐性出发，结合中学音乐教学法的具体内容，演绎推论出关于教学法原则的层次体系。这对于建设我国音乐教育理论体系来说，从内容到形式都是一种尝试和前进。

二、音乐教学实践发展的抽象要求

随着中学音乐教学的不断发展，音乐教师、音乐教研员和音乐教育的主管部门，已经不满足于对教学进行一招一式的评议与研究。在听课及观摩等活动之后，如果仅仅就事论事地交流一些感想，往往会感到不同程度的欠缺。

近年来，各地陆续总结了不少音乐教师的教学经验，推广了一些行之有效的教学方法。尤其是改革开放以来，相继引进、推广了外国著名音乐教育体系。如何科学地分析、认识这些新内容，从而吸收其中的精华，为我国音乐教育所用，已经成了音乐教师亟待解决的实际问题。

进行教学法的原则的学习与研究，就是从丰富的实践经验中，概括并抽象出要点、要则，以理论的形式，普遍地（而不是一个一个地）回答实践中提出的种种问题，帮助音乐教师提高理性认识，从而总结与学习更好的教学法，使教学操作行为更自觉、更明确、更有成效。

三、音乐教学法原则的概念

音乐教学法原则是指：运用音乐教学法进行教学，以及评价和构建教学法所必须遵循的基本原理、要点。

教学法原则涵盖下列几个方面：

（一）教学法原则是实施教学法的依据

由于学生、教材和自己主观条件的不同，教师经常选用不同的教学方法进行教学；即使是同一种教学方法，操作起来也会各有不同。这是因为教育是一种复杂的人际相互影响的过程，而不是人作用于物的单向过程。正是在这一种意义上，人们常说"教无定法"。但是，教学方法实施中的千差万别，总不能背离其中的基本原理，否则，教学就成了盲目而混乱的随意行为。所以，一位教学操作自如并取得良好教学效果的音乐教师，同时必定也是教学法原则的自觉遵循者。优秀的音乐教师，则会更进一步发挥自己的主观能动性，在自己特定的教学实践中，不仅会实施这些原则，而且还会丰富和发展这些原则。在这个意义上说，"教有定法"，而且这个"法"本身就是一个不断发展、充满活力的概念。

（二）教学法原则是评价教学法的依据

在评价、认识教学法的过程中，往往因为评价者的主观差异，特别是评价者自身价值观和知识结构的不同、评价的内容和角度不同，致使评价的结果相去甚远，甚至有时各执一端，失之偏颇。这种现象在评课活动中，在推广新经验的过程中，经常可以看到。

在评价教学法的时候，必须有一个共同依循的基本原理，作为不同评价者进行评价时共同应用的客观尺度。这个尺度就是教学法原则。它是基本的、主要的内容，而不是枝节的、次要的内容。依循教学法原则去评价教学，非但可以使评价抓住主要内容，提高评价效率，而且从教育理论上为教师发挥创造性，在具体教学过程中形成特色，预留了广阔的空间。

四、教学法原则是构建教学法的依据

首先，构建新的教学法，并不是一件高不可攀的事情。任何一位教师，进行了多次类似的成功实践之后，可以在这个基础上，运用科学的方法（如逻

辑方法），抽象出其中的一般性操作模式，并和已有的教学方法进行区分。这时，就可以说构建了一种新的教学方法。当然，它还有待进一步经受更大范围和更长时间的实践检验。在这一系列过程中，运用教学法原则对其进行分析和认识，是一个必不可少的建设过程。如果不符合教学原则，它就不是一个好的教学方法；也许，它还没有成为一种教学方法。这一点和教学实践关系十分密切。在日常的经验、交流中，经常有这样一种现象：在罗列教学现象之后，就冠之以"某某教学法"。这是不妥的。因为这缺少了以教学法原则进行分析和整理的过程。而这一过程，正是使教学经验从感性形式上升为理性形式的必由之路。至于有的时候，教学效果反映良好，但教学操作与已有的教学法原则又不尽吻合，这时，也可能是对于教学法原则作出了新的推进与发展，此时尤其有必要进行认真的研究。

综上，从音乐教学法原则的概念定义中，已经说明它是音乐教学法理论中的一个基础概念，和教学实践具有十分密切的关系。

五、音乐教学法原则的内容

伴随着音乐教育历史的发展，教育学和教学论中的原则条目越来越多了，至今已多达几十条，内容十分丰富。它们从不同角度出发，揭示了教学的一般规律，使教学原则的理论内容，从深度和广度都得到了发展，这些原则的确立，提高了教师进行教学操作的自觉性，也减少了盲目性，从而改善了教学过程。

（一）教法原则

在教学原则的有关内容中，也提出了一些问题。一条教学原则的确立，笼统地说，当然先来自实践经验，然后上升为理论形式。但具体地说，这种"上升"必须经由怎样的科学程序？一条教学原则必须具备什么命题形式？必须蕴含什么本质内容？也就是说，具备什么条件，才有资格被列为一条教学原则，才能得到广大教师的公认？这些已是关于教学原则观的问题，是教育理论的方法论的自身建设问题，有待在今后的更为基础性的学习与研究中去解决。

（1）在普通教育学和教学论中，有一些历经教学实践检验，并且广被援引的教学原则条目，现选择列举如下，作为普遍性指导。

为了避免和教育学及教学论的重复，本节中不作展开解释。如教学的直观性原则、教学的自觉性原则、知识的系统性原则、学生掌握知识的巩固性原则、教学的可接受性原则、以高难度进行教学的原则、以高速度进行教学的原则、理论知识起指导性作用的原则、使学生理解学习过程的原则、使全班学生都得到发展的原则、理论和实际相结合的原则、教师主导作用与学生主动精神相结合的原则、反馈原则、创设最优教学条件的原则、因材施教的原则、循序渐进的原则、教学相长的原则、启发诱导的原则、管教管导的原则等。

（2）在上述各项原则的基础上，加以逻辑结构的整理，使它们成为更为完整的原则体系。同时，结合音乐教育的特殊性，尤其是音乐教学法操作的特殊性，可以演绎、派生出下一层次的原则内容。与之对应的是，从音乐教学操作的实践经验中，加以抽象、概括、筛选和组织，也可提升出具有一般性的原则内容。

（二）音乐教学法原则

1. 操作性和理论性相统一的原则

音乐教学法有别于音乐教学论，它是专门研究师生音乐教学操作行为的分支学科。因此，操作行为是本学科的主要实体内容。它主要包括语言、示谱、视谱、歌唱、演奏、律动、指挥、划拍、播放音乐、欣赏等以及一系列智力与非智力的心理活动。这些操作行为的实际过程以及它们的一般模式，是音乐教学法的特定内容。没有这些，也就称不上是音乐教学法。

但是，音乐教学法中的操作行为，是自觉的教学行为；它们的一般模式，则是一种自觉的理性认识；尤其是各种行为之间的关系，更是一种高层次的理性构建的结果形式。因而，在强调操作性的同时，不但不排斥理论，而且必须援引有关理论来说明为什么这样操作。没有起码的理论阐述，教学操作讲得再多，也难免仅仅是行为的罗列杂陈，建构不起具有一定结构形式的一般模式，因而也称不上是教学法。

作为音乐教学法，既要具有操作行为模式，又要具有必要的理论说明，这种音乐教学法内容的操作性与理论性的统一，是一条具有前提性的重要原则。

2. 艺术性和思想性相统一的原则

音乐教学是艺术教育学科，必须按照艺术审美教育的途径实现艺术审美教育的功能。教学内容应该成为学生的审美对象，在教学过程中，学生和教学内容应该发生审美关系。因此，教师对于教材、教法、教具等各个环节，都应该进行相应的审美建设，从而启发学生的审美感知和审美体验，使艺术审美心理过程实实在在地发生并发展。只有在这一基础之上，学生的情感陶冶才能潜移默化，品德才能得到升华。如果没有充分的艺术审美过程，教育性只是一句无所依凭的空话。

艺术审美的标准和尺度，本身是在实践的历史过程中发展演变的，总是具有一定的时代和社会特征。今日中学音乐教学中的审美教育，应该在体现社会主义的精神文明、继承我国音乐文化优良传统的同时，积极吸收一切外来的、进步的音乐文化。在教学中，应充分注意青少年的生理、心理特点，关注他们身心的健康发展。在艺术教育中坚持思想性和教育性，是艺术审美教育理论包含的基本性质，是艺术教育内在的组成部分。

每个音乐教师都应自觉坚持艺术审美教育服务于社会主义精神文明建设的政治方向，同时又充分重视音乐这一听觉艺术审美过程的特殊性，寻求音乐艺术的感人力量，实现艺术性和思想性的统一，从而切实地实现艺术教育的教育功能。

3. 愉悦性和规范性相统一的原则

在音乐教学中，使学生产生具有音乐文化内涵和积极意义的愉悦感，使学生实现审美满足，这可以说是美育课程的一个本质特征。（当然，这里所说的愉悦感是一个广义的概念。）这种特征，在每一个教学内容和每一个教学阶段中，都应该普遍地实现。因而，音乐教学法作为艺术教育的实践活动，本质上就应该是快乐和愉快的教学法，都应以学生学习愉悦感的实现作为教学的操作目标。

这种愉悦感，又必须是在音乐规范之内实现的，是指向教学目标，并在教学过程中发生与发展的。首先，这种愉悦感是教材内容所引发的；其次，是在学生的基础知识与基本技能的学习过程中发生、发展的；最后，由于这种学习的成功得到肯定性评价而达到高潮。愉悦感的发展过程，就是音乐文化规范建立的过程，两者是一致的。因此，音乐教学要全力引导学生接受这些规范，掌握音乐基础知识和技能，并得到预期的成功，使学生的耳朵变成"音乐的耳朵"。只有这样，学生才可能享受到音乐文化所带来的愉悦。所以，在教学法操作中，对学生的知识与能力的掌握，要严格要求。如果某种教学法的操作诱发的是欠缺音乐文化规范的愉悦，比如非音乐的嘻嘻哈哈，不讲发声技巧的

"声音洪亮"等等，那么，不管课堂效果如何活跃，学生如何积极主动，都应被视为一种无意义的教学。

良好的教学法操作，重视音乐知识技能的学习和掌握，从本质上说，它应是一个实现愉悦的过程，而不是一个单纯痛苦磨炼的过程；而在追求并实现这种愉悦的时候，又要时时使它发生在音乐学习的过程之中，而不使这种愉悦感泛失于音乐规范之外。音乐教学法寻求的是规范性和愉悦性的统一。有了这种统一性，就可以避免时而片面强调"双基"教学，时而片面强调活跃课堂气氛的盲目性。

4. 直观性和抽象性相统一的原则

音乐教师在教学中，应尽量充分利用范唱、伴奏、播放乐曲等手段，通过多种感知途径，丰富学生的直接审美经验和感性认识，使学生获得生动的音乐表象，为深化体验和提高理性认识建立基础，这一原则是根据人类认识的客观规律提出的。教学法应该寻求多种操作行为，使这种听觉直接感知充分发生，以使学生获得更强烈、更深刻、更丰富的听觉印象。

但是，直觉的感知不是目的，音乐教学不应仅仅停留在这个阶段，而应进一步运用教学法，引导学生运用学过的基础知识，加深对音乐的理性认识，同时启发学生进行积极的思考与想象，尽可能使学生对音乐产生更广阔、更深刻的情感体验。这些心理活动是抽象的心理过程，需要学生在积极参与学习，并掌握了一定的音乐基础知识和基本技能的条件下才能实现。

没有充分的听觉直观感知，学生的音乐学习心理过程是贫乏的；没有后继的抽象的理性认识，学生的音乐学习心理过程是肤浅的。良好的教学法，寻求的是两者的统一，从而使音乐教学变得更为丰富而深刻。

5. 总体性和个别性相统一的原则

我国基础教育的性质和教学大纲的教学目的，都提出了面向全体学生的统一要求，这就决定了音乐教师在选用和实施教学法操作的时候，必须引导全体学生掌握基础知识和基本技能，并使他们从中受到陶冶，从而争取使全体学生通过学业成绩的考核，完成教学任务。中学音乐教育正是面向全体学生的，通过提高他们的艺术素质，完善整个人格素质的教育。

由于多种原因，使学生之间出现了个体差异。在音乐学科的教学过程中，这种差异更为明显。因此，教师应当尽量创造条件，对于不同的教育对象，采取不同的教学方法，进行更有针对性的教育。这是教育学中经常强调的因材施教的原则。对于其中的"材"，我们可以作更为广义的理解，可以表述为对于不同学生、不同教材和不同教师的自身特点，都可以而且应该采用不同的方法，这样才能使教学操作行为更加符合教学的实际情况。但在这样做的时候，又会有很多实际的困难。特别是经济效益方面的问题会制约教学，使教学不可能出现更多的一师对一生或一师对几生的对应过程。因此，在进行教学法操作的时候，既要面向全体学生，又要创造条件，照顾到不同学生的特殊情况，寻求两者的统一性。

6. 充分性和高效性相统一的原则

音乐教学中，学生在学习过程中有丰富的操作行为。从这一点说，有人称音乐等课程为术科，以区别于文理两科。尽管这种说法并不全面，但有一定的道理。音乐教学中所包含的知识系统，它的容量及难度和同年级其他课程相比，是比较浅的；但是，音乐基本技能的形成和熟练，却是比较困难的。练耳、视唱、歌唱、演奏，这些基本技能的形成，都需要一段较长的时间；音乐旋律感和节奏感等内在心理素质的发展，更要经历一段漫长的过程。因此，投入一定频次的充分训练，是掌握音乐基本技能的必要条件。

但是，学生在校的时间、各科教学课时总量和学生的作业总量，又是有限的常数。各科分解之后，可以用于音乐学习的份额是非常有限的，因而，充分地训练几乎是不可能的。从这种整体的情况出发，提高训练效率，提高单位时间的练习效益，就成为别无可取的必由途径。

良好的音乐教学法，一方面在课内外争取必要的教学时间，使学生得以切实地练习；另一方面则应锐意寻求教学与训练的效率，以尽可能少的时间、尽可能低的频次，引导学生去实现最大的训练价值。即争取合理的时间投入，保证练习的实际需要，同时不断提高有限时间的利用价值。良好的教学法操作，就是尽量在训练过程中实现两者的统一。

六、素质型音乐教育新体系

音乐教育新体系的核心思想：通过音乐"立德树人""以情感人""以美育人"的教育功能，全面提高学生的综合音乐素养。这是音乐学科独有的功能，其他任何学科都替代不了！新体系的音乐教学特点：以感性认识为基础；

以情感体验为主线；以音乐审美为指导。

新体系是大众化、素质化的教育，是以人为本而非以乐为本，满足人对音乐的精神需要，在教育过程中追求情感体验、情感表达、情感满足、情感交流。

新体系培养的学生音乐素养：积极的自主音乐需要（喜爱音乐，常听音乐，主动参与集体或社会音乐活动）；实用的音乐实践能力（会集体歌唱，会选择音乐活动与作品，能积极参与社会音乐活动）；优质的音乐情感体验（会用音乐表达情感，能用音乐满足情感需要，可从社会音乐实践中获取正面价值）；全面的音乐文化理解（了解民族音乐、经典音乐、世界音乐、当代音乐，理解和支持先进文化的创新与普及）。立德树人、以情感人、以美动人是音乐课"育人为本"理念的根本。

新体系的三大教学工具：歌唱体验、体态律动、即兴表达。三大工具源自三大体系，但经过新体系的民族化改造创新，已不同于欧洲的原体系。新体系的教学方法：第一是培养音乐能力，以表达为先；第二是丰富音乐经验，以歌唱为先；第三是课堂音乐教学，以情感体验为先。用直接情感体验、内容性情感体验、经验性情感体验，来丰富学生的情感体验。

中学生音乐心理发展特征与音乐教学主要特点

音乐教育、教学要研究工作的对象，特别是研究学生的心理。根据学生心理发展的状况，从他们的心理特征出发进行音乐教育、教学，这是提高音乐教育、教学工作水平的基础。

中学生的心理发展处在一个特殊的阶段。其心理特征不同于儿童，也有别于成人，介乎不成熟与成熟之间。因此，中学生音乐心理发展的特征，就成为音乐教育中一个迫切需要研究的问题。本章仅对中学生音乐心理发展的特征及音乐学习的特点作一初步分析。

一、中学生生理、心理发展特征

中学阶段是学生生长高峰期之一。伴随着他们生理上的巨大变化，心理发展也必然经历由量变到质变的渐变过程，并逐步形成一些小学阶段所不具备的新特点。音乐心理发展是一般心理发展的一个侧面，它与一般心理发展有着某些共性，即相通的特征，又具有其独特的表现形式和发展特征。因此，研究中学生的音乐心理，应首先了解他们的生理发育、心理发展状况。

中学生生理发育和心理发展的一般特征有：

（1）生理发育方面，一般认为，人从出生到成熟，大体经历18年左右，其间大致划分为以下几个阶段：乳儿期（0~1岁）、婴儿期（1~3岁）、幼儿期或学龄前期（3~6、7岁）、学龄初期或小学时期（6、7~11、12岁）、少年期或初中时期（11、12~14、15岁）、青年初期或高中时期（14、15~17、18岁）。初中学生已开始进入青春期发育阶段，这一时期生理发育的突出特点表现在三个方面：生长发育形态的变化；生理机能的健全；性发育趋向成熟。

（2）生长发育形态最显著的变化是身高、体重的变化。进入人类第二个发育高峰的初中学生，身高迅速增长，体重也迅速增加。

（3）初中学生生理机能的各个方面逐步健全。初中学生脑的发育基本成熟，各种感觉器官，包括与音乐学习有密切关系的听觉器官都已发育成熟。

（4）初中学生已进入青春期，性的发育开始变得迅速，出现"第二性征"。这一变化使中学生意识到自己由儿童成长为青年，给其情绪、情感的发展带来微妙的影响。

伴随着生理方面的发展变化，中学生要经历变声期。变声是由于发声器官的发育引起声音（音色、音质）的明显改变，是生理变化的正常过程。变声前的少年儿童发声器官较为纤弱，声带长度一般在10毫米左右，肺活量较小，音色属于童声。变声期一般在12、13岁至14、15岁。男生的喉结增大，声带增长近一倍；女生的声带长度增加甚微，约增加1/10。由于男生声带明显增长、变宽、变厚，因而其声音由明亮、清脆变得低沉、浑厚；音调比童声几乎降低一个八度。同时，由于发声器官的迅速发育，血液供给显著增加却又不能很快消散，致使他们的声带长期处于充血、水肿状态，很多人声带闭合不好，音质沙哑，严重的甚至可能失声，女生在这些方面的表现虽不是很明显，但在月经期间，她们的声带及口、毋、咽腔的黏膜也常伴有充血现象。在变声期，中学生的音域一般较窄，大约在b—c^2（或$^b d^2$）。此外，由于中学生的身体尚未完全发育成熟，故其发声器官较成年人更容易疲劳。

二、心理发展方面

心理学家对中学生心理发展的特征，有过许多大致相同的描述。

苏联的彼得罗夫斯基在论述中学生的心理特点时指出，中学生处于少年末期，是"过渡期""困难期""危机期"；他们渴求建立和成人及同龄人的和谐关系，从而评价和指导自身；少年身上同时存在"孩子气"和"成人气"的特性；同一年龄的人在向成人化发展的进程中，个别差异很大；少年兴趣和态度的改变常具有跃进式、暴风雨般的性质；少年表现出强烈的独立性，不愿接受成人的影响等。在谈到青年初期学生的特点时指出，他们要求自尊、自治，在生活中表现出相当强的独立性，同时又对父母有一定的依赖性；青年有价值、有目的的活动急剧地活跃起来……并特别关心别人对自己的评价，渴望知道自己的价值；青年初期是形成世界观的决定时期。

我国心理学家朱智贤在《儿童心理学》中指出，少年期是一个半幼稚、半成熟的时期，是独立性和依赖性、自觉性和幼稚性错综复杂的时期。而青年期则是走向独立生活的时期，是一个人开始独立决定自己的生活道路的时期。林崇德在《中学生心理学》中将中学生（包括初、高中学生）的主要心理特点概括为"过渡性""闭锁性""社会性"和"动荡性"四点。心理学家们所论述的内容有许多共同之处。中学生心理活动的发展，有如下几个较为突出的特点：

（一）逻辑思维能力迅速发展，学习的主动性、自觉性增强

这是由于进入中学后，学习内容和方法发生了很大变化。中学课程教材的内容与小学相比，已经接近较理性的科学体系。为了掌握这些科学知识，他们必须学会从具体事实和表象中，概括出抽象的定义、定理和法则等。学习内容的深化和学习性质的改变，要求他们具有更强的独立思考能力，善于从具体引向抽象，并从抽象回到具体。因而，他们的抽象逻辑思维及学习能力必然得到发展。

（二）情绪、情感日益丰富，但同时又缺乏稳定性

随着身体的迅猛发育和对主、客观世界认识水平的提高，中学生在情绪、情感方面表现出了充满活力、有热情、重感情的特点。以初中学生来说，他们对于事物的情绪、情感的反应比小学生要敏捷、丰富和强烈得多。教师节到了，他们会自发组织起来看望小学时的老师；感受到中学紧张的学习气氛，他们会发出"太累了"的抱怨和"多给我们一些休息时间"的呼声；遇到高兴的事，他们会欢呼、跳跃，遇到气愤的事，他们又会争吵不休，甚至控制不住自己的情绪和情感而导致冲动和鲁莽的行为。

（三）产生"成人感"或者"成人意识"

他们希望老师、家长视自己为大人，自尊心日益增强。在集体活动中，他们常表现出更强的独立性，遇事不愿附和别人的看法，乐于表示自己独特的见解，但同时又摆脱不了心理上对成人的依赖。如征求他们对音乐课的希望，他们会围绕教学内容提出各自不同的想法，言语之中不乏得到老师理解和支持的希冀。

（四）自我意识的增强

随着年龄的增长，中学生考虑个人问题的兴趣有上升的趋势。他们思考问题，往往与自己当前的学习与集体生活，甚至与未来的工作和生活相联系，会权衡其中的利弊。在人际关系上，他们更加关心别人对自己的评价，希望别人尊重自己，承认自己的社会价值。同时，他们自我评价的能力也有提高，但概括水平还比较有限，故在评价中常常有一定的具体形象性和情境性。

三、中学生音乐心理的主要特征

中学生（尤其是初中学生）由于生理方面的迅猛变化，情绪的发展处于极不稳定的过程中，许多方面会呈现出矛盾交错的状态。他们的音乐心理往往也带有过渡、动荡的特点。其主要的特征可以从三个方面进行探讨：第一，音乐的认知发展；第二，音乐的情感发展；第三，音乐的个性心理发展。

（一）音乐的认知发展方面

中学生的音乐认知处于从幼稚向成熟的发展之中，相对小学阶段的学生而言，他们认知的机能有了长足的进步；而与成人相比，他们的认知水平是不高的，常常有表面性和片面性。

依照信息论的观点来看，在音乐学习中，一定的冗余度是接收音乐信息的条件。小学六年的音乐课实践，使学生对音乐有不同程度的感性积累和理性认识，这些正是学习音乐的冗余度，是中学阶段音乐认知比小学阶段能有更大发展的基础所在。进入中学，学生结识了新的老师、同学，增加了许多新的学科。随着生活接触面的扩大，他们接触音乐的机会更多，内容更广泛，加之理解能力和逻辑思维能力明显增强，这些都成为音乐认知进步的潜能。

美国哈佛大学的加德纳曾做过音乐风格敏感性发展的试验。他选择巴洛克、古典、浪漫和现代四个时期各两位作曲家的作品，然后任意组合其中的两个片段（可能选同一首作品或不同的作品），让被试者判断是否出自同一作品，目的是测验不同年龄的被试对象对音乐风格整体的模糊认识水平。结果表明，在三个试验组中，11～14岁组和18~19岁组两个年龄组的成绩显著优于6～8岁组，而前两组之间并没有明显差异。三个组做出反应的言语符号不同，6～8岁被试者多用非音乐的比喻（如"像马在跑"），11～14岁被试者常用音乐本身的特征作出反应（如说明乐器的种类或音乐的节奏），18～19岁被试者则用更为抽象的音乐术语（如巴洛克、爵士乐等）。试验说明，人们对音乐风格的反应经历了由主观的经验式的感受向客观的分析发展的过程。这在一定意义上也表明，中学生的音乐认知正处于从不成熟向成熟这个进程之中。

中学生比小学生更易于接受音乐理论知识。在教师的引导下，学生可以通过分析得出结论，一般来说能够举一反三，触类旁通，达到学习的迁移，他们对于作曲家、演奏家、作品的时代背景等表现出了浓厚的学习兴趣，能从旋律、节拍、曲式结构、风格等多方面综合地理解感受音乐作品。这些都体现了中学生的进步。又如欣赏教学，小学阶段的学生比较喜欢带有趣味性的或拟人化的歌曲和有简单故事情节的乐曲，欣赏教学主要是发展小学生对音乐的注意力、想象力、感受力。而到中学，音乐欣赏活动更多侧重于培养学生对音乐的理解力和鉴赏力，可以增加情节复杂、富有哲理性的音乐内容，使学生的形象思维与逻辑思维同时发展。

但是，由于中学生年龄和知识水平毕竟有限，故他们对于音乐的认识还是比较肤浅的，常常受到社会环境的影响和左右。如对于音乐美的认知，他们衡量的标准多与主观的好恶联系。他们简单地以为好听就是美，否则就不认为美。什么样的歌是好歌，许多学生不十分清楚。在通俗歌曲、摇滚乐的潮流迅速而猛烈的冲击下，很多学生对通俗歌曲、摇滚乐津津乐道，一味赞扬，甚至要求教师在音乐课上也欣赏这一类内容。这在一定程度上反映了中学生对音乐发展的了解和认识的片面性。

（二）音乐的情感发展

情感是人对客观现实的一种特殊的反应形式。它是人对待外界事物的态度，是人判断客观现实是否符合自己的需要而产生的体验。

中学生情感的发展受到身心发展的制约。在此阶段中，他们生长发育迅猛，认知水平提高，活动领域扩展，社会交往加深，成年意识、自我意识增强。这些因素促使其生理上的需要和社会性的需要明显增多，从而使情感活动也日益丰富而强烈。总的来说，这一时期他们情感的发展处在动荡而不稳定的状态。

中学生普遍喜欢唱歌，但初中阶段，由于进入变声期，许多学生的歌声就不那么甜美、明亮。特别是变声期中的男生，音高不准、音色混沌，个别学生声带损伤、声音沙哑。当他们听到别人悦耳的歌声时，不免会产生焦虑、自卑的情绪。在课堂上，他们不大愿意唱，或宁愿大家一起唱，以免显露自己的"不足"。这种心理特点应该得到教师的理解和保护。当度过变声期之后，这种情绪就会自然消失。

再以音乐偏好为例，偏好是个体对音乐对象的一种选择倾向。一般来说，相当多的初中学生对通俗歌曲较为热衷，究其原因是多方面的。生理上的急剧变化促使其寻求满足心理发展需要的途径。他们需要表达感情，需要表现自己的成人意识，需要与伙伴交流。通俗歌曲在某种程度上适应了他们心理的要求。通俗歌曲的歌词一般贴近生活，浅显易懂，曲调较为流畅，节奏的频繁变化极能引起中学生的兴趣。加上社会上广泛的传播渠道，一支曲子兴起，很快就流传开来，这也代表了中学生较为普遍的心境。当然，随着年龄和阅历的增长，随着更广泛而深入地接触和了解艺术，不少人的偏好会转向其他音乐形式，如古典音乐、民族音乐等。

四、音乐的个性心理发展

个性心理发展可以划分为两部分，一部分是个性的倾向性，包括兴趣、动机、理想、品德、自我意识、世界观等；另一部分是个性心理特征，包括能力、气质、性格等。中学生在这两方面都表现出一定的差异性。下面就三个问题谈谈中学生在音乐的个性心理发展方面的特征。

（一）音乐兴趣的不稳定性

随着中学学科的增加和分化，中学生对各科学习的兴趣也产生分化。对于音乐来说，中学阶段可能是建立音乐兴趣的时期，也可能是转移音乐兴趣的时期。如果音乐课的教学内容新颖有趣，教师的讲授生动、唱奏优美，学生不但能通过努力取得音乐课的好成绩；还可以在教师的引导下积极参与课余音乐活动，并学有所获。在这种情况下，学生对音乐的兴趣就可能日渐浓厚。

（二）音乐能力的差异性

中学生音乐能力的差异性，一是指不同能力之间发展的差异，如有观点认为，中学生对音乐要素的理解力增强，但听觉记忆、视觉记忆的能力方面没有明显发展。二是指在不同个体上表现出来的差异。这种差异在音乐课上可以很清楚地看到，不同的对象，无论是演唱、演奏能力，还是对音乐的想象力、理解力，都有明显的优、劣之分。至于差异形成的原因，则是多方面的，其中有个人禀赋的不同，有环境和教育状况的不同，也有接受教育的主动性不同，等等。

（三）自我意识的表现

青少年走向成熟的标志之一是"自我的发现"，他们能够把探索的视线对着自己。中学生已经具备这种意识，自己的一举一动将会产生什么后果，别人如何看待，如何评价自己，都会引起他们的关注。一些人在确认某个机会对显示自己的才能有益时，会大胆地表现自我，使别人了解自己、理解自己；另一些人却不大愿意当众表现自己，而显现一定的"闭锁性"。以课堂回答问题为例，小学生对老师的提问，一般总是积极举手，毫无顾虑，中学生则不是如此，在自己没有把握时往往不举手，原因之一就是担心答错后被同学笑话，有损自己的"形象"。另一个例子是，小学生对音乐课堂上的律动一般较感兴趣，击掌、拍腿时兴致高，也比较协调。而中学生则表现出不爱动，或不屑一做。这是因为中学阶段学生身体迅速发育，他们的生长速度和动作协调能力的发展暂时失去了平衡，因而动作协调性差，显得比较笨拙。他们生怕做出不好看的动作，影响别人对自己的评价。不屑一做的背后，实际是一种羞怯心理的作用，这种羞怯心理带有一定的普遍性。中学生一方面较为注意别人的评价及自我的评价，但另一方面又不会全面地衡量自己，不能正确看待自己的长处与短处，因此常表现出开朗与忧愁、大胆与怯懦、自尊与自卑同时并存的矛盾心理。

音乐课堂

中学音乐教学的主要内容和教法

　　中学音乐教学的内容主要由歌唱、音乐欣赏、基本乐理、视唱练耳和器乐等几个部分所组成。它们既具有各自的知识、技能特点，又互相依存、互相联系，构成一个有机的整体。因此，中学音乐教学除了应充分注意按各项教学内容的教学规律开展教学活动之外，还要从音乐教学的整体观念出发，注重各项教学内容间的相互渗透。

　　音乐教学要充分贯彻"以学生为主体，以教师为主导"的教学思想。首先，必须激发学生的音乐学习兴趣，使学生积极参与到音乐学习的活动中去，让他们在理解、掌握音乐知识、技能的过程中，获得音乐情感体验。其次，教师应优选教学方法，做到既注重教法，又注重教"学法"，启发、引导学生掌握学习音乐的规律和方法，将打开音乐宝库的钥匙交给学生。在歌唱、音乐欣赏、基本乐理、视唱练耳、器乐教学中，教师应主动贯彻音乐教学法原则。

一、歌唱教学

歌唱教学是中学音乐教学中的一项重要内容。中学的歌唱教学活动，要通过教师的指导和启发，引导学生用歌声正确地表达歌曲的思想内容和情感，从而提高音乐文化素养，陶冶情操，启迪智慧，促进身心健康发展。

由于歌唱是直接运用人体发声器官进行音乐艺术实践的音乐学习活动，因此，歌唱能使学生直接体验音乐诸要素——节奏、音高、速度、力度的特点，真切地感受歌曲的意境、情感，从而逐步提高学生的音乐素养，使学生得到音乐美的感受。

（一）歌唱教学的任务

（1）培养学生学会有表情歌唱的能力。要注意发挥学生的想象力、创造力，正确地处理、表达歌曲的情感，从而启发学生，让学生了解揭示歌曲的思想艺术特点。通过歌唱进行审美教育，进行爱国主义、集体主义教育。

（2）指导学生掌握歌唱的技能、技巧。要培养学生具备良好的歌唱表现力，让他们学会用正确的歌唱姿势、正确的呼吸方法、自然圆润的发声和清晰的咬字、吐字。

（3）进行齐唱、合唱等多种演唱形式的训练。要求学生做到音高准确、节奏合拍、声音协调、音色统一、声部和谐，训练中要注意培养学生的和声听觉能力。

（4）使学生了解变声期嗓音保护的知识和方法，歌唱时能够自我调节，控制嗓音。

（二）歌唱教学的内容

歌唱教学的内容主要包括四个方面：歌曲选材，演唱教学，歌唱基本技能、技巧训练和变声期嗓音保护及训练方法。

（1）歌曲选材要做到内容丰富、题材广泛和体裁、形式及风格的多样化。教材内容应包括反映青少年学习生活、理想道德方面的优秀创作歌曲、革命历史歌曲、传统优秀民歌、外国经典创作歌曲、外国民歌和一定比重的轮唱、合唱歌曲。

（2）演唱教学主要是指对歌曲内容的分析和艺术处理。教师要通过范唱，介绍、分析歌曲的内容和音乐表现手法，启发学生正确理解歌曲的思想性和艺术性，引导学生正确地处理和表达歌曲的思想感情。

（3）歌唱技能、技巧训练的主要内容包括：良好的歌唱姿势、正确的呼吸方法、自然圆润的发声、清晰的咬字吐字。技能、技巧训练内容一般要通过讲解、发声练习和歌曲演唱实践等教学环节来完成。

（4）变声期嗓音保护及训练方法，主要介绍变声期的生理卫生知识和嗓音保护方法，并进行科学、合理的嗓音训练。

（三）歌唱教学的要点及方法

1. 引导学生有表现力地歌唱

歌唱是以人声抒发情感的一种音乐表现形式。在歌唱教学中，要明确情感表现是歌唱所要达到的第一目标，掌握歌唱技巧是为了更好地进行情感表现。因此，不仅要教学生如何唱，更主要的是指导学生用歌唱技巧去表现歌曲的情感，用"心"去歌唱，这样才能有所感悟，有所体验。

指导学生有表现力地歌唱的具体方法是：

（1）通过教师范唱或听歌曲录音，使学生对歌曲有一个完整的印象。在教师范唱和听录音两者之间，以前者为好，教师范唱时那生动的面部表情和肢体动作，及范唱歌曲时的真情实感，能有效地激起学生情感上的共鸣，是激发学生歌唱意愿的有效方法。

（2）在理解的基础上歌唱，是正确进行歌唱表现的重要环节。只有理解深刻，才能把握准确。

首先，通过对歌曲的介绍、分析，启发学生的形象思维，使学生正确把握歌曲的意境。例如：歌曲《保卫黄河》，要使学生的脑海里浮现出中国人民排山倒海、势不可挡，奋起抗击日本侵略者的斗争画面；歌曲《过新年，最快活》，要使学生想象出欢天喜地、热闹非凡的新春喜庆场面；歌曲《摇篮曲》，要使学生进入一种宁静、甜蜜的境界等。学生脑海里特定的艺术画面，有助于他们正确表达歌曲的情感。

其次，要确定歌曲的风格。要分析所教歌曲属于哪个时代、哪种民族、哪个地区，属于何种歌曲体裁等。不同风格的歌曲在声音的运用、咬字、吐字和语言音调上都必须进行特殊的处理，这样才能正确表现歌曲的艺术风格和情感特点。

歌曲处理要注意歌曲音高、节奏、速度、力度等音乐要素的表现特点。歌曲处理可采用讨论法，让学生根据自己对歌曲的理解发表不同意见。教师对各种意见，不立即表示赞同与否，而是有选择地按几种不同的处理方式进行试唱，让学生在演唱中比较、鉴别，最后确定一种较好的处理方案。让学生自主地分析、理解、处理歌曲，有助于他们逐步掌握歌曲的基本规律，从而提高歌唱的表现力。

（3）掌握正确的歌唱姿势和呼吸方法。

① 必须掌握正确的歌唱姿势。人是一个不可分割的有机整体。歌唱时，身体各部分必须互相配合、协调动作，才有利于正确发声。因此，教师在教学中首先要让学生懂得：正确的歌唱姿势是歌唱的基础，不正确的歌唱姿势（如驼背、挺腹、仰脖子、身体伏在课桌上等）会影响歌唱时的呼吸、发声、咬字吐字，影响歌曲的情感表现。

正确的歌唱姿势是：身体端正自然，重心放在两腿上，双目平视，头不要前俯或后仰，面部肌肉要自然、放松。教师可利用歌唱教学挂图，通过正确姿势与错误姿势的对照，进行歌唱姿势讲解，并在歌唱中注意观察，随时纠正学生不正确的歌唱姿势。只有通过长期、严格的要求，才能使学生逐步形成正确的歌唱姿势。

② 掌握正确的呼吸方法。我国古代声乐理论指出："善歌者必先调其气""气功则声发"，意大利男中音歌唱家贝基称"唱歌的艺术就是呼吸的艺术"。可见，歌唱时呼吸方法是否正确或运用得当，将会直接影响歌唱的音准、音色、力度的控制。

正确的歌唱呼吸方法是在训练中逐步培养起来的。教师在教学中要帮助学生树立信心，打破神秘感，说明歌唱呼吸的正确方法存在于人们的日常习惯性生理动作之中。如果能从这些生理动作中去体会歌唱的呼吸，并使之成为下意识的习惯动作，那么就能初步掌握歌唱呼吸的方法。

常见的呼吸训练的方法有以下几种：

a. 腹式深呼吸。让学生体会全身放松地自然式呼吸。使学生掌握靠横膈膜的升降来调整吸气和呼气的方法。此法吸气较深，但不要有耸肩、抬背等多余动作。

b. 胸腹式呼吸。启发学生用"闻花香""打哈欠"等生理动作，去体会深吸气时两肋和腰腹部随之扩张的感觉。还可用"抽泣""惊讶"的生理动作来体会急吸气时腰腹部的感觉。

呼气时腰腹部要保持吸气的状态。启发学生体会"搬重物"时腰腹部不能松劲、腰腹肌向外扩张的对抗感觉。进行顿音训练时，还可启发学生留心体会"咯咯"笑时，小腹有节奏、有弹性地向内收缩的感觉。

缓吸缓呼和急吸缓呼的呼吸方法。

用"吓一跳"的感觉快速吸气，然后均匀徐缓地送气。

正确的呼吸习惯必须通过歌唱实践获得。教学中，教师要注意选择那些有针对性的歌曲进行呼吸训练。

c. 缓吸缓呼训练。如《听妈妈讲那过去的事情》。（谱略）

d. 急吸缓呼训练。如《游击队歌》。（谱略）

（4）歌唱时要保持自然圆润的发声。

自然、圆润的发声方法：

① 发声部位要适度地放松。发声部位包括发音器官和咬字器官。在发声时有些部位（如声带、软腭）需要有一定的紧张度，但有些部位过于紧张会影响正常的发声，导致"病声"。如舌根紧张则产生"喉音"；喉部肌肉紧张则产生"羊声"；面部、颈部、下颌紧张则会影响舌、软腭、下巴的灵活运用，妨碍语言的清晰和歌唱的表情。

② 打开口腔。歌唱时要打开以下三个部位。第一，上、下腭同时打开，上腭向上抬起，下巴自然放松。第二，口腔后部喉咙打开，像"打哈欠"一样。第三，口腔的外部动作（口形）应以"竖开口"为好。咽喉、口腔是联合共鸣的重要通道、发声时的关键共鸣区，只有在良好的呼吸支持下打开喉咙，才能获得明亮、圆润、坚实的声音。教学中可启发学生用"咬苹果"来体会上颚抬起时的开口状。用"打哈欠"来体会提起软腭、打开喉咙的感觉。在歌唱中，口腔的大小还应根据韵母和音高的变化而变化。

③ 从巩固自然声区开始，逐渐扩大音域。自然声区（混声区）是人声中最自如、最富有色彩的音区。少儿发声练习应该从自然声区开始，待自然声区的每个音都唱得圆润、自如之后，再逐步向头声区扩展，而不要急于去扩展胸声区的音。待头声感觉基本建立之后，再向胸声区扩展。这样的训练程序，可

用头声区的发声位置和感觉来唱混声区和胸声区的音，从而获得比较自然、圆润、明亮、柔和的音色。

少年儿童的嗓音可以按不同共鸣腔发声的音色特点，分成高、中、低三个声区。

少儿平时说话惯用胸声或混声区发声，歌唱时转用头声发声，不很习惯，发出的声音细而弱。因此，必须进行必要的头声训练。可用声音比较容易集中的韵母音"o""u"，轻声地作由高向低的训练。也可以启发学生用高位置发声朗诵，体会头声的感觉。

在教学中，教师的示范十分重要，教师应多用轻声、头声范唱和教唱，或以胸声和头声两种声音对照示范，让学生比较鉴别音色和发声位置的差别，从而获得正确的头声发音的声音观念。

（5）歌唱时要注意咬字和吐字的准确清晰。

歌唱是音乐与语言相结合的艺术。歌唱中咬字、吐字是否清晰，直接关系到以词传情、以字带声的问题。所谓"字正腔圆"就是这个道理。

我国汉语语音由声母、韵母和声调三部分构成，其中突出的特点是韵类丰富。不仅有单韵母、复韵母，还有声化韵。我国传统唱法创造了"切音"的方法，将一个字分成"字头""字腹""字尾"。一般情况是声母为字头，韵母为字腹和字尾。复韵母和声化韵母还可细分为韵头、韵股和韵尾，韵头充当字腹，韵腹、韵尾充当字尾。

① 咬字和吐字的基本要求。

所谓"咬"字，是指发声时要找准声母的着力点（如唇、齿、舌、牙、喉等处），即咬准字头有些韵化声母的字，如"咬"（yǎo），字头虽不是声母，也要找准字母的发声部位。所谓"吐字"，是指将韵母的主要母音按照"四呼"（开、齐、撮、合）的口型加以引长，然后归韵。

② 咬字和吐字的训练方法。

有了正确的汉语发音知识，并不一定能在唱歌时把歌词唱清楚。唱歌时的咬字吐字和讲话的发音有很多不同之处。第一，长短时值不同；第二，使用声区、共鸣位置不同；第三，呼吸用气的方法不同；第四，口腔形状和开合大小不同，学生在歌唱时常常出现唱不清字的现象，这是由于口腔动作过大，唇、齿、舌、上下颚活动不灵活，咬字时缺乏喷吐力，吐字时韵母引长、口形不能保持等原因造成的。要解决以上问题，就应加强咬字、吐字及口腔活动机能的训练，具体方法有：

a. 挑选一些节奏较密、速度较快的歌曲，用快速读歌词的方法训练咬字。

b. 挑选一些节奏宽疏、速度较慢的歌曲，做韵母引长发音练习，用轻声、慢速读歌词，练习吐字咬字。

例：《保卫黄河》选段

此外，学唱歌词前，应将歌词中容易唱错的字和词写在黑板上，注上汉语拼音，在教师的指导下正音。要注意及时纠正学生歌唱时的不正确发音和方言口音。

（6）重视变声期的嗓音保护和嗓音训练。

变声期是童声末期向成人嗓音过渡的正常生理变化过程。变声期的歌唱教学既应对学生的嗓音进行保护，又应进行必要的嗓音训练，保练结合，帮助学生顺利通过变声期。

变声的三个阶段：

变声初期：一般出现在小学高年级和初中一年级阶段。这一阶段的学生，喉镜检查无明显变化，仅有轻度充血，仍属童声。唱高音吃力，声嘶情况出现，这种状况长则几个月，短则几天。

变声中期：一般出现在初中二年级和三年级阶段。这一阶段的男生声带普遍水肿、充血，分泌物增多，声门后半部闭合不全。这时，宽声减少，胸声逐渐出现，音域变窄，音色变得暗、沙、哑，唱高音时易出现"破裂音"，严重的甚至失声。女生声带症状不太明显，约有三分之一学生无自我变声感觉。此期短则2—6个月，长则1—2年。

变声后期：一般出现在初中三年级前后。这一阶段的学生，喉部组织结构基本发育成熟，男生喉结明显突出，变声中期症状逐渐消失。声音变低，嗓音基本变成青年成人声，但不是很纯正。

（7）变声期嗓音的保练结合。

对变声期学生的嗓音保健应采取保练结合的措施。只练不保，往往因过多用嗓、不加节制而加重变声期的生理症状（如水肿、充血、闭合不全等），造成嗓音疾患；只保不练就是噤声，消极养声会使已经发生很大变化的声带、喉肌因长时期得不到锻炼而不能自如地控制。提倡保练结合，就是要根据学生变声期中嗓音症状的实际情况，合理养声，有节制地用嗓，科学地练声。这样不但无害，还能使发声器官的肌肉得到适当的运动，使发声器官得到正常的发育。

① 变声期的嗓音保护

初中阶段，绝大多数学生进入"青春期"。因此，教师在唱歌课上应介绍有关变声期的知识，使学生懂得变声期的卫生常识及自我保健的方法，要教育学生说话、唱歌时不要大声喊叫，不能滥用嗓子。对声带病变的学生，教师应让他们及时到医院检查、治疗。要让学生保持正常的生活规律，注意饮食卫生，不吃有刺激性的食物，顺利渡过变声期。学生变声症状较重的班级，要注意以养声为主，可适当调整教学计划，增加音乐知识、音乐欣赏和器乐教学等内容。

② 变声期的嗓音训练

变声期的嗓音训练应当慎重。一般在变声前、后期声带症状不严重的情况下，可进行必要的练声、练唱，变声中期则进行适当的声带保健练习，从而达到保嗓的作用。

学生在变声期间，教师应经常测试学生的音域变化情况。发声练习和练唱歌曲时应控制在学生的现有音域内，不可让他们勉强唱太高或太低的音，进入变声中期的男生可担任合唱中低声部的歌唱任务。

练唱一定要注意控制音量和时间，宜用轻声进行短时练习，每次的练唱不要超过十分钟。

变声后期，各种变声症状虽逐渐消失，但学生的声带、喂肌与变声前相比已经发生了很大变化，以至不能自如地控制和调整自己的发声。因此必须进行系统的适应性发声练习。可多用"a"与"i"两个母音进行发声练习，使声带的伸缩机能同时得到锻炼。

如果多数学生处在变声中期，变声症状明显，原则上应以养声为主，也可配合做一些不损害声带而能巩固发声技能的纯呼吸练习。如训练呼吸的"吹气"练习。还可做一些类似声带保健的练习，如"气泡音"练习、"哼鸣"练习等，以轻微的声带颤动，促其血液循环，促进声带功能的正常发展，达到积极保嗓的作用。

（8）必须加强课堂音乐教学中的合唱训练。

中学歌唱教学应该努力抓好多声部的合唱教学，课堂合唱教学应以二声部合唱为主。

合唱艺术对声音最基本的要求是声部之间均衡、和谐，有整体感。

①统一音色的训练。

要求各声部音色完全一致是很难做到的，但通过训练可以使各声部的音色比较接近。中学生的音色一般分为可协调类和不可协调类两大类。可协调类包括圆润、明亮、柔和、浑厚等音色；不可协调类包括尖细、挤压、嘶哑、苍白等音色。统一音色训练的主要任务最是不可协调音色统一到可协调的音色中去。要鼓励暂时难以与众人协调的学生树立信心，克服不良的发声习惯（如喉部、颈部肌肉紧张，发声位置较低，用喊叫式方法歌唱等），让他们在良好呼吸的支持下做几个母音的发声训练，如"o""n"，此类母音的发声因口形呈圆形，可利用口腔和后典腔的共鸣促使声音放松，改变喊叫和挤压的习惯。要让学生注意用耳听，使自己的声音向周围可协调类音色靠拢，最终使合唱中听不出尖声、哑声和喊声。

②音量变化的训练。

变化音量是合唱的基本表现手法。在中学歌唱教学中，让学生用大和强音量歌唱是比较容易的，但用小音发轻声却不太容易，用渐强、渐弱的力度歌唱就更难。因此，必须加强音量变化的训练。

a. 自然声区的轻声、哼鸣练习。

b. 改变音量的练习（渐强、渐弱）。

③统一字音的训练。

统一字音的训练也是合唱声音训练中的一项重要内容。合唱是一种集体的演唱活动，整体音色的统一不仅表现在音色、音量、音高、节奏和速度等方面，咬字和吐字也是塑造整体音乐形象的重要手段。因此，演唱者必须掌握正确的字音，不能掺杂方言和错误字音，造成声音的不协调，从而影响合唱作品的艺术效果。

（9）二声部合唱训练的方法。

在中学合唱教学中，二声部合唱是主要的教学形式。进行二声部合唱教学，要从实际出发，坚持由易到难、循序渐进的教学原则，选好适合的练习曲和合唱曲目，持之以恒，严格要求，逐步培养学生对多声部音乐的兴趣和良好的和声听觉能力。

二声部合唱训练，可按以下步骤进行：

① 唱好齐唱。齐唱教学能培养学生良好的呼吸、发声、共鸣、咬字吐字和控制音高、音色、音量等多种能力，培养合唱中所必需的整体协作精神，因此，严格进行齐唱教学是顺利进入合唱教学的基础。

② 通过轮唱教学，为合唱教学做准备和过度。轮唱歌曲的各个声部按照一定的时间距离演唱相同或相近的旋律，因而它比合唱简单易学，又比齐唱有变化、有趣味。旋律在声部间交错进行，此起彼伏，形成一定的和声关系，有利于培养学生初步的和声听觉能力。

a. 音阶或轮唱练习（$^\flat$B—$^\flat$E）。

b. 双调性轮唱练习。

此练习可分别用于两个阶段的训练：在进行轮唱时，第二声部仍用G调。在进行和声性二声部训练时，第二声部用D调，由男声担任，形成双调性卡农风格。

合唱训练要求学生养成自始至终边唱边听的习惯。合唱是一种集体的歌唱活动，每个声部都不是孤立的，它们结合在一起，共同协调地创造和声之美。因此，教师应指出：捂着耳朵只管唱本声部旋律，不听整体和声效果的做法是极其有害的。通过聆听整体和声效果，不仅能提高学生的和声听觉能力，让他们随时调整自己的声音，以保持与整体音响的协调，而且还能使学生得到一种其乐无穷的和声美感的体验。

二、音乐欣赏教学

音乐欣赏是人们感知、理解音乐、体验音乐情感的一项音乐实践活动，社会生活中处处有音乐，欣赏音乐已成为人们精神生活中的一项重要内容。而中学音乐教育的主要任务之一，就是培养一大批具有一定音乐素质的音乐欣赏者。

歌唱或乐器演奏是运用一定的音乐技能来展示人们情感动态的音乐表现行为，而音乐欣赏则是一种相对静态的音乐吸收活动，音乐学习的程序总是先有音乐的吸收，然后才有音乐的表现，因此，在音乐欣赏中学习音乐，是一种行之有效的方法。

（一）音乐欣赏教学的任务

音乐欣赏教学的任务是：

（1）通过音乐欣赏教学，扩大学生的音乐视野。让学生在音乐欣赏中，了解声乐、器乐的各种演唱、演奏形式及丰富的音乐表现力；聆听古今中外的音乐珍品，从绚丽多彩的音乐作品中学习历史、了解社会、认识生活。

（2）通过音乐欣赏教学，提高学生的音乐感受能力、音乐想象能力、音乐理解能力和音乐鉴赏能力。使学生逐步具备准确、敏锐地从整体上感受、体验音乐表现内容的能力；逐步具备以所积累的音乐形象为基础，经过想象形成新音乐形象的能力；逐步具备对音乐现象进行分析、综合、比较、抽象和概括的能力；逐步具备评价音乐内容和形式中所反映的真、善、美与假、丑、恶的能力。使学生成为具有一定音乐欣赏水平的音乐爱好者。

（3）通过音乐欣赏教学，学生掌握多方面的音乐表现形式、音乐体裁等知识。例如：独唱、独奏、重唱、演奏、合唱、合奏、室内乐、交响乐、歌剧、民歌、曲艺音乐和戏曲音乐等等。并在音乐欣赏教学过程中，紧密结合音乐要素知识及中外音乐史等方面知识的学习。

（二）音乐欣赏教学的内容

中学音乐欣赏教学主要包括以下几方面的内容：

1. 声乐作品及声乐表演常识

声乐作品结构短小，音乐形象鲜明，比较容易把握。声乐作品旋律性一般比较强，曲名和歌词使音乐思想内容和艺术形象的表现更为明确，是音乐欣赏教学的主要内容之一。为了提高学生对声乐作品的欣赏能力，应让他们了解人声分类的知识；学会听辨男女高音、男女中音、男女低音、童声的不同音色特点，知道声乐的不同表现形式。

可供欣赏的声乐作品形式主要有：

（1）民歌。民歌是最直接、最质朴地反映人民的思想感情、劳动生活的声乐表现形式。欣赏民歌可以了解不同国家、不同民族、不同地域的社会历史、民俗、民情。我国地域辽阔，民族众多，文化历史悠久，各民族民歌数量繁多，艺术价值很高。应让学生多欣赏我国的民歌或由民歌改编的声乐曲。

（2）中外传统艺术歌曲。艺术歌曲是具有较高审美价值的声乐曲，其旋律一般优美动听，伴奏独具匠心。欣赏艺术歌曲有助于提高学生的音乐审美情趣。

（3）中外现代创作歌曲。中外现代创作歌曲题材广泛，而且有着浓厚的时代气息。歌曲的表现手法也比较符合现代人的审美需求。因此，中外现代创作歌曲应该作为声乐作品欣赏的主要内容之一。

2. 器乐曲及器乐表演的常识

中外乐器种类繁多，性能各异，有多种多样的组合方式。因此，器乐曲欣赏也是深受学生欢迎的音乐教学内容之一。

（1）中国民族器乐曲。我国的民族器乐曲形式多样，具有鲜明的民族特色和地方色彩。在演奏方式上可分为吹、拉、弹、打四大类。让学生了解常见的民族乐器的演奏技巧，熟悉各自的音色特点及各种乐队组合方式，积累民族器乐曲的欣赏经验，培养学生热爱中国民族音乐文化的情感。

（2）中外管弦乐曲。西洋管弦乐器种类很多，一般可分为木管乐器、铜管乐器、打击乐器、弓弦乐器、弹拨乐器、键盘乐器等几个组别。西洋管弦乐器的独奏、合奏有很强的音乐表现力，欣赏中外管弦乐曲有利于开拓学生的音乐视野，进一步提高其音乐修养。

3. 中外著名音乐家生平介绍及代表作欣赏

在中外乐坛上，有一批对音乐历史发展起过巨大推动作用的著名音乐家，他们所创作的音乐作品融艺术性和思想性为一体。了解中外著名音乐家的生平及欣赏他们的代表作，能使学生既了解他们对音乐艺术所做出的贡献，又获得高度的艺术享受。

除了上述音乐欣赏教学内容之外，中学音乐欣赏教学还包括我国的说唱音乐、戏曲音乐，中外著名歌剧、舞剧音乐等。

（三）音乐欣赏教学的要点和方法

1. 应该由表及里、由浅入深地进行音乐欣赏教学

音乐欣赏教学程度的提高不是一蹴而就的，而是要经过一个由表及里、由浅入深的发展过程。这一发展首先体现在音乐欣赏心理的反映过程中。欣赏音乐时，欣赏者要经过这样一个心理反映过程：外部音响感知—想象联想—情感共鸣—理解认识。音乐欣赏教学必须循着这一由表及里的心理反映过程，引导学生从音响感知入手，逐步展开想象、联想并引发情感共鸣，最后理解音乐作品的思想意境，即从喜听到动情，从动情到理解。使学生逐渐由低层次的直觉欣赏向高层次的情感欣赏、理智欣赏发展。

其次，音乐欣赏的曲目安排要做到由小到大、由易到难。具体地说，在欣赏作品的形式上，可以从声乐曲或小型器乐曲开始，逐渐向大型声乐作品、器乐作品过渡。在音乐作品的国别上，可以先多欣赏我国的音乐作品，然后逐渐增加外国曲目的比例。在音乐内容及形象方面，可以从易于理解的有标题的音乐作品入手，逐步开拓无标题音乐作品的欣赏领域。

2. 应灵活多样地设计音乐欣赏课的课型

音乐欣赏教学的内容很多，要使学生有效地感知、理解音乐和增长音乐知识，就应该根据音乐欣赏教学的不同内容与特点，设计最佳的音乐欣赏课课型。一般来说，音乐欣赏课的课型有以下几种：

（1）以题材为中心。这一课型以某一题材为中心，将不同表演形式的声乐、器乐作品组合在一起进行音乐欣赏教学。例如以"赞美伟大祖国"这一主题为中心的音乐欣赏课，就可将独唱曲《我爱你，中国》、领唱合唱曲《我的祖国》、合唱曲《歌唱祖国》、二胡协奏曲《长城随想》等相同题材、不同表演形式的声乐、器乐作品组合起来进行教学。这种课型内容统一，能使学生从不同表演形式的音乐作品欣赏中，集中体会、理解音乐家是如何运用不同音乐表现手段来表现共同的音乐内容与主题的。

（2）以演唱（奏）形式为中心。这一课型将同一音乐表演形式而内容、主题不同的音乐作品组合在一起开展音乐欣赏教学。例如，以"独唱"为中心的音乐欣赏课，就可将男声、女声、童声不同声部、不同历史时期、不同国别、不同风格的独唱曲组合起来进行教学。这种课型除了有利于学生学习、了解不同音乐表演形式的有关知识之外，还能使学生欣赏不同演唱（奏）表演形式的经典音乐作品，拓宽音乐视野。此外，合唱、重唱、独奏、合奏等音乐表演形式也可按此类音乐欣赏课的课型进行教学设计。

（3）以音乐作品的曲式与体裁为中心。这一课型将同一曲式结构或乐曲体裁的音乐作品组合在一起进行音乐欣赏教学。例如，将三段体音乐作品组合在一起，进行以"三段体"音乐作品为中心的音乐欣赏教学。或者以"进行曲"体裁为中心开展欣赏教学。这种以曲式结构与体裁为中心的音乐欣赏教学内容还可以有许多，如"变奏曲""协奏曲""圆舞曲""摇篮曲""组曲"等等。这种课型除了有助于学生了解音乐曲式结构与体裁的有关知识外，还可以使学生充分了解音乐内容与音乐表现形式的相互关系。同时，通过对各种曲式结构及体裁的音乐作品的欣赏，学生能感受到音乐的形式美。

3. 音乐欣赏教学应体现整体—局部—整体的教学指导思想

音乐欣赏教学一般应从初步的综合开始，即先让学生完整地聆听一遍音乐作品。初步体会音乐作品的风格、意境、情绪等方面的特点。教师可随着音乐的进行，作一些简略的提示。然后，可在分段播放音乐的同时，分析音乐主题及其发展形式，讲解乐曲的风格、形象及各种音乐表现特点等。最后再让学生完整地欣赏音乐作品，使他们从更高的层次上完整地理解音乐作品。

以二胡独奏曲《光明行》的音乐欣赏教学为例。首先，要求学生神情专注地将乐曲聆听一遍。教师可作简略的提示，使学生初步感受到作品所具有的节奏明快、富有激情的风格特点。其次，在初听音乐的基础上，指导学生有意识地复听全曲。让学生从同音反复的四小节引子和第一乐段的旋律中，感受到铿锵有力的小军鼓的鼓点声和觉醒的民众大步迈进的脚步声；

从第二乐段转入下属调后的优美而富于歌唱性的旋律中，感受到音乐所抒发的明朗、积极向上的思想情绪；

从第三乐段密集的节奏型、不同调性上旋律动机的不断变化重复中，感受到浩大的气势、宏伟的气魄和不可阻挡的冲击力；

从第四乐段连续出现的附点音符和速度稍缓的旋律中，感受到坚定、从容、沉稳、自信的音乐情绪；

从尾声那犹如冲锋号般的音调中，感受到斗争的激情，和对光明的不懈追求。

通过分段细听和感知，通过教师对现代二胡学派的奠基人——刘天华及其乐曲创作时代背景的介绍，学生再完整地复听二胡独奏曲《光明行》时，就会深深体会到旧社会中国知识分子希望冲破黑暗、追求光明的强烈愿望。同时，也会对中国民族乐器二胡的丰富艺术表现力有更深的了解。

4. 应充分注意比较和对比的方法在音乐欣赏教学中的重要作用

音乐作品的丰富多彩，决定于音乐表现手段和谐、有序的变化组合。构成音乐作品的各种音乐表现手段都具有一定的相对性，速度有快才有慢；力度有强才有弱；音调有高才有低；节奏有密才有疏；音色有亮才有喑……因此，用比较和对比的方法指导学生欣赏音乐，能使学生比较准确地感受、领会不同音乐作品所表达的不同思想感情。

音乐欣赏教学中，比较和对比的方法，可以用在不同音乐作品之间，也可以用在同一音乐作品的不同乐句、乐段之间。例如：欣赏著名作曲家贺绿汀创作的钢琴独奏曲《牧童短笛》，就是需要运用同一作品不同段落之间的比较和对比的方法进行。此曲的曲式结构严谨，是带再现的单三部曲式。第一乐段旋律流畅、婉转，二部复调的写法使旋律连绵起伏、情趣盎然。第二乐段在旋律、节奏、速度、力度、调式等方面与第一乐段有着鲜明的对比，音乐形象活泼、灵巧，富有童趣。第三乐段是第一乐段的完全再现，但音乐更加紧凑、明快，在渐弱的乐曲结束处，明亮的高音给人回味无穷之感。《牧童短笛》虽然短小，但运用比较和对比的方法进行音乐欣赏教学，能使学生更为深入地理解音乐，并在欣赏音乐的过程中了解音乐表现的规律。随着音乐感受能力、音乐记忆能力的不断提高，还可以要求学生将正在欣赏着的音乐作品，与大脑记忆中储存着的某些音乐作品作片段或整体的比较。

5. 音乐欣赏教学应充分调动学生的想象、联想能力

想象指人脑对原有表象进行加工改造而建立新形象的心理过程。联想指感知或回忆某一事物，连带想起其他有关事物的心理过程。想象和联想是音乐欣赏者必然产生的心理现象。音乐欣赏中的想象和联想一般有以下几种类型：

描绘性音乐所引起的联想。

情节性音乐所引起的联想。

由音响感知与情感体验引起的自由想象。

学生音乐欣赏能力的提高是个渐变过程。当学生的音乐欣赏能力比较低时，教师可适当多用语言提示来激发学生的想象、联想；随着学生音乐欣赏水平的逐步提高，教师的语言提示要不断减少，切不要用自己对音乐的理解去代替学生的想象和联想。同时，音乐的想象、联想是有一定范围的。既不能让学生脱离音乐作漫无边际的幻想，也不能对音乐作品逐句、逐段地作情节性或故事性的验证，试图将学生的想象、联想限制在一个预定的结论中。这两种指导方法都是不正确的。正确的方法是：既不允许学生漫无边际地想象、联想，也不要求学生按图索骥地从音乐中衍化出一段情节或一个故事，而要有分寸地启发学生，在不脱离音乐的前提下，感受音乐，展开想象与联想，最终达到自主地理解音乐的目的。

三、视唱练耳教学

视唱练耳是视唱和练耳两种音乐教学形式的总称。视唱的主要教学方式是指导学生在看谱的同时，唱出音阶或旋律；练耳则通过听唱、听辨、听记等教学方式进行音乐听觉能力训练。

视唱与练耳之间有着不可分割的联系。多唱则善听，多听则善唱。作为音乐基础训练的两种主要方式，视唱与练耳的关系十分密切，互为因果、相互促进，教学中常合二为一。同时，视唱练耳与欣赏、歌唱、乐理、器乐等音乐教学形式也有着相当程度的关联，尤其与乐理教学之间有着密切的联系。认识、理解、掌握乐理知识，有助于视唱能力、音乐听觉能力的提高和发展。

视唱练耳主要通过唱名来体现音乐的音高关系。通常使用的唱名法有两种：首调唱名法和固定唱名法。

首调唱名法的特点是：唱名在键盘和谱表上的位置可以自由移动。首调唱名法的长处是：调式音阶中各音间的音程关系固定而明确。运用首调唱名法视唱练耳，音程关系单纯、调式感较强。短处是：在唱谱、记谱上不太容易把握唱名位置。首调唱名法对于五线谱和简谱均适用。

固定唱名法的特点是：唱名在键盘和五线谱上的位置固定不变。固定唱名法的优点在于：唱名和音名一一对应，视唱时比较容易辨认。短处是：视唱练耳时，不同调之间音准把握难易不一。如C大调和a小调或C同宫系统各调比较好掌握，但出现二、三、四个升降号的调时，音准把握就有一定难度。目前，我国和世界上较多国家和地区提倡在中小学音乐教学中采用首调唱名法。

（一）视唱练耳的教学任务

视唱练耳的教学任务是：通过视唱、听唱、听辨、听记等教学途径，提高学生音乐听觉的敏锐性和精确性，积累音乐语汇、丰富音乐经验，促进学生在音乐注意力、音乐记忆力、音乐思维能力等方面的发展，逐步培养学生的独立视唱能力，为学生更好地感受音乐、理解音乐、表现音乐打下良好的基础。

（二）视唱练耳的教学内容

1. 视唱教学内容

由单纯音符、附点音符、休止符及常规节奏型组成，2/4、3/4、3/8、4/4、6/8拍子的单声部及二声部视唱曲。视唱曲以世界经典歌（乐）曲的旋律及中国优秀民族民间音乐曲调为主要内容。

2. 练耳教学内容

（1）听唱、听辨、听记自然音体系中的各种旋律、和声音程。

（2）听唱、听辨原位大、小三和弦。

（3）听唱、听记简短的旋律。

（4）听辨音高、节奏、速度、力度、音色等音乐要素在音乐作品中的各种变化。

（三）视唱练耳教学的要点和方法

1. 分步骤地进行视唱教学

视唱是一项较为复杂的音乐教学活动。视唱教学从提出教学课题至完成教学任务，一般要经过初步接触、反复练习、熟练掌握这样一个渐进的过程。按照综合—分析—综合这一整体性思维方式，这个过程可分为三个紧密相关的教学步骤，即视唱前准备、分句视唱及有表情地视唱。

（1）视唱前准备。教学要求是：使学生对视唱曲有初步、概略的了解，讲明练习要求，激发学生视唱练习的兴趣。教学方法：教师有音乐表现力地范唱，简略讲解并识辨视唱曲中出现的乐谱符号，简略说明视唱练习的任务和要求。

（2）分句视唱。教学要求是：在听觉控制下进行视唱，做到音准、节奏无误。在练习过程中，有意识地培养学生的独立视唱能力。教学方法：要求学生眼、手、口、耳并用进行视唱（参见视唱教学要点、方法中的第2点）。视唱练习时，应培养学生对于旋律的整体感受能力。可先唱好第一个乐句，再唱第二个乐句，然后，将两个乐句连起来唱。按这一顺序层层递进，直至唱完全曲。如遇难点可放慢速度，或将音高与节奏分开练习，直至掌握。分句视唱阶段，应尽量少用乐器伴奏，以免将视唱变为听唱。

（3）有表情地视唱。教学要求是：激发学生的音乐表现欲望，引导学生正确地表现出视唱曲的情感与风格特点。教学方法：富有音乐表现力地范唱。

指导学生领会旋律中音高、节奏、速度、力度等音乐要素的音乐表现特点，并有表情地视唱。在这一教学步骤中，应充分发挥伴奏的作用，使学生受到美的感染。

分步骤地进行视唱教学，有利于及时发现学生视唱时所产生的错误，有的放矢地解决教学难点；有利于学生在由浅入深的视唱练习活动中，认识、理解、运用乐谱知识，逐步提高独立视唱的能力；有利于学生眼、手、口、耳、脑协调一致地投入音乐感受、音乐理解、音乐表现之中。

视唱教学中，除了在教师严格指导下分步骤地进行精唱练习外，还应辅以学生独立进行的、浏览性的泛唱练习，以提高学生视谱即唱的快速反应能力。精唱与泛唱练习的关系是：以精唱练习为主，以泛唱练习为辅。在视唱曲的难度上，泛唱曲应比精唱曲更为简单易唱些。

2. 眼、手、口、耳并用地进行视唱练习

视唱是一种在大脑指挥下眼、手、口、耳协调运动的音乐学习行为。因此，正确的视唱方法应该是眼、手、口、耳并用，做到用眼看谱、用手击拍、用口唱曲、用耳听音。视唱教学中忽视上述任何一方面，都会直接影响视唱练习的效果。

（1）一个音一个音唱必然会拖拖沓沓，唱不成调。因此，要拓宽学生的视觉范围，做到眼先于口，提高他们对乐谱符号的反应能力。

视唱时的眼先于口建立在较牢固地掌握乐谱知识的基础上。如果分不清各种音符的形状及时值长短，不能很快地判断音符在线、间上的位置，那是根本做不到眼先于口的。因此，要提高看谱效率，首先必须在视唱教学中加强乐谱知识的教学。其次，要有意识地进行眼先于口的训练。方法是：将视唱曲抄于黑板上，教师在学生视唱的过程中，用手遮盖住学生发声唱的乐谱部分，不使学生的视觉长久地停留在所唱的乐谱部分。眼先于口的训练范围应逐步扩大，从一两个音符扩大到一个完整的节奏型等。只要经常地、有意识地进行视觉提前训练，学生视唱时，视觉的注意范围就会不断扩大，眼睛摄取乐谱信息的敏锐性也会不断提高。

（2）用手击拍。有效控制节拍速度是视唱中组织乐句节奏的基础，而用手击拍则是保持节拍速度的有效手段。

常用的击拍方法有以下几种：

① 划拍法。用食指按单位拍作上下划动，一上一下为一拍。为了便于观察音符的时值变化，可在音符下标上记号。

② 点拍法。用手在桌上轻轻点拍，根据节拍的强弱规律，强拍用手掌拍击，弱拍、次强拍用手指轻点。

③ 指挥法。按正规指挥图式单手击拍。与前面两种击拍法相比，用指挥法击拍，手臂动作幅度大，有较强的肌肉运动，易于表现节拍的强弱规律与拍点。用指挥法击拍尽管有一定的难度，但一旦为学生所掌握，其作用与效果将明显优于划拍法和点拍法。

（3）用口唱曲。所谓视唱，即先看后唱，眼睛所摄取的乐谱信息最终都要通过嗓音来表达。因此，视唱也应与唱歌一样，做到姿势正确、呼吸自然、发声柔和、音量适中。视唱时应避免大声喊叫，否则会干扰听觉，使音高、节奏失去控制。多声部视唱时，还应做到声部间音量、音色的均衡、协调。

（4）用耳听音。视唱时音高、节奏、速度、力度是否准确都要凭听觉去验证。要不断督促学生在听觉控制下视唱，不但要倾听自己的声音，还要倾听同伴的声音。多声部视唱时还可以采用默唱与出声唱相结合的方法，让一部分学生通过默唱在内心演示出自己声部的旋律，同时通过听觉有效地感受其他声部的旋律，了解声部间的关系，使声部结合更为贴切。

在实际进行视唱练习时，眼看谱、手击拍、口唱曲、耳听音是在大脑控制下瞬间完成的。学生初学视唱时，眼、手、口、耳会出现顾此失彼的现象，这是尚未掌握正确视唱方法的正常表现。在这种情况下，教师应该讲明掌握正确视唱方法对于切实提高视唱能力的重要性，并有目的、有计划地指导学生按正确方法去做，只要坚持不懈，学生视唱时眼、手、口、耳的协调能力是会逐步得以提高的。

3. 稳定、集中学生注意力，提高视唱教学效率

视唱练习需要学生在一段时间内聚精会神地用眼看谱、用手击拍、用口唱曲、用耳听音，大脑处于高度紧张状态，如果教学形式单一，很容易因疲劳而影响视唱的教学效果。因此，视唱练习时，使学生的注意力高度集中于乐谱，并在相当长的一段时间内保持注意力的稳定，是提高视唱教学效率的基本保证。

保持学生视唱练习时注意力的集中和稳定，可从以下两个方面着手：

（1）明确视唱的目的及具体任务和要求。应使学生真正理解、掌握视唱技能对于提高他们的音乐表现能力、音乐理解能力的巨大作用。只有明确了学习目的，才能保证学生在视唱练习中做到专心致志、全力以赴。

视唱练习的具体任务和要求，可根据教学的实际情况，有针对性地、分散地提出，务必做到提出一个教学要求，获得一点儿学习结果，使学生在获得成功体验的基础上增强学习信心。此外，所提出的教学要求应避免过深、过难或过于集中。过深过难的要求会使学生产生畏难情绪，过于集中的要求会使学生感到无所适从，两者都会引起学生的挫折感，最终导致注意力涣散，影响视唱教学的效果。

（2）适当转换视唱教学方式。适当转换视唱教学方式，能使学生大脑皮层和神经中枢形成相对稳定和集中的兴奋中心，避免因教学方法单一而引起疲倦感和厌烦情绪，从而提高视唱练习的效率。

常见的视唱教学转换方式有：发声唱与默唱的转换；放声唱与轻声唱的转换；个别唱与集体唱的转换；唱名唱与母音唱的转换；有伴奏唱与无伴奏唱的转换；完整唱与"接龙式"唱的转换；视唱与乐理讲解的转换；视唱与器乐演奏中视奏的转换；等等。

视唱教学方式的转换应适度，应根据教学实际而定。无目的地、过于频繁地转换教学方式，不仅无助于稳定学生注意力，相反，会分散学生注意力。因此，视唱教学方式的转换应有的放矢、讲究实效，避免任何形式主义的做法。

4. 听唱、听辨、听记三者结合，多途径地进行练耳教学

音乐的感知、理解和表现是以音乐听觉为基础的。从广义上说，唱歌、欣赏、视唱等音乐教学形式，都具有发展学生音乐听觉能力的作用。而练耳教学对于发展学生听觉能力，则有着更为直接的作用。

练耳教学虽以听为核心，但练耳教学的听不是简单而机械的刺激一反应过程，而是听觉感受、嗓音表达、音乐注意、音乐记忆、音乐思维密切结合的生理、心理反映过程。其教学方式体现为：以听为核心，唱、辨、记并举。

（1）听唱。唱是发展音乐听觉能力的有效途径之一。听唱练习，从听觉器官接收音响信息至运用嗓音准确地表达，需要听觉器官与发声器官的协调与合作。这种协调与合作，对于建立音乐听觉表象有着极为重要的意义。

听唱教学可以从两个方面进行。

①横向序列听唱：旋律音程听唱；

音组听唱，每组音以三、四、五个音不等。

②纵向序列听唱：和声音程听唱；大、小三和弦听唱。

教学方法：第一，明确听唱练习的要求。第二，弹奏小字一组3音或调式的主音。第三，弹奏所要听唱的音程、音组、和弦两至三遍。第四，要求学生仔细聆听教师弹奏的每个音，在唱出每个音之前，先想象一下所要唱出的音的音高，然后轻声唱出。第五，校对。

（2）听辨。音乐的听辨能力是音乐听觉能力的重要组成部分之一。经常性地进行听辨练习，能提高学生对音高、节奏、速度、力度、音色等音乐要素的感知能力。

听辨练习可以从三个方面进行：

①听辨音高变化。

教学方法和步骤：第一，弹奏三组音组，其中一组音中有一音与其他两组不同。第二，要求听辨出相同的两个音组。第三，要求听辨出与其他两组音中不同的那个音。

②听辨旋律的时值变化。

教学方法：第一，弹奏三个旋律短句，其中某一旋律短句在节奏上与其他两个旋律短句稍有不同。第二，要求听辨出完全相同的两个旋律短句。第三，要求听辨出与其他两个旋律短句中节奏不同的部分。

③听辨不同性质的和声音程及不同性质的三和弦音响变化。

教学方法：弹奏纯、大、小、增、减音程或大、小三和弦，要求学生听辨出和声音程协和、不协和的音响变化及大、小三和弦的音响色彩变化等。

（3）听记。听记是将音乐音响转换成乐谱符号的过程。听记不仅在于表面形式上的记谱，还应在听记的过程中发展学生的音乐记忆能力、音乐思维能力和内心听觉能力。

听记教学可以从四个方面进行：

①听记旋律音程。

②听记和声音程。

③听记大、小三和弦。

④听记旋律短句教学方法：第一，明确听记要求。第二，弹奏小字一组a

音或调式主音（参见听唱教学方法）。第三，将所要听记的旋律短句反复弹奏几遍，要求学生边听边记。第四，校对。

在练耳教学中，应将听唱、听辨、听记有机地组合在一起，做到互相补充、互相渗透，从而更好地提高学生音乐听觉的敏锐性和准确性，培养和发展学生的音乐思维能力。

（4）循序渐进地进行练耳教学。

音乐听觉能力的提高必须经过日积月累、逐渐发展的过程。因此练耳教学既不能时断时续、一曝十寒，又不能急于求成、揠苗助长，而应按循序渐进的方式进行。

循序渐进的"进"受到"序"的制约。练耳教学的"序"体现在练耳教学内容由简单到复杂的编排中；体现在练耳教学要求的高低程度变化上；体现在学生听觉能力的发展过程中。练耳教学要"渐进"，必须综合考虑练耳教学的以上三方面因素。具体来说，可以按以下几种方法进行练耳教学，以体现循序渐进的教学指导思想。

① 由浅入深、由易到难地安排教学内容，提出教学要求。练耳教学内容应按由浅入深、由简单至复杂的顺序进行安排。练耳教学的要求也应随着学生音乐听觉能力的逐步发展而不断提高。

例如，进行听唱和声音程的练习时，可按以下顺序进行教学：

第一，告诉学生和声音程的冠音或根音（用黑符头表示），要求听唱另一个音。

第二，保持和声音程中的根音或冠音，另一个音进行多种变化，要求听唱出每个音程。

第三，在一系列和声音程中，或根音保持，或冠音保持，交替出现，要求学生听唱出每个音程。

听唱和声音程时，可先将全体学生一分为二，一半学生听根音，一半学生听冠音，在教师的指挥下同时唱出。然后，全体学生将该和声音程自下而上进行听唱。

听记旋律的练习，可以按以下方法及顺序进行：

第一，旋律填空。出示缺少若干音符并代之以括号的旋律，教师完整地弹奏旋律，要求学生听辨出缺少的音，并将其准确地填入。

第二，旋律改错。将需要改正的乐谱抄写在黑板或白纸上，弹奏正确的旋律，要求学生凭听觉改正乐谱中的错误。

第三，听记旋律的节奏或音高。弹奏所要听记的旋律，要求学生准确记录旋律的节奏。或者出示旋律的节奏，要求学生听记旋律音高。

第四，旋律听记。根据教师的要求，听记一个乐句至一个乐段的旋律。听记的旋律应比听唱的视唱曲略为简单一些。

② 弹奏练耳材料的次数应由多至少，教学提示也应由具体至简略。学生听唱、听辨、听记能力比较差时，教师应反复弹奏练耳材料。随着学生音乐听觉与记谱能力的提高，教师就应相应减少弹奏的次数，直至使弹奏次数保持在二至三遍左右。值得注意的是，如果弹奏次数超过五次，学生还是记不下来，这就意味着练耳材料难度过高，必须降低难度，以适应学生的音乐听觉水平。

练耳教学或多或少地要进行一些教学提示。在练耳教学初期，教学提示应尽可能具体、充分一些。随着学生音乐听觉、记谱能力的提高，教学提示也应随之简略而概括。以听记旋律为例，在最初进行听记练习时，教师可在弹奏听记材料之前，将旋律的节拍、小节数、速度、主音音高位置等全部告诉学生，以后逐步减少提示内容，甚至只弹出a音或调式主音，其他因素均让学生凭听觉作出独立判断。

③ 分散练习，步步扎实。学生音乐听觉能力的逐步提高，建立在每次有效练习的基础上。练耳间隔时间过长，或每次练耳时间过久，都会影响练习效果。前者会因时断时续而阻碍学生听觉表象的形成，后者会因疲劳而降低学生学习兴趣，甚至让学生产生消极情绪。中学练耳教学大多采用以短时间分散练习与其他教学形式相结合的形式。通常，练耳教学的内容可分散安排在每一节课中，每次练习时间控制在5~10分钟。只要持之以恒、讲究方法，一步一个脚印地进行练耳教学，循序渐进地发展与提高学生的音乐听觉能力就不会是一句空话。

（5）技术性练习和艺术性练习相结合地进行练耳教学。

练耳教学可分为技术性练习和艺术性练习两种，技术性练习指的是音程、和弦等的听唱、听辨、听记练习。这种练习有助于提高学生感知个别音乐音响因素的能力，具有针对性强的特点。艺术性练习指的是将具体音乐作品作为练耳材料进行音乐听觉训练。它有利于学生在音乐"上下文"的逻辑关系中感知音乐音响，具有整体性、综合性强的特点。两种方法相比之下，技术性练习偏量于对音乐音响的客观反映，而艺术性练习则更带有主观的情绪色彩。总之，练耳教学中的各种练习方法，都是为了培养、提高学生的音乐听觉能力、音乐记忆能力和音乐思维能力。

技术性练习的教学要点和方法在前文中已详细阐明。以下着重阐述艺术性练习的教学要求和方法。

① 应有针对性地选择艺术性练习的有关材料。艺术性练习的教学材料往往是一首短歌、一支小曲或一个音乐片段。选材时既要注意训练内容的针对性，又要保持乐思的完整性。

② 发挥艺术性练习中综合性和审美愉悦性强的优势。艺术性练习所采用的材料取自具体的音乐作品。其中，音高、节奏、力度、速度、调式、音色、和声等诸种音乐要素综合呈现。艺术性练习可以要求学生用听觉听辨某一种音响现象，也可以要求同时听辨出多种音响现象，使学生对音乐音响的单一反应发展到综合性的感知。

此外，由于艺术性练习的材料取材于具体的音乐作品，因此，它们在既有听觉训练价值的同时，又具有音乐审美价值。这不仅能使学生接受音乐听觉练习，还能产生音乐审美愉悦感。艺术性练习和技术性练习交替进行，可以弥补技术性练习趣味性差、课堂教学气氛比较沉闷的缺陷。

第二章

国外著名音乐教育体系与教学法

达尔克罗兹音乐教育体系

一、概述

埃米尔·雅克·达尔克罗兹（Emile Jaques Dalcroze）是瑞士音乐教育家。早年曾先后在日内瓦、维也纳、巴黎等地专修音乐，应聘在日内瓦音乐学院教授视唱练耳、和声和作曲课程。曾多有著述，其中反映出了瑞士的民间音乐精神。提出关于"体态律动"（Eurthythmics）的学说，并在这一学说的基础上建立了自己的音乐教育体系。

达尔克罗兹音乐教育体系理论基础的核心主要可归纳为下列内容：在教育哲学上，他认为音乐教育的根本目的是审美情感教育，这种目的是通过儿童在音乐活动中不断获得积极体验的过程中达到的。而且，艺术与艺术教育中的这种体验及其表达，都不能离开个人的独创性。在教育心理学方面，他认为，学习音乐，特别是学习音乐的节奏，必须依靠身体大肌肉的运动反应，而且这种身体运动反应又必须与个人内心对音乐的反应紧密联系。

鉴于以上观点，达尔克罗兹在其音乐教育体系中主要安排了以下三方面的课程内容：体态律动、视唱练耳和即兴创作。尽管在实际教学中，这三方面的内容往往是相互交织在一起的，即听音乐，并创造性地、即兴地用身体动作来表现对于听音乐的感受，但由于它们各自拥有独立的教学目标、教学内容、教学方法和教材体系，因此它们仍然是三门各自独立的课程。

在达尔克罗兹音乐教育体系中，最有个性且又最有成效的部分，就是"体态律动"。对此，达尔克罗兹建立了一整套的学说，所以许多文献上又将这一部分称作"体态律动学"。这一学说的核心是：音乐教育应从身、心两方面同时入手去训练学生，让学生从刚开始接触音乐起，就不仅只是学习用听觉去感受音乐，而是同时学习用整个肌体和心灵去感受节奏疏密、旋律起伏和情绪变化的规律。只有在身心两方面都真正投入音乐进行中之后，内心对音乐的感受、理解才可能是精确的、生动的；同时，由此而产生的动作也才可能是一种真正充满生命活力的律动。

由于这一学说把缺乏运动反应的训练看成是传统音乐课程不能有效发展敏锐乐感的症结所在，所以在新体系的创建中，达尔克罗兹特别增加了身体运动训练和身体对音乐的即兴运动反应训练，体态律动课程主要是由这两部分训练组成的。

身体运动训练的目的主要是：使身体的各个部分都能做到随心所欲地适当紧张和放松；可轻松、自然、迅速、灵活地独立运动和联合运动；能充分地了解时间和空间，并能准确地使时间与空间相结合；能掌握身体运动的各种基本方式，并能创造性地运用和发展它们。

身体对音乐的运动反应训练的总目标是：提高大脑与身体之间合作的效率，提高身体对音乐即兴运动反应的速度、准确性和独创性水平。具体的反应训练内容包括：对速度、力度变化的反应；对重音、小节及节拍变化的反应；对节奏、旋律、和声、织体、曲式的反应；对音色的反应；等等。

由于达尔克罗兹的体态律动课程强调的是即兴反应训练，因此，这一体系对执教教师有着相当高的素质要求。他们必须有准确的听辨能力和熟练的视奏能力；他们必须熟记尽可能多的民歌、民谣和有戏剧性效果的其他曲调；能随心所欲地用即兴创作出的音乐来激发、指挥和促进学生的动作表达。

二、教学方法与教学内容简介

（一）动作的入门

训练学生的动作，是体态律动教学的基础。如拍手、走、跑、跳跃、列队行进、单脚跳、摇摆等自然动作，通过配乐，使学生们感觉到音乐的节奏、速度、力度等特点。例如：

（1）通过跳来感觉快而轻巧的节奏。

（2）通过跑获得快速八分音符的节奏感。

（3）通过摇摇篮、划船或模仿风中摇摆的树枝，体验节奏的摇摆感。

（4）通过模仿马儿奔腾的动作，感觉弱起拍子。

（二）身体各部分动作的和谐结合

达尔克罗兹认为，学生身体的各部分是他们进行体态律动训练的工具，首先必须让他们充分认识自己身体的各个部位，然后使各部位和谐地结合起来，获得一种整体的感受。

它们可以独奏，也可合奏。在训练中，首先分别训练身体的各个部位，再将身体的各个不同部位和谐地结合起来，并随着音乐来表现。

（三）大脑与身体间的协作

发展大脑与身体间的协作是体态律动学训练中最有价值的部分之一。人们学习音乐和做任何事情，都需要智力（发出命令）和体力（执行命令）间绝对密切的控制和协作。训练的方法是：

（1）让学生自由行走，当听到约定的信号（口令、打击乐声、和弦、音区或调式的变化），立即作出约定的反应（停止行走、反方向行走等等），在这一训练的基础上进行更复杂的练习。

（2）让学生按规定的方向、速度行走，听到信号时，改变方向和速度。

（3）让学生随教师即兴弹奏的音乐节奏行走，当教师弹奏的节奏发生变化，则孩子们行走的节奏也要发生相应的变化，以此逐渐深入。

（4）教师在琴上用左、右手同时弹奏不同节奏的音乐，让学生用脚走出教师左手所弹的节奏，同时用手拍出教师右手所弹的节奏（也可与此相反）。当教师所弹的节奏发生变化时，学生们的手、脚动作也要作出相应的变化。

在这种训练中，如何利用空间来表现时间的延续，是完成大脑和身体间协作的重要因素。

（5）让学生运用动作幅度的大小，表现不同时值的音符。当拍出一个音后，动作在空中延续，形成一个圈，表示音值时间的延续。音值短，则动作幅度小，在空中形成的圈也小；音值长，则动作幅度大，在空中形成的圈也大。同样的方法，不同速度、力度的音乐，也可用不同幅度、高度、方向的相应动作来表现。

（四）放松、呼吸和纠正工作

放松是精力集中的必要条件之一。"教育的很大奥秘在于保证身体和智力的练习必须永远用来相互放松"。放松对于体态律动教学有很大的作用。

（1）躺下是最好的放松。

（2）通过"拔河"游戏来体验紧张与放松。当教师即兴弹奏出激烈、紧张的音乐时，学生们拉紧绳子；当音乐转为柔和、抒情时，则放松绳子。在这个基础上，去掉绳子，学生们就会凭体验过的感觉，随着音乐做紧张、放松的动作。

（3）站着进行放松练习时，全身的各个部位可按教师弹奏的和弦，依次放松直至倒下。

（4）吹气训练。

呼吸是唱歌的基础。体态律动学运用模仿"吹气泡"的动作来体会呼吸控制。

做以上动作时，教师必须时时注意学生们的姿势和动作，并对错误姿势和动作及时予以纠正。

（五）音乐乐谱的入门

音符的时值在前面的各种训练中已有涉及，而音符的形状也可用生动、形象的造型来帮助学生们学习。

（1）让学生排成一路纵队跪下，代表符干，领头的扭成圆形，代表符头。

（2）符干与符头的表示法同上，另由一位学生斜躺在符干的尾上，表示符尾。两位学生斜躺，便是两条符尾。

当学生们认识了音符，掌握了音值后，可做一些节奏的组合练习，并用打击乐器将组合的节奏型奏出来。

（六）节奏的教学

节奏的训练贯穿于整个体态律动教学之中，所有动作都离不开节奏。因此，可通过日常生活、自然界声音、游戏、歌唱和音乐等产生节奏的概念。

例如，跳绳时，脚跳一下，绳子绕两圈，就产生了"二对一"等等。所有这些都应被引入音乐课，也可让学生们根据自己的生活经历即兴创造出各种节奏，体会节奏是来自生活、充满着生命力的，而不是机械的、死板的。

（七）重音和小节

重音分不规则重音和规则重音，首先体验不规则重音是引入规则重音、小节的方法。

（1）不规则重音。让学生以一个曲身的姿势随琴声跑，当琴声中出现一个重音时，他们必须直起身来。

例如教师在弹琴时，可由不规则重音逐步引入规则重音，直至每小节一个重音，这样，小节的概念就产生了。

（2）显示小节重音的方法，还可用拍球来进行。

（3）用传球的方式体验小节和节拍重音。让学生们围成圈，按教师弹奏的乐曲，在每一小节的重音上，将球传给相邻的同学。

（八）指挥表达法

指挥也是体态律动学课程中必不可少的部分。指挥动作的入门，可从学生自然、放松的动作开始。

（1）让学生以一种不费力的姿势站着，做一些自由运动，手随着身体的运动打拍子，他们就会很容易地显示出速度、力度和弹性的变化。

（2）让学生随着音乐旋律线的起伏、音调的变化和节奏打拍子。

（3）教师随学生自己构思的指挥动作在琴上即兴弹奏。

（4）在听辨乐句时，可把学生分成几组，请一位学生在前面指挥，按乐句指挥各组的学生朝不同方向移动或做不同的动作。

（5）让学生画图型、线条、色彩，将各乐句的旋律线、力度、情绪等表现出来。

（九）练耳和动作

对各种信号的反映来自耳朵，因此练耳是很重要的环节。它们必须和动作结合在一起进行。

（1）两人一对，一位任意拍手数下，另一位闭起双眼并聆听，然后将对方所拍的次数、方位重复拍击出来。

（2）由教师即兴弹奏一段起伏明显的旋律，学生们根据旋律起伏，向前、向后走。

（3）听辨音高：七人一组，每人分别担任音阶中的一个音，当教师弹"mi"音时，担任"mi"的学生必须向前走三步并唱出这个音。

（4）听辨和弦连接：三人一组，分别任和弦中的三个音，随教师所弹奏的和弦连接（上行、下行、平行），做出相应的变化动作。

三、小结

达尔克罗兹的贡献，在于他第一次在理论和实践两方面同时确立了身体运动反应在音乐教育中的重要地位。体态律动学说不但在理论上启发了近现代音乐教育心理学有关研究的开展，而且在实践上也推进了整个近现代音乐教育的技术进步。在其后发展起来的大多数有影响力的儿童音乐教育体系中，都可以看到"身体运动反应训练"的各种发展或变化的模式。

柯达伊音乐教育体系

一、概述

柯达伊·左尔坦（Kodaly ZoUtm，1882—1967），匈牙利作曲家、民族音乐学家、音乐教育家。从20世纪初开始，他便满腔热情地投身到普通音乐教育事业中，并为此作出了终生不懈的努力。为了探索建立匈牙利音乐教育体系的途径，他动员了许多杰出的学者、作曲家和优秀的教师，在深入研究国外音乐教学法、取人之长处的基础上，与匈牙利本国的教学经验相结合，创立了具有匈牙利特色的音乐教育体系。由于这个体系的哲学思想体系、音乐教育观念、原则和方法的构想均来自柯达伊，因此，在该体系传播于世之后，便被人称作"柯达伊教学法"。如今，柯达伊教学法不仅仍然是匈牙利音乐教育的基础，而且业已成为当今世界最具影响力的音乐教育体系之一。

对于音乐教育的功能和目的，柯达伊的主要观点是：第一，对于儿童来说，音乐是世界人类知识中不可缺少的一个部分，没有音乐就没有完整的人。因此，音乐教育必须成为学校全部课程中的一个组成部分。而且，每一个匈牙利儿童都应享受学习音乐的权利。第二，对于社会来说，音乐教育是培养合格音乐听众，培养熟悉热爱本国文化的社会成员的重要途径。因此，优秀的本国民间音乐和世界优秀音乐应成为学校音乐教育的主要教材，为此，他特别指出："每个民族都有大量的、特别适合用于教学的民间歌曲，如果我们选择得好，并通过这些歌曲有目的地提供及安排新的音乐要素的学习，民间歌曲将会成为最适合的教材。如果我们想要了解其他民族，首先必须懂得我们自己。而且没有其他更好的办法比得上通过民间音乐去了解。……所有这些努力的最终目的是引导、促使学生们懂得和热爱这些最优秀作品的过去、现在和将来。"他在1957年出版的《100首匈牙利民间歌曲集》的序言中写道，"……在这个基础上，我们可以建立起民族的、但又是打开人们心灵，通向人类最伟大作品的音乐文化。经过这样教育的人，在他听到与经过了几百年考验的优秀的音乐作品相反的东西时，他会给以衡量，他不会被谬误引入歧途。"

为了达到上述目的，柯达伊创设了以歌唱教学为主要内容的课程体系，并向世人强调："更深入的音乐教育总是在影响基础上发展起来的，只有人声——对所有的人来说是可以自由使用的、最美妙的乐器——具有影响群众的音乐文化的作用。"

柯达伊体系中的第二个重要内容就是音乐的读、写能力。柯达伊认为："……一个有音乐读写能力的人，将比没有这种能力的人掌握更多的音乐文化。"他同时又一再强调："音乐理论的唯一目的不是传播专门名词和概念，而首先是实践，我们必须帮助学生学会唱、读和写他们所听到的旋律。"柯达伊探索使用简单易懂的方法，使学生在普通教育中能够牢固掌握基础知识，并具有多方面的、基本的音乐能力，进而引导他们进入更宽阔的音乐殿堂。

二、教学方法与教学内容简介

匈牙利教育体系中所采用的主要的方法和手段并非完全独创，而是广泛吸收、借鉴了其他国家的某些行之有效的方法，并将其结合在匈牙利的音乐教学中，达到系统化、整体化。这些方法包括以下几个方面：

（一）采用首调唱名体系

柯达伊在他的多声部歌曲、视唱作品《匈牙利比其尼亚》第一版序言中，引导人们注意首调唱名法的优点，还特别介绍了由约翰·柯尔文（John Calvin）引入英国音乐教育中的首调唱名法。柯达伊的这部教材发展了这种唱名体系的实际应用。

首调唱名法注重音级之间的相对关系，·调式音级倾向明确，调式感觉自然、清楚，大、小调体系归结为大调 do 和小调 la 两种形式，对于五声音阶调式和欧洲自然调式、教会调式也容易分析清楚，对于启蒙、普及音乐教育有着非常实际的意义。

使用首调唱名法歌唱，可以从任何一个音高开始，而使用固定唱名法就要有一个固定高度。对于儿童来说，要求唱得和谱子上的固定音高一致是有困难的；同时，学习固定唱名法又必须从无升、降号的调开始，选材也受到限制，不适合儿童的音域。然而，使用首调唱名法就顺利地解决了音高、音域这两大问题。

利用升、降号相加总数等于 7 的互逆现象，可以帮助学生理解和掌握多调号的调性在首调唱名法中的规律。例如：一个升号的 G 大调和六个降号的降 G 大调、两个升号的 D 大调和五个降号的降 D 大调（余下类推）。它们在五线谱上的位置相同、首调唱名也相同。使用首调唱名法的优点是：教学中不以调号的多少作为衡量程度深浅的标准，学生也可以从调号里"解放"出来，可以歌唱大量歌曲，并尽早进入变化音学习、多声部视唱、听觉训练、创作能力训练等多方面音乐能力的培养。

针对首调唱名法各音位置在五线谱上变化多又不容易掌握的特点，初学阶段应先把学习的重点放在熟练掌握多个调性位置的音程关系上。针对采用首调唱名法，转调后在另一高度系统的音准、音程关系不容易确定的困难，初学阶段应利用手势做同音级上的唱名转换练习，做同主音的音阶调式转换练习，这样可以让学生在首调唱名法中迅速建立转调概念。

匈牙利教育体系同样承认固定唱名法的长处，认为器乐和无调性作品的学习适宜用固定唱名法。从歌唱普通学校二年级（每天都有音乐课的普通学校）和普通学校五年级（每周设两节音乐课）起，均同时要求学生学习固定唱名法。

（二）节奏时值读法与节奏训练

柯达伊认为，节奏训练应该比我们今天所习惯的更早和更全面地进行，而且也应该在两个声部中进行。如果在幼儿园就进行这种训练，那么在普通小学做到读谱即唱就不再是幻想。

在匈牙利音乐教育中，幼儿教育阶段是结合儿童歌谣的语言节奏和儿童游戏歌曲来进行固定节拍和节奏训练的。通过拍手、踏脚、摇曳等身体运动的方法，启发幼儿设计熟悉的、生活中的动作，如摆钟、敲钉、刷牙、削水果皮、拉提琴等，伴随歌曲，加强固定拍的感觉，这是节奏训练的基础。随着节奏体验的日益复杂，逐渐培养儿童对节拍、节奏、强音、节奏句式、节奏的多声部、节奏的即兴创作等多方面的感受和能力。

唱（或口读）并拍打出已知歌曲的节奏型（口读可以没有旋律音高，唱要有旋律音高），或根据教师所拍打的歌谣或歌曲节奏型，让学生辨别其名称，锻炼他们的节奏听辨能力。

利用拍手、踏脚等身体动作或打击乐器，拍击具有固定节拍与节奏的二声部，如为已知歌曲或视唱曲配以各种固定音型，就可成为节奏与歌唱的二声部。个人左、右手使用两种不同音色分击两行节奏谱，又可成为节奏二声部。

在进行节奏听写时，也有多声部节奏听觉训练的安排，例如要求学生拍击已给的节奏，听写教师敲击的另外一个节奏声部。

利用图形、符号表示出已知歌曲中相同或变化的节奏句式，是节奏结构概念最初的学习。

利用拍击或打击乐器，学生与教师做节奏模仿或节奏型对比，在"接力"的节奏练习中，每人依次重复前一人的后四拍，再自编四拍相区别的节奏型，以训练节奏记忆和即兴创作能力。

（三）使用字母谱与手势

字母简谱是使用唱名的辅音字头d、r、m、f、s、f，高音时在右上角加一短撇，低音时在右下角加一短撇，字母谱主要用于辅助五线谱学习，对以后的音程练习、多声部视唱、和弦分析也有实用意义。

柯达伊编写的四册《五声音阶音乐》（视唱教材）中，使用的都是结合节奏的字母谱，他的《333首视唱练习》中，一半是五线谱，一半是结合节奏的字母谱。

为了在教学中帮助学生从视觉上理解音级的高低关系和调式音级的倾向，常在使用首调唱名法的同时，结合使用约翰·柯尔文发明的手势唱法。这种方法使抽象的音高关系更形象化，也更易使儿童理解。教学中利用手势进行二声部练习，是为了帮助学生调整音准、训练听觉。也可配合手势，让教师与学生做即兴的歌唱二声部卡农练习，以锻炼音乐记忆和多声部听觉。也可利用手势辅助做同主音的音阶调式转换、同音级唱名转换或相同低音上不同和弦的构成等发展听觉，培养调式感觉、和声感觉，在首调唱名法中迅速建立转调概念的训练。

（四）使用固定音名唱法

在欧洲固定唱名体系中，一种采用固定唱名唱法（我国专业音乐教育中使用这种唱法），另一种采用固定音名唱名法。

匈牙利教育家们认为，固定唱名唱法与首调唱名法会出现音高相同而唱名不同的现象，容易产生混淆。

他们还认为，对于儿童来说，两种唱名法同时使用不会混淆而产生矛盾，而正可以取长补短。

教学中利用首调唱名法结合固定音名，可帮助学生理解并建立全音、半音概念，教学中不仅可从抽象的概念、符号上去认识全音和半音，还可以从音响上、比较中进行识别、掌握，这是一个重要的教学环节，因为全音、半音是构成音程、和弦的基础。

固定音名的训练方法，可配合学习简易的乐器演奏（如牧童笛）。对旋律和音程的视唱，除使用首调唱名法歌唱外，也可同时使用固定音名唱法进行练习。

（五）五线谱读写教学

五线谱读写教学应以五声音阶的歌曲和练习为基础，以儿童运用旋律的自然能力为基础。

柯达伊认为："七声音阶的东西放在早期教育中是决不能唱好曲调的，这个时期就是有敏锐的听力，也总是在mi—fa这样的地方搞模糊。从另一方面说，如果儿童首先有把握地获得五个支柱骨干音级，他以后就能够很容易地掌握半音，无论是来自上方或下方的。"

"也许不需要解释为什么对儿童的音乐教育先限定在五音阶的音乐中更好，没有半音的曲调唱起来更容易。只有这种方法可以发展匈牙利音乐观念，理解匈牙利音乐。只有当儿童暂时地、全部地生活在其间时，他才能发现匈牙利音乐自然、优美的基本旋律样式。"

遵照柯达伊的"教学过程不要突然使学生面临大量困难"的原则，五线谱教学可采用由浅入深，由分解到综合，分阶段、分层次的方法进行。

（1）初学阶段，五线谱教学与歌唱教学采取不同步方式。儿童在幼儿时期，就用听唱、跟唱方式学唱了大量的民间儿童歌曲、游戏歌曲，五线谱初学阶段"落后"于歌唱进度是自然的。一年级至三年级是逐渐使五线谱教学与歌唱教学进度同步的过程，四年级时，歌唱就必须使用视唱法。

（2）五线谱初学的步骤应从节奏开始，逐渐配合字母简谱和手势引入五线谱教学。

（3）初学五线谱应从无谱号、无调号、无拍号的五条平行横线开始，按照首调唱名法，同时在四个调性位置上学习。

教学中可配合歌曲在不同音高位置上起音歌唱，从听觉上熟悉、巩固，使儿童适应不同高度的音之间的相对音高关系。

（4）通过采取多种变化的方法教授新的教学内容，加深学生的印象和理解，使绝大多数学生都能牢固掌握所学的知识，为将来的学习打下了坚实的基础。

例如五线谱la音级的教学，第一课时的教学步骤为：

① 唱一首儿童熟悉的、带有la音级的歌曲。

② 教师慢速地用唱名唱这首歌曲，在新的音级la出现时用"hum"哼唱，并伴随着踮起脚跟，让儿童从听觉、视觉上感受到：这是一个比sol高的音级。

③ 让儿童慢唱（不唱词）这首歌曲，并用一个手指随之在空中表示出音级的高低。这一简单的手势，可以帮助儿童感觉到有一个新的音级和它的相对高度。

④ 教师在黑板上竖着画了三个圆：表示三个音级的高度。教师慢唱歌曲，让一位儿童随着指出与这三个圆的位置相符合的音高，并进一步感觉新音级的相对高度。

⑤ 教师在这三个圆中填写字母唱名，使学生知道新音级的名称，并对它产生视觉印象。教师随意指点这三个音级，学生通过跟唱，熟悉新音级，训练音高。

⑥ 教师把这三个音级字母写在"台阶"上，让学生了解它们在调式中的位

置，并为逐渐建立音阶概念做准备。学生指点着"台阶"上的字母唱歌曲的唱名（唱谱）。

第二课时的教学步骤为：

① 仍然使用前次课上所唱的歌曲，教师唱一句歌词，学生唱一句谱，目的是在训练听觉的同时，熟悉首调唱名。

② 学生配合手势唱谱，巩固前次课上的内容。

③ 教师画出"台阶"，由学生填写音级字母，并指点着慢唱歌曲。继续练习三个音级的音高关系。

④ 教师用带符头的小棒——教具"活动音符"，在五线谱黑板不同的调性位置上"指点"歌曲的音级，帮助学生熟悉五线谱的位置。

⑤ 教师在磁铁板上指出节奏上有变化的旋律片段，以使学生在熟悉五线谱的同时，进行节奏"变化"的练习，为发展学生的音乐创作能力做准备。

⑥ 利用"传球"的游戏：用s、m音级设计各种两小节的旋律片断，教师哼唱，接到球的学生唱谱，以锻炼学生的旋律记忆能力，为听写做准备。

五线谱教学不是单纯的理论、概念教学，而是同时结合着多种音乐能力的培养。正是多种能力训练的方法，才丰富了五线谱的教学手段。这样，儿童虽然只理解了音级的进入，但再学习其他音级时就能够举一反三、触类旁通，就容易理解并掌握了。

四年级至八年级的五线谱学习进到高一层次，直接结合着视唱、听写，知识性的内容逐渐系统化，增加了固定音名学习和变化音、音程、和弦的知识内容，逐渐培养建立和声感觉。此阶段教学中，五线谱学习始终配合着节奏、音准训练，配合着多声部视唱、多声部听觉训练、音乐结构分析等多种音乐能力的培养。

（六）多声部视唱训练

柯达伊非常重视合唱的作用，他说："二声部歌唱在各方面都具有无法估计的价值，不论在发展多声部听觉方面，还是在合唱的准确性方面都是如此。"

普通学校在二年级开始进行二声部片段练习。即使是单声部视唱，教师也常常附加另一声部，以使学生能够在比较、鉴别中判断、调整音准。

匈牙利音乐教育非常重视卡农曲的练习。卡农既是重复，又是变化，既是同一曲调，又有合唱效果，是训练多声部视唱、多声部听觉的有效方法。训练中，每个人唱好自己的声部，同时聆听别人的并不陌生的声部，调整音准、感觉相互的和声关系。卡农曲的乐句此起彼伏，比单声部歌唱增加了很多趣味。故历史上许多作曲家都写过优秀的卡农曲，匈牙利教材中更是广泛选用这种形式。

柯达伊和巴托克及匈牙利著名作曲家巴尔多什·拉约什（Birdos Laios）都曾写过大量用于教学的多声部视唱曲、合唱曲，它们主要是复调性多声部作品，绝大部分是无伴奏合唱，无疑，这对听力、音准、音乐的艺术处理都提出了更高的要求。

（七）多声听觉训练

从早期幼儿园的二声部节奏，到普通学校的多声部节奏、多声部视唱，柯氏教育体系中始终贯穿着多声听觉训练。这不仅是为了培养学生欣赏、理解多声部音乐作品的要求，从根本上说，也符合对音乐艺术的认知规律。在多声听觉中，可以有比较、有鉴别、有"依据"地感受和逐渐掌握节奏的尺度、音准的概念。柯氏教育体系中精心设计的多声听觉训练方法贯穿在各个教学环节之中。

（八）音乐创作能力的培养

匈牙利音乐教育对于儿童创作能力的培养基于柯达伊教育体系的特点，是一种有系统的、科学而严谨的培养音乐读写能力的教育。柯氏教育体系认为：儿童对许多事情都能够自发地、下意识地"即兴"，但这不是教育，教育要有计划、有意识。柯达伊说："所有的健康儿童如果得到鼓励时一般都能够即兴演唱，但是他们在形成音乐概念时，无法保持他们的应变能力。"

柯氏教育体系中，从幼儿教育阶段的即兴编配旋律短句、小学一、二年级的基本问答句式的分析和练习，到逐渐进行节奏型设计，并为所设计的节奏型编唱旋律，为短小的钢琴作品改写和声低音声部，根据不同时期和声风格进行创作练习等，创作能力的培养贯穿于教学全过程。

三、小结

柯达伊的贡献主要在于：他创造了一种立足于该国国情的音乐教育体系。这种体系在匈牙利十分有效地造就了大批有相当音乐修养的、热爱本民族音乐文化的音乐爱好者。正是由于他坚持使音乐教育立足于弘扬本民族文化精神，才使"柯达伊音乐教育体系"获得了举世公认的成果。此外，柯达伊在普及合唱教育和提高儿童读写音乐能力方面所做的贡献，也是巨大的。

奥尔夫音乐教育体系

一、概述

卡尔·奥尔夫（Carl Orff），德国作曲家、音乐教育家。1914年毕业于慕尼黑音乐学院。第一次世界大战期间曾在军队服役，战后一直作为专业作曲家在一些地方的歌剧院任职并继续从师深造。1924年和友人军特一起创办了"体操—音乐—舞蹈"学校，以成人为教育对象，开始了他作为音乐教育家的生涯。1930—1935年，奥尔夫完成了五卷《学校音乐教材》的写作，并开始对儿童音乐教育产生兴趣。1948年，奥尔夫让儿童在一组乐器上演奏的音乐被制成系列广播，引起了儿童的喜爱和音乐教育工作者的关注。1949年，奥尔夫和友人开设了一个工作室——第49工作室，专门从事设计、改进和制造奥尔夫乐器的工作。1950—1954年间，他的五卷《学校音乐教材》正式出版。1961年，奥地利萨尔茨堡的莫扎特音乐学院建立了奥尔夫研究所，随后不久，又在研究所的基础上成立了奥尔夫学院。从此，奥尔夫的音乐教育思想和技术迅速地在德国乃至全世界传播开来，被公认为对世界近现代音乐教育改革产生深远影响的最重要的体系之一。

19世纪末、20世纪初，欧洲艺术创作领域出现了一股要求突破传统文化的禁锢、回归自然的思潮；同时，民族主义音乐思潮的兴起和古典主义、浪漫主义音乐的极度发展，迫使当时的许多音乐家转向民族音乐和原始音乐，以寻找新的出路。正是基于这种背景，奥尔夫发展起了一种独特的音乐创作新风格，他本人把这种新音乐称作"Elementar"音乐。

在奥尔夫转向关注音乐教育以后，便将"Elementar"音乐的基本原则逐渐发展成了奥尔夫音乐教育的基本核心观念。"Elementar"这个词在德文中，具有：原始的、原本的、基础的、初级的、元素性的、自然的、富有生命力的等多种含义。在奥尔夫音乐教育体系中，无论是课程设置、教学组织形式、教学方法，还是教材和教学工具等诸方面，一切重要特征都可以从这一词汇的各种含义中找到根源。

二、教学方法与教学内容简介

（一）教学内容

奥尔夫体系的教学内容主要包括嗓音造型、动作造型和声音造型三个方面，嗓音造型可细分为歌唱活动和节奏朗诵活动。节奏朗诵活动的内容除了童谣、游戏儿歌、小诗以外，还有谜语、谚语、鉴言、词汇或者无意义的单音与多音音节。节奏朗诵活动被奥尔夫称作最接近儿童音乐天性的教学内容之一，是奥尔夫体系在教学内容方面的一大独创。节奏朗诵可根据不同的难度给各种年龄的儿童学习。其中，作品结构的大小、声部的多少及织体、节奏和语言的复杂程度是区别其难度的一般标志。

动作造型又可分为律动、舞蹈、戏剧表演指挥和声势活动。律动、舞蹈、戏剧表演过去一般不是音乐教学的内容，奥尔夫则认为：它们都是儿童音乐教学内容中不可缺少的部分。其理由是：对儿童来说，动作、语言、音乐是一个统一的、不能分割的行为领域。在动作造型活动中，声势活动被公认为奥尔夫儿童音乐教学内容体系中的又一大独创。声势活动是一种用最简单的身体动作发出各种有节奏声音的活动。其中最基本的四种动作是跺脚、拍腿、拍手和捻指。奥尔夫体系把这种活动称为演奏身体乐器的活动，他在实际教学中，让儿童用不同的身体动作所发出的不同声音和音色，引导儿童去探索、感受音高、音色等方面的差异。声势活动也可根据其不同难度提供给不同年龄的儿童进行学习，其难度的标志主要体现在节奏的复杂程度、动作的难度、动作种类的多少、动作变换的频度、声势作品结构的大小、声部的多少，以及织体的复杂程度等方面。

声音造型即乐器演奏活动。所用乐器有奥尔夫乐器，也有其他乐器。奥尔夫乐器演奏也是奥尔夫儿童音乐教学内容体系的主要特征之一。奥尔夫创设这些乐器的目的，是为了让儿童更容易地通过奏乐方式，对音乐世界进行全面探索、全面享受。其中，音条乐器（木琴、钟琴、钢片琴）可以灵活拆装，不仅可以用来演奏简单、朴实的旋律或固定音型，还可以演奏复杂而具有艺术性的多声部大型作品。

在以上全部教学内容中，节奏学习是最基本和最重要的内容。奥尔夫认为：这种音乐、舞蹈、语言三位一体而又注重节奏的课程内容，不仅符合人类音乐生活的原始性、原本性，也符合儿童的自然天性。

（二）教学组织形式

奥尔夫体系的教学组织形式可从两个方面来描述：首先是"集体教学"，其次是"综合教学"。集体教学的主要目的是创造出交流、分享审美体验的机会与合作和平等竞争的机会；而综合教学既体现在创作、表演、欣赏的综合一体，又体现在歌唱（包括节奏朗诵）、舞蹈、奏乐的综合一体。综合教学的目的是创造全面、完整的综合性审美体验。奥尔夫认为：以上这些教学组织形式，对于处在个体发展原始（初级）状态的儿童来说，不仅是十分适宜的，而且也是十分必要的。

（三）教学方法

在不断创新中获得新的生命力是奥尔夫体系的核心理念之一。奥尔夫体系的教学方法主要是"引导创作法"。引导创作法是指：教师在教学中，只向学生提供一些元素性材料。如最基本的节奏、最基本的动作方式、最基本的结构组成方式等等。而学生则主要是通过范例和教师的启发，在集体创作过程中进行音乐学习。此外，奥尔夫体系并不绝对排斥模仿学习的方法，承认模仿学习是一切完整音乐教育体系所必须具有的内容。下面仅以节奏教学为例，具体说明引导创作法在奥尔夫式课堂教学中的实施方法。

1. 节奏单元提取

让儿童从顺口溜、童谣、诗歌或熟悉的事物名称中提取出最简单的节奏单元。这些单元的最小规模可以是两拍，也可以是三拍。它们最初一般由四分、八分或二分音符组成。这些最简单的元素性节奏单元被奥尔夫称作"节奏基石"。"节奏基石"是一种最容易被掌握的材料，可供儿童建造属于他们自己的音乐大厦。

2. 节奏单元巩固

教师用范例引导儿童用各种替换词来连续朗诵这些节奏单元。

引导儿童用"回声游戏"的方法继续巩固这些节奏，训练儿童的反应能力和协作能力。

最初可用一种节奏单元进行游戏，教师领诵时变化替换词。练熟后可任意使用一种或几种节奏单元，并加入强弱和快慢变化，最后，教师的领诵也让儿童来代替。在儿童领诵时，教师要及时鼓励，引导儿童有更多的创造。

此外，教师还要指导儿童熟悉这些节奏单元的记谱法，并逐步要求儿童按谱即兴填词，或按自己朗诵的节奏去记谱。

3. 节奏单元的迁移

教师用范例来引导儿童用声势动作连续表现这些节奏单元。最初可做"回声游戏"，而且只用一种动作，如拍手。熟练后可任意做跺脚、拍腿、捻指，甚至做其他儿童自己想出来的能发出响声的简单身体动作。在上述基础上，可进一步用"接龙游戏"的方法来进行练习。

"争领袖"游戏是一种难度较大的节奏反应训练游戏。由教师连续做一种节奏动作，学生模仿并与教师一起做同样的动作。接着，学生中任何一个人要想当"领袖"，就要做出一种与教师不同的节奏动作，并设法引起大家的注意，全体师生须敏锐注意到这种变化，并立即响应这一创举。如此不断进行游戏，熟练后可加入速度和力度的变化。

4. 节奏单元的发展

教师针对儿童掌握的节奏单元，引导儿童按教师提供的模式及规模连结成节奏短句。

教师引导儿童为自己创作的短句填词，或创编声势动作。

在这种活动中，教师还须引导儿童去细心感受和欣赏不同嗓音在音色上的变化，如亮、暗、沙、脆、圆、扁等。

在这种活动中，教师也须引导儿童去细心感受和欣赏不同身体动作所发出的音色效果，或不同动作序列所发出的音色序列。

在分组或个别创作活动后，教师需组织儿童展示、交流他们的作品，并引导儿童学会积极评价和分享。

熟练后可加入"接龙""争领袖"和问答游戏，还可加入速度、力度、音色的变化。请注意，问答游戏与"接龙"游戏的区别，不仅在于形式上的甲问乙答、丙问丁答，其核心在于：使节奏的对答真正成为从内心情感到外部体态表情及音响表情的交流，使节奏获得一种真正的艺术生命力。

在此基础上，教师还可进一步引导儿童，让他们用打击乐器或音条乐器演奏这些节奏短句，或进行即兴的节奏创造游戏（如接龙、问答、争领袖等）。在小组活动中，还可以通过不同乐器的合作，对创作出的节奏短句进行更丰富的处理。

在这种活动中，教师需引导儿童感受和欣赏不同乐器、不同组合方式所产生的不同音色效果及其趣味性。

5. 节奏单元的应用和更大规模的发展

教师用范例引导儿童按自己创作的节奏短句，为韵文朗诵、歌唱、舞蹈、戏剧表演或教师演奏的乐曲伴奏。具体可用节奏朗诵、声势动作、打击乐器或音条乐器演奏等多种不同方式。在伴奏时，教师应充分引导儿童将各种表演和伴奏加以变化。如韵文朗诵的变化可能性有：全体、小组和单独朗诵的变化或交替进行；女孩和男孩朗诵的变化或交替进行；明亮和暗浊的朗诵音色变化或交替进行；有伴奏和无伴奏的朗诵变化或交替进行；特定情况下的速度、力度变化；为朗诵编配适合的表演动作；等等。

教师可通过范例来引导儿童，将这些结构比较短小、单纯的短句发展成为规模更大一些的作品。

为上面的节奏乐段加上歌词、声势动作或打击乐演奏，甚至加上音高（运用儿童在此时已掌握的音，两三个音即可）就可以构成一段相当完整、相当美妙的音乐。如果把该乐曲作为A段，再加上由教师或学生用另一种方式即兴创作的B段，就可以构成更复杂的AB二段结构或ABA三段结构。如果再加上由学生即兴表演的更多的中段，（这些中段可以是节奏朗诵、情境表演、声势动作、打击乐演奏、即兴歌唱等，结构可以规定也可以自由。）还可以构成一首回旋曲。当然，发展方案必须根据儿童的年龄和音乐水平去加以设计。

（四）教材和教学工具简介

奥尔夫体系的教材可以以奥尔夫本人写作的五卷《学校音乐教材》作为代表。它的内容主要来自德国的儿童游戏、童谣和民歌。奥尔夫认为，只有来自儿童生活的教材，才可能成为最符合儿童天性的、最自然的、最富有生命力的教材。《学校音乐教材》的编排顺序，除了节奏由简单的基本节奏开始，然后逐步复杂化以外，旋律也从两个音开始，然后逐步完善五声音阶，最后才发展到完整的大小调音阶。

全书的具体内容大纲如下：

第一卷　五音范围内

　　第一部分：韵律与游戏歌曲

　　第二部分：节奏—旋律练习（第一部分）

　　第三部分：乐曲

第二卷　大调波尔卡/各级音

　　第一部分：波尔卡

　　第二部分：各级音

第三卷　大调属和弦

　　属和弦

第四卷　小调波尔卡/各级音

　　第一部分：波尔卡

　　第二部分：各级音

第五卷　小调属和弦节奏—旋律练习（第二部分）

　　属和弦

奥尔夫特别指出，他提供这套教材的目的仅仅是提供一种"教育应该如何顺应儿童本性"的思路。因此，不同国家和地区、不同学校和班级的教师，应该按照这种思路，为他们所教的特定儿童群体选择更适合他们的教材，而不是照搬奥尔夫本人的教材。

奥尔夫体系的独特教学工具是奥尔夫乐器。但在奥尔夫式的课堂中，并非仅仅只使用奥尔夫乐器。奥尔夫乐器从理论上讲，应该是指一切具有原始乐器特征的乐器，它们既可用简单的大肌肉动作来演奏，又易于为初学儿童所掌握。而特指的奥尔夫乐器，则是指那些由奥尔夫机构认可的研制性乐器。这些奥尔夫乐器一般可分为两大类。一类是无固定音高的打击乐器，另一类是有固定音高并可灵活拆装的音条乐器。

三、小结

奥尔夫的贡献在于：他创造了一种理论和实践的体系，使儿童能够以最自然的方式进入音乐世界的一切领域，并从中获得最完整、最全面的音乐享受。他创造的这一体系，使孩子们获得了许多交流、分享和共同创造的积极而又愉快的体验，在音乐教育领域内，比较系统地解决了近代教育所共同关心的一些实际的教育问题，如：有关儿童个性、社会性健康发展等，为音乐教育的未来发展开创了重要的新思路。

初中音乐课堂教学设计的要求及特点

一、音乐课堂教学设计的要求

音乐课对学生来说，就是一天忙碌的学习生活中的万花筒，让学生可以放松心情，快乐学习，更让他们觉得音乐课就是享受。这就要求音乐老师在课堂当中不断地创新，不断地提升自我专业素养。一节吸引学生的音乐课要具备以下几点内容。

（一）丰富的教学内容

每一节音乐课，老师在上课前都要做足功课，制定好合理的目标，明确本节课要干什么，要教给学生哪些音乐知识，让学生学会什么，通过哪些有趣的方法能达到让学生在愉悦的气氛中接受这些知识？在有限的课堂四十分钟里，老师要尽可能地发挥自己的主导作用，发挥自身的音乐专业特长，努力做到"启发有方，诱导得法"。

民族音乐：了解和学习中国民族音乐是初中音乐教学的重要内容之一。教师可以介绍一些经典的民族音乐作品，让学生了解不同民族的音乐风格和特色，例如《二泉映月》《渔舟唱晚》等。

流行音乐：流行音乐是初中生非常喜欢的音乐类型之一。教师可以选取一些经典的流行歌曲，让学生学习和演唱，例如《稻香》《夜空中最亮的星》等。

世界音乐：世界各地的音乐都有其独特的风格和魅力。教师可以介绍一些世界各地的经典音乐作品，让学生了解不同文化的音乐风格和特色，例如《卡农》《土耳其进行曲》等。

音乐欣赏：通过欣赏不同类型的音乐作品，让学生感受到音乐的魅力和表现力。教师可以选取一些经典的音乐作品，例如交响乐、室内乐、歌剧等，让学生欣赏并讲解作品的背景、风格和表现手法。

音乐史：了解音乐历史和文化背景是初中音乐教学的重要内容之一。教师可以介绍一些重要的音乐时期和流派，例如巴洛克时期、古典主义时期、浪漫主义时期等，让学生了解不同时期的音乐风格和特色。

乐理知识：学习乐理知识是初中音乐教学的基础内容之一。教师可以介绍一些基本的乐理知识，例如音高、音程、和声等，让学生了解音乐的基本构成和原理。

总之，初中音乐教学内容应该丰富多彩，让学生在学习中感受到音乐的多样性和魅力。通过学习不同类型的音乐作品、了解音乐历史和文化背景、学习乐理知识等，提高学生的音乐素养和综合能力。

（二）多样的教学方法

互动教学：音乐是一种艺术形式，它需要表达和分享。在音乐教学中，教师可以通过互动的方式让学生参与其中，例如组织歌唱比赛、音乐游戏等，让学生在轻松愉快的氛围中学习音乐知识，提高他们的音乐素养。

情境创设：通过情境的创设，让学生更好地理解和感受音乐作品。例如，在欣赏民族音乐时，教师可以介绍一些相关的文化背景和风土人情，让学生了解当地的音乐特色和风格。

多元化教学：将不同的音乐元素和风格融合在一起，让学生感受到音乐的多样性和包容性。例如，在教唱流行歌曲时，可以加入一些说唱、电子音乐等元素，让学生体验不同的音乐风格。

实践性教学：让学生通过实践来学习音乐知识，例如组织乐器演奏、舞蹈表演等，让学生在实践中提高自己的音乐技能和表演能力。

个性化教学：每个学生都有自己的音乐兴趣和特长，教师可以根据学生的不同特点进行个性化教学，例如针对学生的嗓音条件、音乐喜好等方面进行指导，让每个学生都能够在音乐学习中找到自己的位置和发展空间。

总之，初中音乐教学法应该注重学生的兴趣和需求，通过创新性的教学方式和手段，让学生在愉悦的氛围中学习音乐知识，提高他们的音乐素养和综合能力。

（三）精巧的教学设计

初中音乐教学设计需要细腻巧妙，让学生在学习中感受到音乐的魅力和乐趣。以下是一些对初中音乐教学设计的建议：

情境创设：通过情境的创设，让学生更好地理解和感受音乐作品。例如，在欣赏古琴曲《高山流水》时，教师可以先介绍一些相关的文化背景和故事情节，让学生了解曲目的背景和内涵，然后配合多媒体技术，播放一些与曲目相关的图片和视频，让学生更加深入地感受到曲目的意境和韵味。

多元化教学：将不同的音乐元素和风格融合在一起，让学生感受到音乐的多样性和包容性。例如，在教唱《青春修炼手册》时，教师可以加入一些流行元素和舞蹈动作，让学生感受到歌曲的时尚感和活力；在教唱《摇篮曲》时，教师可以加入一些简单的乐器演奏和轻柔的舞蹈动作，让学生感受到歌曲的温馨感和柔美感。

实践性教学：让学生通过实践来学习音乐知识，例如组织乐器演奏、舞蹈表演等，让学生在实践中提高自己的音乐技能和表演能力。例如，教师可以组织一些简单的乐器演奏活动，让学生体验演奏的乐趣和难度；可以组织一些舞蹈表演活动，让学生展示自己的舞蹈技巧和表现能力。

个性化教学：每个学生都有自己的音乐兴趣和特长，教师可以根据学生的不同特点进行个性化教学，例如针对学生的嗓音条件、音乐喜好等方面进行指导，让每个学生都能够在音乐学习中找到自己的位置和发展空间。例如，对于喜欢唱歌的学生，教师可以给予他们更多的演唱机会和支持；对于喜欢乐器的学生，教师可以介绍一些适合他们学习的乐器种类和方法。

创新性教学：初中音乐教学设计需要不断创新和尝试新的教学方式和手段，例如利用现代科技手段进行辅助教学、组织一些有趣的音乐游戏和比赛等。教师也可以利用一些音乐制作软件或APP，让学生自己创作音乐作品并分享；可以组织一些歌唱比赛或音乐知识竞赛等。

总之，初中音乐教学设计需要细腻巧妙，注重学生的兴趣和需求，通过创新性的教学方式和手段、丰富多彩的教学内容和生动有趣的教学活动等，让学生在愉悦的氛围中学习音乐知识，感受音乐的魅力，提高他们的音乐素养和综合能力。

二、课堂教学设计的特点

课堂教学设计是教师在创造性地思考、深入钻研教材的基础上，根据学生的特点，创造性地设想和计划，为成功教学绘制蓝图的过程。即在课堂教学工作之前的教学预谋和筹划。一堂课的设计，好比一篇文章的构思，要有一个主题作为主线贯穿全文，每个环节紧扣主题，多层面、多角度展现主题内容。

从《音乐课程标准》制定的课程目标来看，课堂教学设计通常具有以下特点。

（一）规划性

课堂教学设计实际上是对整个教学过程的各项工作做一个规划。如目标编制、教学资源的开发和利用、教学重难点的确定、教学方法手段的筹划等。有了整体规划，教学工作就会有条不紊地进行。

（二）超前性

即做总体教学设计时，教师通过思考、预测教材内容、学习环境、教师的行为可能引起的效果，以及学生做出的反应，借助于想象在头脑中拟定操作蓝图，以及提前完成教学准备工作的目的。

（三）创造性

所谓创造性就是教学设计者根据教材和学生实践去设计新课独有的、个性的教学方案，使课堂教学独特新颖。

课后合影

音乐课堂教学设计的前期准备

一、熟悉课标，研究理念

作为音乐教师，在进行课堂教学设计时，首先要认真学习研究新课标的基本理念，音乐课程的"基本理念"不仅是音乐教育专家探讨的理论问题，也是音乐教学实践者普遍关注的问题。因为"课程基本理念"不仅是广义教育观念和音乐教育理论的融合，更是对音乐教学基本原则的梳理和总结，与教师的执教理念和教学行为直接关联。音乐课程是基础教育体系的组成部分，其基本理念是指导音乐新课程实施的理论基础，对于改变音乐教学方式和音乐学习方式具有十分重要的意义。事实证明，先进的教学理念是学校实践发展的灵魂，更是教学改革的催化剂。社会的发展、思想的历史流动、教育的变化，必将触动教育理念的改变，因为教育的过程就是一种思想与思想的碰撞、心灵与心灵的交流、生命与生命的对话。理念决定高度，高度决定视野。教学理念具有行为导向、行为动力的作用，用先进的教学理念引领教育行为，必将取得有效的成果。我国近几年来的教育发展情况足以证明先进的办学理念是学校发展的灵魂，山东杜郎口中学的崔其升校长就大胆创新，改变传统的教育理念，创造"预习、讨论、展示、反馈"四部教学模式。做到"还课堂于学生，还时间于学生"，提倡"我参与、我快乐，我自信、我成长"，学生在参与中快乐，在快乐中幸福，在幸福中成长。变苦学为乐学，变乐学为会学，变会学为愿学。杜郎口中学在校长崔其升的先进理念的带领下，逐渐提炼出一套具有鲜明特色的教改体系。再如江苏洋思中学蔡林森校长创立的"每节课教师只讲四分钟"论，使原来三流生源、三流师资、三流设备的弱校，一跃成为全国名校。

音乐课程理念根源于特定社会的音乐教育实践，一旦对非音乐性的强调超越或削弱了音乐本身，将其淹没，我们就背叛了我们为之而存在于世的那门艺术。音乐教育的基本性质和价值是由音乐艺术的本质和价值决定的。我们将音乐课程理念与前面所说到的音乐课程目标相比较，不难发现它们之间的内在联系，即教学理念决定了教学目标的制定。透过音乐教育理念，我们可清晰地在音乐的教学目标中找到相对应的三个维度的目标体现，即"情感态度与价值观""过程与方法""知识与技能"三个层面的目标。

二、解读教材，选择内容

解读教材就是要吃透教材。对于一个教师来说，落实课程目标是实施新课程的关键，在教学准备阶段，首先要考虑的两个问题就是"为什么要教"和"教什么"。"为什么要教"指的就是教学目标，"教什么"指的是教学内容。在教学目标中提到的要求，必定是教学中首先要考虑的在教学过程中安排的相应内容。例如，初一年级《永远的莫扎特》教学目标设计，教学目标中写出"听辨记忆第一乐章主题及呈示部主、副部主题的四句旋律"，那么在教学设计内容中就要事先考虑到安排莫扎特的音乐作品《第四十交响曲》和《G大调弦乐小夜曲》为主要教学内容。在三维目标的实施过程中，也曾出现了操作的种种困难，部分原因是教师对于三维目标的认识不清楚，不能深刻理解课程目标或者弱化了课程目标。从课程到每一节课的目标，并不是简单的对应关系，每节课都有自己特定的内容，目标的表述与制定也并非整齐划一的，而是存在许多可以调整的空间。英国哲学家、社会学家、教育家斯宾塞提出"什么知识最有价值"的著名命题，在课堂发展史中第一次明确提出了课程选择的问题。当课程目标的基本来源主要是学科的发展的时候，学科知识就成为课程的主要内容。课程内容是课程目标的具体化，是为课程目标服务的，它与课程目标密切相关，既是对老师"教什么"的规范，又是对学生"学什么"的规范，同时也是课程实施和课程评价的准则和指南。不同的课程目标决定了不同的课程内容。音乐课程的总目标决定了音乐教学内容领域的出现。整合拓展为感受与欣赏、表现、创造、音乐与相关文化四个领域。这四个领域是一个相互联系、相互渗透的整体，教师在教学中应全面理解，在把握不同教学领域内容要求的基础上，注意它们之间的内在联系，使之相互配合、互相渗透，融合为一个有机联系的整体。在设计教学时要寻找教学的重难点，寻找和识别学生认知规律的教材因素。在此基础上选择、组织需要讲授的内容。解读、分析教材时要注意研究教材的学科学习方法，因为在教学过程中培养学生掌握学科学习的方法是非常重要的。要通过解读和分析教材，确立有效的教学目标。课堂教学目标的作用在于：导向——外显；启动——沟通；凝聚——合作。一个有效的教学目标可以帮助教师组织教学内容、选择材料、调适教学方法、优化教学手段，由此减少教学过程的盲目性和随意性。

三、关注学生，尊重个性

在课堂教学中，学生是学习的主体，教师要充分尊重学生的主体性和差异性，根据学生现有的水平和实际情况来设计教学。关注学生心理发展的特殊性，根据学生的心理需求来选择相应的教学方法和手段，营造适合学生学习的"内在条件"和"外部环境"，确立新的教学起点。这就要求教师在课堂教学设计中要贴近学生的生活实际，符合学生的知识能力水平，接近学生思想发展的方向，选择恰当的切入口，使学生的学习迅速进入良好的状态。

我们需要追求的一种教学方式是一种通过直接追求人本身的发展来推进社会进步的教育，是培养发展每一个人成为他们自己的教育，是使每一个人都在原有的天赋所允许的范围内充分发展的教育，从根本上说是以"个性发展"为核心的教育。教学的终极目的是：把教师自己解放出来；让学生的思维开放起来；让学生的手脚活动起来。基于这样的学习观，教师在设计教学活动时需要通过讲授、引导、开放三者结合来培养学生学会主动发现式学习，学会发现事物的本来面目，学会辩证全面地看待问题。以上所说的教育理念就是现代教育倡导的"人本主义教育观"。其本质特征就是对感情的理解、尊重和接受。基于这一教育思想的学习过程应该是：拓展教学时空的维度，学生自主选择学习方向，参与发现自己的学习资源，阐述自己的问题，决定自己的行动，有责任参与到学习过程中，全身心把情感投入创造性学习中去。在这个过程中，教师的主要任务是允许学生自己学习，满足学生的好奇心和求知欲，建立一种开放平等的教学环境。

四、教学方法的设计和教学媒体的选择

教学方法是教学过程整体结构中的一个重要组成部分，是教学的基本要素之一。它贯穿教学的全过程，直接关系到教学工作的成败和教学效率的高低；

关系到教学目标和任务的完成；关系到把学生培育成什么样的人。课堂教学设计应根据学生已有的学习经验和个性智力差异及能力发展水平，以教学目标为导向，把握主体性原则，围绕"以学生为本"的核心选择适合学生的教学方法。教师在设计课堂时应扬长避短，尽量发挥自己的专业优势，不但要注重教的方法设计，而且还要设计学生学习的方法，使两者有机地结合在一起，达到共同协调发展。

教学方法不仅指教师的教法，也包括学生的学法。教学方法的采用受到课程目标和教学内容的制约，从音乐课程标准的内容领域来看，细化后的教学内容中蕴含了丰富多样的教学方法。目前，中小学常用的音乐教学法不胜枚举，由于教学方法数目的众多，出现了很多种分类。体验音乐可以用多种形式的教学方法进行。按知识来源划分为：直观教学方法（演示法、图示法、参观法）、语言方法（讲授法、谈话法、阅读法）、实践的方法（练习法、创造性作业法、实习作业法）。

上述的教学法要根据教学内容的实际来合理地应用。例如，感受与欣赏这一领域，可以根据教学内容，以音乐为本，从音响出发，以听为主进行教学；还可以采用多种形式引导学生参与音乐，让学生采用歌唱、演奏、身体动作和表演的方式，参与到音乐中去；再者，还可以将学生生活经验与音乐作品的表现手段联系起来，教师可借助生动形象的故事、诗歌、语言及录像、图画等，为学生在生活经验和理解音乐之间找到最好的连接点；还可以采用比较的方法，对不同音乐情绪进行对比、对不同音乐表现手段进行对比等激发学生的想象和联想；除此之外，还有当代著名的音乐体系的教学方法，如达尔克罗兹音乐教育体系的教学方法、奥尔夫音乐教育体系的方法、柯达伊教学法等。

每一种教育体系都有其独特的教学方法，如何选择和运用，首先还得从课程的内容特点来决定，恰当的方法用于合适的内容，就能够取得可喜的效果。这正是——教学有法，但无定法，贵在得法。随着课改的发展和深入，音乐教学的方法已经不是简单意义上的教、学方法的模仿和经验传授，而是在前人的基础上，探究学习和创造出新的教学经验。也是在教与学的实践中理解、认识各种教学理念和教育理论的过程。要灵活地掌控好课堂教学过程，提供给学生一个能够表现音乐技能、发展综合艺术能力、增强创新意识、挖掘个人潜能的实践操作空间。教学方法的选择需要因人而异，因地制宜，从实际出发，教师应积极建设良好教学环境，发挥主动性、自觉性、自创性，启发引领学生进行自主、创新、有趣味性的教学活动。

例如，浙江省玉环市的张玲娜老师，在教学中，她针对初中学生对合唱的淡漠抵触心理，大胆地将B-BOX阿卡贝拉引入课堂，借合唱与B-BOX的异曲同工之处，从点入手，以B-BOX节奏的叠加，延伸至创新音效的叠加，由易到难，逐渐融入和声伴唱，形成了简单的阿卡贝拉的效果。使学生体验了多声部音乐活动的乐趣，享受了成功的喜悦，引导学生自发地去探索、研究、交流、合作，为敲开合唱学习的音乐之门找到了一个很好的切入口。

可见，对于音乐教学方法在课堂教学各环节和各项活动中的操作，要机动灵活，富有创意，尽量避免教学模式化、照搬照抄的现象。教学是一项蕴含着教师人格魅力和个性特色的创造性活动，音乐教学的方法应充分体现教师的教学个性和学生的学习个性。"教无定法，教艺无涯"，每一个音乐教师都应用研究的方式对待音乐教学，用学习的态度来研究音乐教学法，方能取得良好的教学效果。

关于教学方法的设计，新课程倡导情境构建的教学方式。首先，设计问题情境。在研究学生学习心理过程的基础上，创设多种形式的教学情境，引导学生充分参与，以此获得个体的发展。其次，设计协作情境。因为学习是社会性的活动，是师生的交往互动，设计协作情境是促进学生有效学习的基本途径。

教学媒体的选择首先要根据当地的教学设施情况来定。其次，选择开放性教学方式，充分利用当地的自然资源和社区资源，让学生走出校园，走进社会，在有条件的基础上，尽量选择可用的教学媒体进行教学，特别是音乐学科选择多媒体教学，可以使学生耳目一新，增强"视听"效果。

五、音乐课堂教学设计应考虑的问题

（一）突出音乐性

用音乐来解决音乐的问题。音乐艺术和其他艺术的区别，主要在于它具有非语义性、无形性、时间性和情感性，音乐课程教学只有充分认识它的这些特点，才能据此去决定教学目标、教学内容和教学方法。正是由于音乐具有以上几种属性，因此我们在进行音乐课堂教学设计时要遵循音乐的特性，充分展现音乐教学的特点，尽量避免用过多的语言来阐释音乐的本质，用固有的模式来束缚音乐的灵动，用凝固的时间来限制音乐的流动，用枯燥的说教来代替音乐的情感。而是应该用丰富的实践活动来感受音乐、体验音乐、表现音乐、创造音乐。

（二）突出学生的主体地位

从学生的角度出发来进行设计，引导学生积极主动地参与学习活动。把握好学生的主体地位与教师的主导地位的关系。音乐教学的主体对象是学生，一切教学活动的设计应以学生的"学"为出发点，无论是在教学内容的选择还是教学方法的设计上，都应密切结合学生的实际情况来进行，教师主动提供条件，为学生的主动吸收创造机会。教师要设计一些有意义的音乐活动，来帮助学生有效吸收、内化、综合与创新。

（三）面向全体学生，重视个体差异

使不同层次的学生都能通过课堂教学活动有所提高和发展。还是由于颁布的《国家中长期教育改革和发展规划纲要（2010—2020年）》中，提出了"优先发展、育人为本、改革创新、促进公平、提高质世"的工作方针。"面向全体学生，注重个性发展"是音乐课程教学中贯彻落实"育人为本""促进公平"的具体体现。

（四）教学目标的设计应由知识本位向注重学生发展转化

在设计过程中要认真分析学科知识对于学生独特发展的价值，服从并服务于促进学生有个性的、持续的、全面和谐的发展。在"全人"的观念指导下，把学科知识增长过程同时看成学生人格健全与发展的过程。

（五）课堂教学设计应考虑全面

课堂教学设计应充分考虑各个学科的综合，考虑学生全身心参与智力因素和非智力因素的协同活动。音乐课程的综合，是以音乐为本的综合。音乐教育应具有广阔开放的视野，与和音乐有联系的其他学科有机地融合起来，以文化的视觉来阐释音乐作品，从历史文化、地域文化、民族宗教文化等方面更深层次地解读音乐作品的内涵。因为一定的音乐与该音乐文化产生的民族、地理环境、历史条件、语言语音特点、生活习俗、文化交流等有着紧密的联系。当我们进行课堂教学设计时，除了考虑教学目标的确定、教学内容和方法的设计之外，还应该考虑如何在有限的教学时间内使得各个教学环节和整个系统有机地、和谐地运作。

音乐教学设计的步骤

美国行为主义心理学家马杰（R.Mager）认为，教学设计是由三个基本问题所组成，即"我要去哪里？""我如何去那里？""我怎么判断我已经达到了那里？"显然"我要去哪里"讨论的就是教学目标制定的问题，即教学首要关注的问题。在音乐教学设计中，音乐教学目标是教学活动所预期的结果，或是预期的学习活动要达到的标准。这次课程改革的总体设计及目标是：改变课程过于注重知识传授的倾向，强调形成积极主动的学习态度，使获得基础知识与基本技能的过程同时成为学会学习和形成正确价值观的过程。传统课程观认为知识是课程的中心，认为各门课程均应该从相应的学科中精选，课程体系要按照科学的逻辑进行组织。这种课程观是外在于学习者的、凌驾于学习者之上的，完全不考虑学习者的兴趣、需要和经验。因此，传统课程目标必然是以知识为中心，以解决若干个知识点为每种教学的具体目标，这就颠倒了知识与学习者的关系，从而使学习者成为被动接受知识的容器，或被迫、被动接受技能训练的机器。

一、确立教学目标

要想上好音乐课，课堂教学目标设计很关键，一节课的形式再好、花样再多，如果教学目标不准确，就不能算一堂好课。音乐教学目标是音乐教学活动的指南，必须有了明确的目标，才可能根据目标来制定具体的实施方法和策略。音乐教学目标是音乐教学活动所要达到的标准与境界，特指音乐教师根据教材和学生实际所制定的既符合教学内容要求又适合学生实际水平的基本标准与层面。音乐课程目标主要是从音乐教育的角度来规定基础教育阶段学生在完成教学内容的学习后达到的最终结果。《义务教育音乐课程标准（2011

年版）》对课程"总目标"的表述为："学生通过音乐课程学习和参与丰富多样的艺术实践活动，探究、发现、领略音乐艺术魅力，培养学生对音乐的持久兴趣，涵养美感，和谐身心，陶冶情操，健全人格。学习并掌握必要的基础知识和基本技能，拓宽文化视野，发展音乐听觉与欣赏能力、表现能力和创造能力，形成基本的音乐素养。丰富情感体验，培养良好的审美情趣和积极乐观的生活态度，促进身心健康发展。"从上面一段对总目标的文字概括可见：新的课标在前一版的基础上，首先转换了视角，站到了学生的角度。其次，音乐课程最为核心的仍然是音乐，只有以音乐为本体，进行感受与欣赏、参与和表现，才能体现音乐的最终价值。

这次基础教育改革的总体目标设计改变了课程过于注重知识传授的倾向，强调形成积极主动的学习态度，使获得基础知识与基本技能的过程同时成为学会学习和形成正确价值观的过程。音乐课程总目标体现了"情感态度与价值观""过程与方法"，以及"知识与技能"三个维度的内容。三维目标本身作为课程目标而言，比较全面，是一个事物的三个维度，而不是互相分开的目标。

音乐属于美学的范畴，是实施美育的主要途径，其特质是审美情感，其教育方式是以情感人、以美育人，音乐教育的效应主要作用于人的情感，音乐教育机制主要体现在有感情的教师将表达情感的音乐传给需要不断丰富情感体验的学生，因此，情感态度与价值观就成了音乐教育第一位的核心目标。情感态度与价值观在认知成长历程中具有十分重要的意义。传统的课程观由于过分强调认知而忽视了情感态度与价值观的培养，使得课程设计缺乏情感内涵，造成学生"情感营养不良""情感偏枯症"。新的课程观将情感因素提高到一个新的层面来理解，认为情感不仅仅体现为学习兴趣、学习爱好、学习热情，更体现为情感本身的体验与内心世界的丰富。态度不仅表现为学习追求、学习责任，更应表现在对生活的乐观、进取、向上的态度。价值则反映在个人价值与社会价值的统一上。

《义务教育音乐课程标准（2011年版）》将情感态度与价值观具体划分为五个小目标：

（1）丰富情感体验，培养对生活的积极乐观态度。

（2）培养音乐兴趣，树立终身学习的愿望。

（3）提高音乐审美能力，陶冶高尚情操。

（4）培养爱国主义和集体主义精神。

（5）尊重艺术，理解多元文化。

音乐本身具有非语言性和不确定性的特征，这使得它具有不同于其他学科的特殊学习方式，即体验式的学习方式。因此，音乐学习的过程，必须通过学生的亲自体验来进行，从教学的角度来说，过程与方法远比结果重要得多。音乐教育多体现为"润物细无声"的浅效应的功能，教学目标往往蕴含在学习过程中，我国古代道家学派著作《老子》中的经典话语"授人以鱼，不如授人以渔"，深刻蕴含了教学方法的重要意义，学会音乐，不如会学音乐。

过程与方法目标可细化为以下五个具体目标：

（1）体验。是指由身体活动与直接经验而产生的情感意识。体验是现代人学习方式的突出特征之一。它强调身体参与，认为学习者在学习过程中要用自己的眼睛看，用自己的耳朵听，用自己的嘴巴说，用自己的手做，用自己的脑去思考。在国际学科研究领域，流传着一句名言："听来的忘得快，看到的记得住，动手做更能学得好。"可见，学习者一定要亲自去经历、去感悟、去操作。

（2）模仿。指个体自觉或不自觉地重复他人的行为过程。是社会学习的重要形式之一。尤其在儿童方面，儿童的动作、语言、技能以及行为习惯、品质等的形成和发展都离不开模仿。虽说音乐是富有创造性的活动。但是，在最初的学习阶段，每个人都是模仿者，而后再做被模仿者。人生也是如此，哪个人走路、说话，不是经过模仿就会的呢？人们所谓的"好好学习"，这学习的主要工作就是模仿，这是学习的基础。可见，模仿是创新的基础。在模仿的基础上创新，是一个循序渐进的学习过程。

（3）探究。既是一种课程形态，又是一种学习方式。探究式学习指学生在教师指导下主动收集资料、调查研究、分析交流、发现与探索问题并获得结论的过程。探究有利于培养学生独立学习的能力，探究学习可以丰富学生的体验，提高学生学习的兴趣，养成合作与共享的个性品质，建立起合理的知识结构，并养成尊重事实的科学态度。

（4）合作。合作学习是指学生为了完成共同的任务，有明确的责任分工的互助性学习。合作学习鼓励学生为集体的利益和个人的利益而一起工作，在完成共同任务的过程中实现自己的理想。它以异质小组为基本形式，充分利用教学动态因素之间的互动来促进学生的学习，并以团队成绩为标准，达成和实现共同的学习或教学目标。合作学习使学生之间建立了积极的互相依赖的关系，所有小组成员通过一个共同目标紧密地联系起来，每个成员都承担了一定责任，成员之间面对面地接触，以不断加深了解的方式进行交谈，非常亲近。不管有没有天赋，他们都能昂首挺胸，大胆发表意见，显得自信、无忧无虑，他们相信自己，视自己为有价值的人、值得尊敬的人。整个学习过程，学生们都在积极主动地忙碌着、参与着，自愿学习，没有被逼迫的感觉。整个学习过程都是通过学生互相发言、互相鼓励、互相帮助、互相理解、耐心聆听、积极探讨来完成的。因此，成功的合作不但培养了学生的人际交往技能，使学生学会交往，学会参与，学会尊重他人，而且还培养了学生的团队精神。

（5）综合。综合是教育的一个基本理念，它体现了现代教育的一种发展趋势，课程的综合化趋势是课程价值观的深层变革，它由追求"工具理性"的分科主义课程体系，转向关注生活世界和人格整体发展的综合课程结构与理念，是学科体系向学习领域的伸展，是精英文化向大众文化的回归，其根本要义在于改变人格的片段化生成，向人格的完整化、完善化发展。联合国教科文组织公布的一份文件《学会生存——教育世界的今天和明天》中有这样一段论述："把一个人的体力、智力、情绪、伦理各方面的因素综合起来，使他们成为一个完善的人，这就是对教育基本目的的一个广义的界说。"从教育的角度来说，各种艺术门类之间和各种音乐形式之间的融合与人的身心发展有着某种同构的关系，是一种相辅相成的教育现象。这种现象在心理学中称为"通感"。这一心理现象使得各种艺术门类或各种音乐形式之间的整合变得必要和可能。

基础教育中的任何一门课程，只要是一门学科，必然会有系统的知识和技能体系。音乐课程中不可缺少知识与技能的学习。如何以恰当的方式处理好音乐学习中的知识与技能的获取呢？传统的教学注重单纯追求知识与技能，而忽略了掌握知识技能的人，忽略了人的情感、态度与兴趣，忽略了获取知识技能的方法与途径，使得音乐课程出现了单纯传授知识和训练技能的倾向。要改变知识与技能的学习方式，把其放在具体的音乐实践活动中，与情感、态度、兴趣等因素紧密结合。

音乐基础知识：学习并掌握音乐基本要素（力度、速度、音色、节奏、节拍、旋律、调式、和声等）、常见结构、体裁形式、风格流派和演唱、演奏、识谱、创编等基础知识。

音乐基本技能：学习演唱、演奏、创作的初步技能，能够自信、自然、有表情地演唱歌曲和演奏课堂乐器，了解音乐创作的基本方法。在音乐听觉感知基础上识谱，在音乐实践活动中运用乐谱。

音乐与相关文化知识：了解中外音乐发展的简要历史和有代表性的音乐家，初步识别不同时代、不同民族的音乐，认识音乐与姊妹艺术的联系，感知不同艺术门类的主要表现手段和艺术形式特征。了解音乐与艺术之外其他学科的联系，拓展音乐文化视野。根据自己的生活经验和已学过的知识，认识音乐的社会功能，理解音乐与社会生活的关系。

在进行音乐课堂设计之前，除了要熟悉音乐课程的三维目标之外，还应根据教学对象的年龄特征来分析各学段目标。这是使音乐课堂设计真正落到实处的必不可少的一项工作。学段目标是根据学生不同年龄阶段的心理发展水平和音乐认识特点，将九年义务教育分学段设计成梯度渐进的课程目标。为了使音乐课程与学生心理发展水平和音乐认知相适应，音乐课程将义务教育阶段的9学年划分成3个学段，即小学低年级（1—2年级），小学中、高年级（3—6年级）和初中各年级（7—9年级）。在剖析不同学段学生生理、心理发展差异和音乐学习认识特点的基础上，在音乐课程总目标的统领下，明确各学段目标，以此作为不同学段、不同教学领域课程内容设计的基本依据。

各学段的共性目标，包括以下内容：

（1）激发、培养学生的音乐兴趣，从某种意义上说，还应该将兴趣发展成音乐志趣。

（2）激发、培养学生参与音乐艺术实践活动的积极性。

（3）培养学生的音乐感知能力。如节奏感、旋律感、和声感、音色感等。

（4）培养学生的音乐欣赏能力及良好的音乐欣赏习惯。从音乐欣赏能力方面说，应该着重于帮助学生树立健康向上的音乐审美观念，培养学生高尚的音乐审美情趣，掌握分辨真善美与假恶丑的是非标准及必要的音乐审美知识。

（5）培养学生的音乐表现能力。如演唱能力、演奏能力、综合性表演能力等。

（6）培养学生的音乐创造能力。其中既包括了音乐表演中的创造性能力及音乐活动中的即兴表演能力，也包括了音乐创作的初步能力（如创作歌词、创作歌曲、创作器乐曲、为歌曲乐曲编配伴奏等）。

（7）培养学生高尚的情操及乐观向上的生活态度。如热爱祖国、热爱集体、遵纪守法、尊老爱幼、热爱生活、热爱劳动等。

（8）培养学生的友爱精神、集体意识及合作能力。

（9）掌握必要的音乐基础知识及音乐基本技能。如演唱知识与演唱技能、演奏知识与演奏技能、音乐创作知识与音乐创作技能、音乐欣赏知识与音乐欣赏技能等。必须明确：九年义务教育各学段目标的体系是相通的、一贯的，是由初级向高级方向发展的。前段目标是后段目标的发展基础，后段目标是前段目标的拓展与延伸，它们之间是一个有机的整体。但是，各学段目标在具体的内容上依然存在着不同之处。这种不同，主要表现在各项内容的深度和广度上。

1—2年级要充分注意小学学段学生以形象思维为主和好奇、好动、模仿力强的身心特点，善于利用儿童的自然嗓音和灵巧形体，采用歌、舞、图片、游戏等相结合的综合手段，进行直观教学。聆听音乐的材料要短小有趣，形象鲜明。激发和培养对音乐的兴趣。开发音乐的感知力，体验音乐的美感。能自然地、有表情地演唱，参与其他音乐表现和即兴编创活动。培养乐观的态度和友爱精神。去掉了乐于参与这样的表述，显得更为理性与实际。这个时期学生的身心特点决定了其音乐学习的目标以形式为主，重在音乐感知、美感和参与意识。教学手段要综合歌、舞、图、游戏等。

3—6年级，随着生活范围和认知领域进一步扩展，学生的体验感受与探索创造的活动能力增强。要注意引导学生对音乐的整体感受，丰富教学曲目的体裁、形式，增加合唱、乐器演奏及音乐创造活动的分量，以生动活泼的教学形式和艺术魅力吸引学生。

5—6年级，本学段部分学生进入变声期，应渗透变声期嗓音保护知识。保持对音乐的兴趣。培养音乐感受与欣赏的能力，初步养成良好的音乐欣赏习惯。能自信地、有表情地演唱，乐于参与其他音乐表现、创造活动。培养艺术想象力和创造力。培养乐观的态度和友爱精神，增强集体意识，培养合作能力。明确提出要增加合唱的分量，在培养音乐感受与鉴赏能力这方面要求初步养成良好的音乐欣赏习惯。这个目标从原来的初中阶段提到这里，体现出对义务教育阶段音乐教育的准确定位。音乐欣赏习惯的培养宜早不宜迟。

1—9年级学生生理、心理渐趋成熟，参与的意识和交往的愿望增强，获得知识和信息的途径增多，在学习上形成了自己的初步经验，表达情感的方式较之1—6年级学生有明显变化。通过多种形式的艺术实践活动，巩固和提高表现音乐的基本技能。扩大音乐欣赏的范围，更有意识地将音乐的人文内涵融入教学中。7年级学生正值变声期，应注意嗓音保护。增进对音乐的兴趣。提高音乐感受与评价欣赏的能力，养成良好的音乐欣赏习惯。能自信地、有感情地演唱，积极参与演唱及创造活动，发展表现音乐的能力。丰富和提高艺术想象力和创造力。培养丰富的生活情趣和乐观的态度，增强集体意识，锻炼合作与协调能力。

这次修订，除了坚持重视表现这一领域，还强调了感受和体验领域的重要性，其表现就是对良好音乐欣赏习惯养成的强调。

在培养学生的音乐兴趣方面，1—2年级仅提出了"激发"和"培养"学生音乐兴趣的要求；而在3—6年级则提出了"保持"音乐兴趣的要求；在7—9年级则进一步提出"增进"音乐兴趣的要求。由"激发""培养"发展至"保持"，继而发展至"增进"，这种程度上的区别是显而易见的。

在培养学生的音乐感知能力方面，1—2年级的要求是"开发音乐的感知力"；3—6年级的要求是"培养音乐感受能力"；7—9年级的要求是"提高音乐的感受能力"。在培养学生的音乐欣赏能力方面，1—2年级的要求是"体验音乐的美感"；3—6年级的要求是"培养音乐欣赏的能力，初步养成良好的音乐欣赏习惯"；7—9年级的要求是"提高音乐评价欣赏的能力，养成良好的音乐欣赏习惯"。

在培养学生的音乐表现能力方面，1—2年级的要求是"能自然地、有表情地演唱，参加其他音乐表现活动"；3—6年级的要求是"能自信地、有表情地演唱，乐于参与其他音乐表现活动"；7—9年级的要求是"能自信地、有表情地演唱，发展表现音乐的能力"。

在培养学生的创造能力方面，1—2年级的要求是"参与即兴编创活动"；3—6年级的要求是"乐于参与音乐创造活动，培养艺术想象力和创造力"；7—9年级的要求是"积极参与创造活动，丰富和提高艺术想象力和创造力"。

确立音乐教学目标的四个要素：一般认为，一个完整、具体的教学目标应该包括四个要素，即行为主体（教学对象）、行为活动（学生的行为）、行为条件和行为标准（程度）。

（1）主体必须是学生而不是教师。在教学目标设计中，其行为描述的是学生的行为，而不是教师的行为。如果我们把教学目标表述为"通过学唱歌曲，培养学生的识谱能力与歌唱能力"，就等于把目标的行为主体定位于教师，而不是学生。因为这句话所表述的意思是教师想通过学唱歌曲培养学生某些方面的能力，事实上，判断教学效果的直接依据是学生在课堂上是否真正获得情感体验和切实的进步，而不是教师的主观愿望是否实现或教学任务是否完成。规范的行为目标开头通常是"学生要……""学生应该"等。

（2）行为动词必须是具体、明确、可测评的，而不是笼统、抽象、模棱两可的。

如果我们学唱了一首歌唱雷锋的歌曲，就把目标定位于"把学生培养成雷锋式的好少年"和"提高学生的歌唱能力"，就不仅是主体定位的错误，而且还无法对"把学生培养成雷锋式的好少年"和"提高学生的歌唱能力"进行测评，因为通过学唱一首歌，根本就无从测评学生提高了多少。用行为动词描述学生学习后应该获得怎样的知识能力，以及情感态度的变化，应该用可观察、可测量的行为术语来描述。如"听出、记住、辨别、比较、说出、唱出"等。

（3）行为条件方式必须是灵活、多样、可操作性的，而不是单调、乏味、缺少情感与活动力的。如果我们的教学不是从学生的角度出发，其行为方式也必定会不合时宜。只有真正熟悉、理解、研究学生的教师，才能制定出深受学生喜爱、符合学生年龄与心理特征、贴近学生实际生活与实际水平的行为方式。否则就会出现没有教学效果的盲目的教学活动，以及浮躁的、贴切的行为方式，如"根据音乐……""欣赏乐曲后……"等。

（4）行为标准必须是面向全体的最低底线，即学生达到教学目标的最低表现水准，而不是个别尖子生才能达到的最高标准。如果我们制定的教学目标不是最基本、最普通、大多数学生都能达到的标准，我们的教育就不是面向普通人的基础教育了。因此，行为程度要适当，既符合多数学生的实际程度，又能让那些接受快的学生有继续发展的空间。如"熟练演唱、准确说出"等力所能及的标准与层面。

需要说明的是，确立音乐教学目标是每一个音乐教师授课前的自主行为，不必过于追求统一，搞得千篇一律。音乐教师要具有自己的个性，要敢于创新，尽量在教学过程中扬长避短，形成自己独特的教学风格。把教学设计放在脑子里，而不是放在纸上就完事。由于教学过程是一个变幻莫测的动态生成的过程，所以，音乐教师不能将教学的每个步骤的细节都写进教学设计中，应该把评价教学目标制定得是否合理以及教学效果好坏的权利留一部分给学生，由学生来评价教师的教学，上下结合才能产生最佳效果。

二、分析音乐教学内容的特点

音乐教学内容指音乐课堂教学涉及的有关音乐学习的文化领域、情感境界以及知识技能，它以教材的方式承载，是音乐教师在音乐课堂上的授课行为所利用的一切相关材料和手段。音乐教学内容的选择、组织与设计是音乐教学设计的关键。掌握音乐教学内容的设计艺术，能够正确地选择音乐教学内容，合理地组织音乐教学内容，恰当地分析音乐教学内容，是音乐教学的必要前提。音乐教学内容是音乐课堂教学中，教师对教材呈现的一系列音乐材料进行组织加工，然后在课堂上展示给学生的学习内容。新课改以"文化素养"的观点和"核心知识"的理念为指导，遵循"文化—教育—教材"的编写思路，在强调音乐性的基础上，还应关注教材的人文内涵、情感因素与知识技能特征。

（一）以学生发展为本

"生本教育"理念的倡导者——华南师范大学教授郭昌乐说，"生本教育"的价值观是"一切为了学生"。教师应该意识到，每个学生都是一个鲜活的个体，每个学生都是一篇动人的乐章，教师应善于体会蕴藏在学生内心的渴望同外部世界交流的主动性发展潜质，给学生一些权利、机会，让每个孩子都有所选择。因此，音乐教学内容的选择应视学生的实际情况而定，从学生的生活经验出发，激发学生学习音乐的兴趣。在音乐课程的内容安排上，应充分考虑学生的年龄特点、生活经验与学习兴趣，使个性和特长得到充分自由的发展。在教学中把知识、能力培养与情感体验有机地结合起来，《义务教育艺术课程标准（2022年版）》实现学生艺术核心素养从审美感知、艺术表现、创意实践、文化理解四个方面设置目标，实现学生从"知识本位"向"生本教育"

的转变。

（二）紧密围绕音乐文化主线

音乐作为一种最古老，又是最年轻的艺术，伴随着人类发展的脚步，从远古到今天，融进我们生活的每个空间，因此音乐艺术与人文精神是密不可分的。音乐学科具有人文性质的特点决定了其对音乐文化素养的重视培养。以往的音乐教材是以知识与技能为视角，很少从文化的角度上去思考，现行的音乐教材打破了以往单纯地以知识技能为主线的课时结构，取而代之的是以人文为主题的单元结构，教材用人物主题的单元结构重新整合音乐教学内容，以单元式的方式突出人文精神与文化内涵，以人文主题划分单元结构。教师可以充分发挥自己的主观能动性，灵活安排每一节课的内容，独具匠心地设计每一课。学生也能通过单元主题赋予他们的文化内涵和人文精神感受不同的音乐体裁、题材、形式和风格，可以获得更多的知识和信息，使课堂向广阔的课外空间延伸。把音乐与人、音乐与社会、音乐与民族、音乐与大自然紧密地联系在一起，置身于大文化背景之中，既丰富了学生的情感体验，又拓展了学生的文化视野。

（三）人文结构代替知识结构

学校教育和音乐自身均属于人类文化活动的范畴，音乐艺术的人文学科属性是与生俱来的。在过去很长一段时间里，我国教育者对音乐教育功能的认识具有片面性，过分强调知识与技能的作用，音乐课变成"唱歌"或"唱歌+乐理"课，致使音乐课失去了应有的人文内涵特征。新课程提倡以人文结构代替知识结构，将音乐艺术的人文内涵充分展现在学生面前。

三、把握好音乐教学内容的安排

面对音乐新教材，我们不难发现它具有"教育性、以学生为本、科学性、实践性、综合性和开放性"等原则，教材内容体现了"经典性与时代性的统一"特色，"密切联系学生的生活经验""突出教学内容的整合与综合""拓展新的学习领域"等编写特色。如何把教学内容安排得恰当、合理、丰富、有序，在突出新理念的同时，又能激发学生的愿望和兴趣，使学生在丰富多彩的音乐世界里，能力得到不断发展？

（一）密切联系学生的生活经验

学生是音乐学习的主体，教学内容的选择和安排一定要紧紧围绕着"以学生为本"的原则，挖掘与学生生活相关的课程内容，关注学生的学习兴趣和经验，精选学生学习必备的基础知识和技能。例如，云南澜沧县的金燕萍老师在第五届全国中小学音乐课现场评选活动中的一课《我爱家乡的酒歌》，就是选择了与学生生活实际联系在一起的"地区民族酒歌"，这个独具特色的教学内容，巧妙地利用地域资源，将生活在澜沧县的具有代表性的拉祜族、哈尼族、傣族、佤族四个民族的"酒歌"作为教学素材，老师把生活的服饰、酒杯、舂米的竹竿等一系列的实物变成了教具，把生活的真实融入艺术的课堂，创设了一个充满民族情趣的生活情境，学生在情境中主动参与音乐实践活动，在快乐的边寨生活情境中，通过醇畅优美的酒歌和轻松自由的舞蹈，与老师共同感受生活、体验生活、创造生活，在课堂中寻找生活，在课堂中体验艺术。这个成功的案例给了我们很多启示：生活不仅是艺术的基础，更是教育的基础。"教育即生活"，新课程改革不仅仅是教材的改革，更重要的是观念的改革，教学不能单纯地依赖教材，将优秀的民族民歌引入音乐课堂和校园文化，将会获得不同凡响的收获。

（二）树立正确的教材使用观

音乐新课程通常创造性地使用教材，把以前的"教"教材转变为"用"教材。教师要创造性地用教材，要在使用教材的过程中融入自己的科学精神和智慧，要对教材知识进行重组和整合，选取更好的内容对教材进行深加工，设计出活生生的、丰富多彩的课程来，充分有效地将教材的知识激活，形成有教师教学个性的教材知识。既要有能力把问题简明地阐述清楚，同时也要有能力引导学生去探索、自主学习。

我们只有正确地理解教材与教学内容的关系，才能更好地"用"教材。新课程理念强调"用教材教而不是教教材"，就是教师在教学过程中既要很好地利用教材，发挥教材的独特优势，同时又要努力克服教材存在的不足，突破教材的局限，需要教师对教材进行二次开发和加工，进行补充、改造或者说重建。在教学过程中，既需要预设，更需要根据学生课堂的思维活动的发展，多一些体验，多一些生成。教材不等于教学内容，教学内容大于教材。教学内容的范围是灵活的、广泛的，可以是课内的，也可以是课外的，只要适合学生的认知规律，从学生实际出发的材料都可作为学习内容。教师"教教科书"是传统的"教书匠"的表现，"用教科书教"才是现代教师应有的姿态。充分利用教材开创自由空间。过去的教和学都以掌握知识为主，教师很难创造性地理解、开发教材，现在则可以自己"改"教材了。教材中编入了一些让学生猜测和想象的内容，以发展学生的想象力和各种不同的思维取向。教材中提供了大量供学生自由阅读的栏目以及课题学习。对于这些知识，我把它们改成学生课外学习研究材料，让学生通过询问、调查、阅读有关书籍和上网查阅等多种渠道搜集有关这些知识的资料，并通过书面形式打印出来供全班同学阅读。这样做既锻炼了学生解决问题的能力，又极大地丰富了他们的课外知识。

（三）注重经典性和时代性

音乐教材编写的开放性原则指出，要正确处理好传统与现代、经典与一般、中华音乐文化与世界多元文化的关系，注意吸收具有时代感、富有现代气息的优秀作品，密切联系社会生活，丰富教材内容，开阔学生视野。以往的教材由于过分注重选用经典的歌曲，使得学生与音乐作品之间产生了遥远的距离。长此以往，远离学生生活的经典之作，由于缺乏时代气息，会使得学生望而生畏、听而生厌。

音乐教师应以新的视角、新的理念来重新审视音乐教材，选择既有民族传统特色的音乐作品，又具有鲜明时代感的优秀新作品，做到经典性与时代性的有机结合、相互统一。例如，浙江省湖州市安吉实验中学的胡萍老师，在《永远的莫扎特》教学中，导入课题时，巧妙地结合学生喜欢通俗音乐的特点，学生走进教室的时候，播放作品《青春修炼手册》，教师与学生一起拍手唱歌，拉近了师生的距离，放松了学习的心情，有效地营造了一种轻松愉快的学习氛围。接下来老师又播放《第四十交响曲》片段，让学生聆听，拉近了流行音乐与古典音乐的距离。这样的课堂导入，结合学生的心理需求，有效地将古典音乐与流行音乐有机地结合在一起，是一个将经典性与时代性相统一的优秀课例。

（四）重新整合和拓展教学内容

从宏观上看，《义务教育艺术课程标准（2022版）》对中小学艺术课的教学进行了重新整合，标准的课程性质由上一版的人文性、审美性、实践性提升到了审美性、情感性、实践性、创造性、人文性。而课程的内容由原来的音乐、美术增加到音乐、美术、舞蹈、戏剧（含戏曲）、影视（含数字媒体艺术），全方位对学生进行审美教育、情操教育、心灵教育。让艺术教育成为培养学生想象力和创新思维的重要课程。

从课程的重新整合上来看，音乐课程的内容设置从突出学科结构与知识技能转变为注重音乐特性与学生主体，把学习音乐看作掌握人类文化的一种途径。

从微观上看，整合教学内容是指在教学实践过程中，针对学生的具体情况，重新整合教学内容。教师应根据课时的安排、学生的实际能力水平、教学的条件设施等客观因素，重新对每一单元的教学内容进行适当的整合，这种整合的灵活性很大，只要抓住音乐人文主线，就可以进行有效地拓展，而不是一定要照着教材的内容来进行教学，有效地将感受与欣赏、表现、创造、音乐与文化四个教学领域的内容根据需要重新整合。这样就可以使课堂教学形式灵活多样，内容丰富多彩，有效改善音乐课堂的教学环境，充分激发学生的学习兴趣，使音乐课真正成为学生学习的乐园。

除此之外，教师还必须对教学资源做进一步拓展和挖掘。充分挖掘可挖掘的一切资源和潜力来进一步拓展教学内容，使课堂更接近学生的实际生活。根据单元结构的任务主题，教师可以有无限宽阔的拓展空间，教师和学生可以在音乐学科内部各学习领域直接横向与纵向连接，将文学、戏剧、舞蹈、美术、影视、历史、地理、宗教、哲学等相关的知识与单元的人文主题和音乐主线有机联系在一起。例如，上海市嘉定一中的王华老师的一课《探究〈千手观音〉之美》是高二年级高中艺术课教材中的音乐舞蹈欣赏，参考人民音乐出版社音乐教材《音乐与舞蹈》第四单元"中国古典舞"。教师由浅入深地让学生感知舞蹈作品所呈现的形式美，让学生乐于与同伴一起交流对舞蹈艺术的感受和见解，分享体验带来的快乐，引导学生通过体验、合作，在欣赏活动中探究《千手观音》的文化内涵与思想内涵。在感受、体验舞蹈作品的造型美方面，王华老师不仅引导学生观察舞蹈造型的静态画面，还引导学生观察舞蹈造型的动态画面，从而使学生真切地感受、体验到舞蹈造型的对称美、对比美、整齐美、变化美、统一美和整体美。是有效地将舞蹈、影视、历史、美学等相关知识有机联系在一起的一个经典案例。

音乐教学过程的结构形态

在确立教学目标之后，明确了"我要去哪里"，下一步就是"我将如何去那里"，也就是为了达到教学目标所实施的教学方法策略和步骤。教学是一种具有高度创造性的劳动，工作动机不同，决定了教学设计的不同，决定了教学实施的不同，也决定着学生成长程度的不同。音乐教学过程具有可变性、生成性、开放性的特点，音乐教师应根据音乐教学特点来精心设计教学过程。音乐教学的效果如何，最终是要体现在音乐教学的全过程中。过程重于结构的教育理念促使我们全面关注教学过程，在教学过程实施当中，教师作为过程的设计者，应根据自己的能力水平、教学内容和教学对象进行深入仔细的分析研究，来制订教学过程实施的有效方案，因此，教学活动、教学过程成了教育活动的主要过程。新课程教学过程和传统教学过程的区别是：新课程注重教师、学生、教材、教学环境四个因素不断地进行对话和交流。新课程倡导创造性的课程实施观，认为学习是一个主动的过程、个性化的过程，学习的途径是多方面的，包括在生活中和实践中的学习。倡导合作学习，并因此建立起新的"学习共同体"。新课程的教学过程，倡导自主学习，也就是说，是建立在学习音乐教学过程的基本结构及设计思路上。

一、音乐教学过程概述

音乐教学过程是根据教学目标实施的一种活动程序，由教师、学生以及教学内容、方法和手段等若干要素构成。音乐教学过程则是音乐教师在分析研究对象、教学内容、教学方法和手段的基础上，为实现音乐教学目标而准备在音乐教学实施中进行的一系列活动安排程序。在今天，如何正确认识、理解、设计、把握教学过程是教学活动中至关重要的环节，它是新理念、新教材在教学中的具体体现。

音乐课程的教学过程同传统的音乐教学过程有所不同。传统的音乐教学由于重视音乐教学结果而忽视音乐教学过程，使教学过程机械而僵化，出现音乐教学过程设计环节固定、千篇一律的现象。音乐新课程的教学过程观与旧的教学过程观有着本质上的区别，具体表现为：前者是重结果"显性"的以教论学，重学会、轻会学，具体的、封闭的过程模式；后者是强调教学过程中的"隐性"的、简略的、开发的过程模式。在音乐课程目标中，过程与方法受到高度重视，因为课程中的教学过程观应首先体现在音乐效应上。因此，音乐课程倡导音乐教学过程应具有可变性、生成性、开放性的特点，教师要更加重视教学过程的精心设计。也就是说，音乐教学的过程本身是音乐课程要达到的目标，或者说目标即在过程中，体现在方法上。即体验、模仿、探究、合作与综合。

新课程所倡导的教学过程是以学生为学习的主体，以学论教，不但重学会，更重会学，在一个具有广阔空间的教学环境中，教师根据教学的需要掌握课堂的进度，不把结果当作衡定目标的唯一尺度的过程方式。高度体现了音乐教育的目标和过程的统一性，过程即目标的体现。也就是说，有了良好的音乐教学过程，也就实现了音乐教学目标。

二、音乐课堂教学过程结构

学生的兴趣和欲望来自教师严谨而周密的教学构思。精心设计好"开头""衔接""结尾"等环节，犹如欣赏一首旋律优美的乐曲，包括：前奏（导入音乐）—呈示部（聆听、感受）—展开部（体验、分析）—再现部（表现、创造）—尾声（拓展延伸）。

音乐课堂教学的基本结构应该包含以下两部分：一部分为横向结构，另一部分为纵向结构。

（一）横向结构

横向结构以音乐教学活动内容与活动形式来划分，具体分为以下四个部分。

（1）感受与欣赏、听觉感知、音乐想象、音乐要素、情绪情感、体裁形式、风格流派等。

（2）表现演唱、演奏、综合艺术表演、识读乐谱等。

（3）创造与探索音响、制作简单乐曲、模拟音响、即兴创造、创作实践等。

（4）音乐与相关文化、音乐与生活、音乐与舞蹈、音乐与美术、音乐与戏剧、音乐与艺术之外的其他科学等。

（二）纵向结构

音乐教学的纵向结构是由音乐教学活动进行的顺序和课时安排来划分的，具体分为以下四个阶段。

（1）起始阶段组织教学、诱发教学、导入新课等。

（2）展开阶段创设情境、唤醒注意、探究发现、参与活动等。

（3）生成阶段激发感情、互动交流、创造表现、感受体验、联系拓展、建构生成等。

（4）结束阶段情感交流、迁移创造、教学反馈等。

音乐教学动态过程的设计思路

音乐教学过程特指达到音乐教学目标所必须经历的各项活动程序，设计音乐教学过程则是音乐教师在分析研究了教学对象、教学内容、教学方法和手段的基础上，为实现音乐教学目标而准备在音乐教学实施中进行的一系列活动安排程序。教学设计是课堂教学的前导，正确的教学理念指导合理的教学设计，合理的教学设计引导有效的教学过程，有效的教学过程产生理想的教学效果。可见，教学设计在教学活动中具有重要的意义。预设音乐教学过程，必须先树立正确的教育理念。新课标的人本教育关注的是学生主体，特点是生成发展、学科趋向综合、教材灵活多样、内容生动鲜活、方法千变万化。传统"圈养式"课程向现行"游牧式"课程转型的过程中，建构性、生成性和多元性的课程特征给一线的教师提出了现实的挑战。教师应根据自身的优势、学生的水平、教学的条件、教材的特点选择恰当的教学方法，设计独特的教学过程，创造彰显个性的教学风格。

一、起始阶段（开头要新颖）

起始阶段是音乐课教学的一个重要环节，是课堂教学的前奏。如果教法呆板，一成不变，索然无味，学生会失去兴趣，教师应当根据教学内容的目的任务，将难点、重点、主导思想、作品风格、音乐知识等形象而生动地导入课的主体中去，让每节课都有"新鲜"感，学生学习的兴趣、欲望才能"长盛不衰"。新课的导入是课堂教学最自然、最恰当和最精彩的开端，是师生情感共鸣的第一个音符，是师生心灵沟通的第一座桥梁。导入犹如一把开启学生兴趣之门的"金钥匙"，能够迅速唤起学生的注意力，给学生以启迪，催人奋进，发人深省，全面激发学生学习的兴趣，充分调动学生学习的积极性和主动性，使课堂教学达到事半功倍的效果。

起始阶段的主要任务是组织教学、诱发兴趣、导入新课。一个良好的开端很重要，它可以使学生耳目一新，激发学生的学习兴趣。一个好的开场白，可以用很多的形式来表现，用一个小小的问题、用一句幽默的话语、看一组图片、用一个小小的谜语、做一个小小的游戏、用一段欢快的旋律、用一段优美的舞蹈等，都可以很快吸引学生的注意力，把学生自然而然地引入课题。由于导入是一节课教学内容的起始阶段，效果如何将直接影响着后面的教学内容，因此，"导课"犹如一座桥梁，不仅连接着教学各阶段，而且连接着新旧知识的转换，启发学生广阔的想象力和创造性思维。常见的导入方式有：直奔主题式；即兴导入式；创设情境式；设疑激趣导入式；文化式导入式；迁移导入式；根据当时上课的突发情况或即时的场景临时生成的导入式；等等。

二、展开阶段（衔接要巧妙）

展开阶段是音乐教学的主体和中心阶段，是音乐教学内容展现和音乐教学目标达成的阶段。"展开"意味着铺展、发展、开始、开发。教师应仔细分析教材，找出新旧知识之间的内在联系，选择恰当的教学方法，使各环节自如地过渡，保持课堂教学的整体性。在重过程、轻结果的新课程理念下，这个主体阶段显得尤其重要，展开阶段由若干教学活动组成，其特点是由浅入深、由点到面、环环相扣、逐步递进、逐步铺展。在新课标、新教材中，展开就意味着学生开始探究、开始实践、开始活动、开始情感投入了。

三、形成阶段（生成要自然）

形成阶段是学生经过探究等活动，初步形成教学结果，并通过某种交流方式，呈现结果的阶段。通常，教师组织学生活动多以小组的形式进行，具有形式多样、内容丰富、开拓创新的特点。学生通过交流、碰撞、激励，表现成果，将教学推向高潮。由于形成阶段是思想碰撞的具体产物，因此具有"生成"的特点，因为当智慧以群体的方式碰撞时，就会形成互相激发、互相影响的现象。正如以下这个比喻：如果你有一个苹果，我有一个苹果，相互交换之后，你我各自仍然只有一个苹果；但是你有一个创意，我有一个创意，相互交换后，你我就拥有两个创意；创意碰撞必然激活人的大脑，这就是美国奥斯本称为"集体形式智力激励法"的"头脑风暴"。由于形成阶段的活动常常是同学们集体智慧的表现，常常会出现意外惊喜，这是学生极为关注、相互启发、课堂高潮迭起、知识综合拓展的阶段。

四、结束阶段（结尾要精彩）

结束阶段是音乐教学的总结阶段，是音乐课堂教学中的"点睛"之笔。结课，关系到整个教学过程的完整性，切不可虎头蛇尾、草草收场。在传统的教学中，教师们常采用的结课方式通常是概括一节课的教学内容，总结学生学习的情况。这种方式内容重复多余，缺少迁移，完全没有情感的相互沟通与智慧的相互启迪。一堂好课应有"沸点"，这往往是课堂教学的"华彩乐段"，此时是学生注意力最集中、兴趣最浓厚、积极性最易发挥的时刻，教师要充分利用这一有利时机，推敲再三，精心设计。其实，在我们的课堂教学中，结课的方式是很多的，关键在于是否新颖别致，是否具有与众不同的风格特点。有经验的教师会精心设计结课方式，把精彩部分安排在最后，或留有悬念；或余音缭绕、回味无穷；或采访问答、相互启发；或梳理搭桥、总结归纳。常采用的结课方式大体有四大类：设疑式结课、回味式结课、归纳式结课、采访式结课。

音乐教学设计的艺术

一、音乐教学导课的艺术

课堂教学中的导课环节，是整个课堂教学的有机组成部分，其意义不可忽视。良好的开端是事情成功的关键，一堂好课必须有一个良好的导入作为前奏，一个精彩的导入不仅能够激发学生的学习兴趣，点燃求知的火花，更能使一堂课的教学达到事半功倍的效果。导课，是教师通过预先设计，在教学安排的起始阶段便艺术地将学生引入教学内容的过程。音乐课的导入应注重音乐艺术的特点，更加需要艺术的导入风格，教师要用新颖、独特、别致的方法，引导学生进入积极主动的学习状态，在一种愉悦、温馨、烂漫的情绪中进入学习的佳境。好的导课如同桥梁，联系着旧课和新课；如同序幕，预示着后面的高潮和结局；如同路标一样引导着学生的思维方向。

（一）导课要有简洁性

语言大师莎士比亚说："简洁是智慧的灵魂，冗长是肤浅的藻饰。"音乐课导课的前提是"音乐性"，要做到三分钟内能见音乐，这也是音乐课最独特的特性，教师应牢牢把握这一点，无论你用什么样的方式来导入，最终都要把学生很快引入音乐学习的主题。力争在最短的时间、用最少的话语，迅速而巧妙地缩短师生之间的距离以及学生与教材间的距离。如果导入时间太长，迟迟没有引到音乐的主题中来，那么你的教学就偏离了"音乐主线"，变成了其他学科的附属。这样一来，课堂的导入就失去了其有效引导的作用，或许还会误导学生学习的方向，使原本应属于音乐教学的内容，变成了辅助其他学科的教学阵地。

（二）导课要有启发性

音乐是一门充满创造性的艺术，如何打开学生想象的闸门，就需要老师富有启发性的导课来发展学生的思维能力。苏霍姆林斯基说："如果教师不想办法使学生产生情绪高昂和智力振奋的内心状态，就急于传授知识，那么这种知识只能使人产生冷漠的态度，给不动感情的脑力劳动带来疲劳。"可见，积极的思维活动是课堂教学成功的关键。音乐课的导入，教师应充分运用启发性教学来激发学生的思维活动，有效地调动起学生对新知识的强烈求知欲。这些具有启发性的导课通常是一些有趣的问题，留给学生适当的想象余地，让学生去对比、去寻找、去思考。比如，在《永远的莫扎特》的导入时，课堂伊始，老师请大家跟随音乐做一些律动，播放的音乐是广为流传的通俗歌曲《不想长大》，在音乐和律动结束后，老师随即播放一首乐曲，提出了启发性的问题：我们现在听到的这首曲子叫什么名字，与刚才听到的那首歌有什么关系。这就使得学生围绕着教师的问题来积极打开思维的闸门，寻找它们之间的关系，最后得出，第二首曲目的名字是莫扎特的《第四十交响曲》，《不想长大》是运用了古典素材创编的通俗歌曲，从而也使学生对古典音乐肃然起敬。这样的导入，在短短的几分钟时间里，不但启发了学生寻找到问题的答案，还有效地引导学生积极主动地探索古典音乐学习的兴趣，让学生由此想到彼、由因想到果、由表想到里，收到启发思维的教学效果。

（三）导课要具有新颖性

"追求卓越不如追求不同。"这句话道出了"不一样"的魅力特点。导入新颖流畅，下面的内容就顺理成章；导入直白生涩，这节课的教学就不易生动活泼。在音乐教学的导入中，如果教师每天都用同样的话语和方式开始课堂，学生们的学习积极性一定会受到影响。在导课设计上，教师要努力做到吸引学生的注意力，这就要求导课的形式要多样化，不能千篇一律，要出"奇"招，新颖有趣的导课，能够很快把学生的注意力吸引过来。学生很容易顺理成章地顺着课程发展的路线进入下一环节的学习活动中。实践证明，课堂导入艺术讲求的是"第一锤敲在学生的心上"，像磁石把学生吸住，抓住学生的心，后面的课就好上了。教师可根据教学内容，精心设计导入环节，或用有趣的故事导入，或用带悬念的谜语导入，或用录像、图片、范唱、舞蹈等演示法导入，或用律动导入，或用情境导入。总之，音乐课堂的导入方式多种多样、变化无穷，无论用哪一种方式导入，其目的都在于激发学生的兴趣，新颖灵活的教学导入，是引领学生进入音乐乐园的有效途径之一。

二、音乐教学的语言艺术

艺术化的教学语言是一把开启沉睡、蛮荒着的艺术心灵的钥匙。"七弦为益友，两耳是知音"，艺术化的语言将如同音乐一般，通过学生的耳朵，拨动学生的心弦。音乐本身就是一门艺术，音乐课堂的语言设计更要显示出应有的艺术性。艺术化的语言表达不仅直接影响教学的效果，而且对学生的思维能力、语言能力、审美能力都会产生积极的影响。教师的语言应该像"雪中炭""六月风"，应当把自尊、自爱、自我调整的权利留给学生，而教师自己则主要起点拨、引导和激励的作用。音乐教师作为美的传播者，更要注重用艺术美妙的语言来引发学生学习音乐的激情。一节完整的音乐课应该是优美的音乐旋律和精妙的教师语言的二重奏，体现出语言和乐音的和谐统一，是音乐艺术与语言艺术交织组合的"赋格"，是两类艺术各尽所能、相辅相成、相得益彰的结果。

教师教学的语言艺术包含教学语言和行为语言两类。

（一）教学语言的艺术

教师的语言艺术在课堂教学中有重要的地位，优美、流畅、动听的语言能够牢牢吸引学生的注意力，使整个课堂教学处于一种张弛有致、轻重适度、缓急合理的良好状态。音乐是听觉的艺术，音乐教师是听觉艺术的传播者。教师优美鲜活的、富有感情的语言，犹如一根彩色的丝线，把课堂上的环节穿成一条美丽的七彩项链。在教学语言方面，音乐教师语言表达要在音量、音调、语气、语速、口齿清晰等方面下功夫。除此之外，还要求音乐教师扩大自己的知识视野，拥有广博的文化底蕴和精深的专业知识。在音乐教学活动中，行为语言对传递教师的思想和情感发挥着重要的补充作用。音乐课堂教学应注重每个环节导入的语言美，让学生带着一种美的遐想进入音乐学习。例如，在学习《故乡的亲人》时，可以用充满意境的《乡愁》来做铺垫，让学生很快产生情感共鸣，进入学习佳境。教师的教学语言艺术中还有一个必不可少的"提问"艺术，提问是课堂教学中最基本的操作行为之一。美国教育家斯特林·G.卡尔汉说："提问是教师促进学生思维、评价教学效果以及推动学生实现预期目标的基本控制手段。"教学的核心就是由教师的提问、学生的回答以及双方对问题所作出的反应组成，富有启发性的、连贯性的提问能够促进教师与学生之间、学生与学生之间的信息交流与反馈。不同的教学环节要求教师设计不同的语言策略。首都师范大学郑莉教授将音乐教学的课堂教学语言设计分为四类：

1. 表情性语言设计

教师语言表达的美与否、音量的大小、音调的高低、语气的强弱、语速的快慢、口齿的清晰程度和声音的悦耳程度无一不制约着教师语言魅力的发挥。这就是表情性语言的作用。音乐是听觉的艺术，要求教师更要在自己的教学语言中重视表情性语言的获得与培养。

2. 讲解性语言设计

音乐知识与技能的传授是音乐教学过程中不可缺少的环节。在音乐学习的领域中，基本知识和基本技能的学习都需要通过教师的细致讲解来进行。

3. 描述性语言设计

音乐教师在启发学生学习音乐的过程中，通常会用形象抒情的语言描述来引导学生进入美妙的音乐境界，描述性的语言通常能为学生学习音乐做有效的铺垫，学生很容易在充满诗意的话语中深入音乐学习。

4. 趣味性语言设计

音乐作为一门艺术学科，要求音乐老师的语言设计应注重趣味性，语言的趣味性是音乐教师语言艺术的展示，可折射出教师的学识水平与人格魅力。幽默风趣的语言不但可以诱发学生的学习兴趣，还可以营造平等和谐的教学氛围，拉近师生之间的距离。

（二）行为语言的艺术

身体会说话，而且说的都是真话。因为我们的动作会表达出愿望、情感、期待等情绪。行为是配合有声语言、辅助有声语言，有时可以代替有声语言的一种行之有效的示意方法，是人们表达思想、传播信息的一种工具，因而也是一种语言。教师的各种行为语言的手段，如体态、手势、面部表情、服饰等无声的信息对学生的影响不可忽视。如果把教学语言称为听觉语言，那么行为语言则是视觉语言，是"形""神"兼备的语言。美国心理学家阿尔培根在一系列实验的基础上得出了这样一个公式：

交流的总效果=7%的文字+38%的声调+55%的面部表情。从以上公式可看出，行为语言在交流中起重要的作用。行为语言艺术可以辅助教学，传递艺术信息，与学生交流情感，使教学过程更为形象生动。教师的行为语言包含身体语言、面部的表情、手势的示意等。据美国专家研究，人类仅面部表情就达2500多种。在面部表情的使用上，教师运用得最多，在教学过程中，除了讲授以外，更能激发起学生学习兴趣、热情的方法就是教师丰富的肢体语言。心理学家研究发现，教师的行为语言不仅可以通过头语、手语、表情、眼神、身姿等直接传递信息，还可以用静态语言，比如容貌、服饰、打扮、举止等来吸引学生的学习注意力。在课堂教学中，正确恰当的体态语言对教师表达思想感情和学生理解教学内容起到积极的作用。音乐教师要抓住音乐艺术的特点，恰到好处地运用行为语言，使得体态语言表达流畅、优美，富有艺术性，更好地完成教学工作任务。

三、音乐教学的"沸点"设计艺术

所谓音乐教学中的"沸点"，就是指在一节课中，由教师精心设计、营造，教师和学生在相互的合作下，将课堂推向最高点，达到最佳的状态。这一时刻是教师与学生头脑在激烈的碰撞中产生裂变、感情高度融合中顿生灵感的最佳时刻。音乐是情感的艺术，要想将丰富的情感传递给学生，需要有情感的"助推器"，在笔者的理解中，一节真正的音乐课，教师应该从导入开始就孕育点燃学生心中学习激情的设想，在逐步地学习中不断使课堂气氛"升温"，直至达到"沸腾"的境界。这种"沸点"就如液体升温直至沸腾一般，将情感推向激情澎湃的音乐世界中，震撼学生的内心，常常给参与课堂的师生留下欢乐而难忘的记忆，这是音乐教学设计中的重要环节。

课堂教学能够通过"沸点"推动整个教学过程的发展，并使之跌宕多姿，情绪亢奋，思想活跃，让学生豁然开朗，愉快地学习。要使音乐教学达到"沸点"状态，需要教师根据教学内容，精心设置、层层铺垫，通过各种不同方式来呈现课堂的"沸点"。由于音乐教学的艺术特殊性，课堂的"沸点"可呈现为几种特别的方式：

（一）竞赛式进入"沸点"

把竞争机制渗透到音乐教学课堂中，能够把学生的能力调整到最佳状态，竞赛式教学法通过激发学生非智力因素，激起学生学习认识的"主动性"，增强学生学习兴趣，激发学生内在学习动机，使学生积极主动地学习，能更加充分挖掘学生的探究潜能。在音乐教学中设计竞赛活动，可以在竞赛过程中培养学生良好的合作意识与团队精神，扩大学习的参与面，在无意识的表现情境中自然展示自己。在音乐课堂，可以通过创编歌词、创编舞蹈、节奏接力棒、民歌大串烧或者其他竞技活动来激发学生的创造热情，这样既可以鼓舞学生展现自己的创造成果，培养自信心，又可以使师生共同分享创造成果的喜悦，在激烈的竞赛中，自然而然就可以把课堂推向"沸点"状态。

（二）表现式进入"沸点"

在音乐教学中，"表现"是音乐学习活动的基本形式之一，也是一个重要的教学领域。音乐是表演的艺术，人们通过欣赏音乐表演满足对音乐的审美需求，同时也通过参与音乐表演满足自己的音乐表现需求。根据学生的年龄和心理特征，巧妙地通过表现活动将教学推向高潮，是一种行之有效的教学设计思路。学生可以在表现活动中发挥极大的创造潜能，积极热情地参与到学习活动中来，通过分角色，在不同的场景、不同的氛围下，每个学生都有参与表现的机会。这种表现形式通过"综合性艺术表演"，不但能够促进学生之间的情感沟通、融合，而且还增强了学生的"自信心"。学生在表现过程中不但得到情感释放，表现欲也得到满足，学习能力也得到提高，自然而然地推动着教学气氛和学生情感逐渐升温达到"沸点"。

（三）辩论式进入"沸点"

在课堂教学中，以开展辩论赛的形式进行教学活动有助于学生积极思考，对某个话题表达自己的见解，阐明自己的立场，确立基本观点。辩论式教学是一个课前、课堂教学和课后总结有机结合起来的过程。教师布置好辩论题，根据人数分成几个辩论小组，尽量让每个学生都参与到其中来。这种辩论式教学活动能够充分体现教学活动中学生的主体地位，辩论式教学方法能够促使学生主动熟悉教材、搜集资料、调查整理，同时，学生还要在课堂辩论赛中说明自己的观点并深入思考，在整个课程中能够充分地参与，从而全方位地提高学习效果。在音乐教学中，教师可以通过精心地设计辩论活动，让学生在辩论中厘清思路，寻求答案，通过辩论使教学达到高潮。在辩论的过程中，不同思维产生碰撞，使学生获得巨大的能量，促进其各种能力迅速提高。在这样宽松愉快的氛围中，高度集中的大脑神经、自我实现的价值追求、创新求异的激情体验，可将教学推向激情翻腾的"沸点"状态。

四、音乐教学实践活动的设计艺术

音乐课程具有突出的实践性，在音乐教学中，学生对于音乐艺术的审美体验和文化认知，只有在生动、多样的音乐实践活动中，通过亲身参与，才能生成和实现。促进学生亲身参与，应当从音乐学习的特点出发，设计生动活泼的教学形式，激发学生的学习兴趣，增进学生对音乐的喜爱，引导学生主动参与各项音乐实践活动，以获得对音乐的亲身体验。教育即生活，生活即教育。将音乐融入活动的教育方式体现了现代教育注重情感态度、参与体验、自主教育、发现探究、合作互动的教育理念。音乐教学本身就是一个充满活力趣味、发展创造的艺术活动过程，音乐课堂教学也是由若干个活动部分组成的有机整体，这就需要教师精心设计教学活动，将每个活动根据教学需要自然地衔接起来，呈现一节精彩的音乐课堂。

音乐教学的特殊性决定了音乐活动的基本形式，促进学生参与音乐活动的课堂教学模式大致有：主动吸收、发现探究、讨论交互、合作共进、开发生成等。

（一）主动吸收

主动学习就是主动吸收，教师的作用就是主动提供条件，为学生的主动吸收创造机会。音乐课堂教学中，教师处于什么位置？教师如何为学生创设环境？教师如何为学生安排有意义的音乐活动？教师如何帮助学生有效地吸收、内化、综合与创新？答案是：注重引导、注重艺术感染力、注重情感态度、注重培养学生兴趣。对于基础音乐教学来说，大量的感性认识的积累比抽象的理性说教重要得多。注重培养兴趣，兴趣是最佳的动力，有效的做法是：

给学生一段音乐，让他们自己去聆听；

给学生一个概念，让他们自己去发现；

给学生一个空间，让他们自己去想象；

给学生一句旋律，让他们自己去发展；

给学生一个环境，让他们自己去创设；

给学生一个条件，让他们自己去锻炼；

给学生一些素材，让他们自己去组织；

给学生一个问题，让他们自己去争辩；

给学生一点权利，让他们自己去行使；

给学生一个机会，让他们自己去创编。

总之，教师要使学生树立自主学习意识，为学生创造自主学习的机会，提供自主学习的环境；帮助学生锻炼自主学习的能力，开启自主学习的心智，拓展自主学习的空间。

（二）发现探究

发现探究是一个引导学生发现问题、探究结果的自主学习过程，是从学生的生活与生存环境出发，帮助他们逐渐形成最适合自己的实际水平、最能体现独特个性的学习方式和方法。发现探究式教学方法的目的就是让教师对学生的发现探究学习辅以最直接的帮助，教师应创设问题情境，激发内在动机，充分挖掘学生的创造潜能，培养学生主动学习的精神，从而提高学生的智慧，帮助学生获得最后的智力发展。其具体特点是将被动的集体灌输改变为主动的个体探究，将被动接受改变为主动参与，将学生与知识的间接关系改变为直接关系，将教师引起的外在兴趣改变为自发的内在动力。

（三）讨论交互

讨论交互是在音乐教学中针对一个问题，通过对话、互相启迪、拓展思维，加深对音乐的理解与体验，锻炼独立思维能力与表达能力的一种形式。讨论交互就意味着对话、建构与参与，充盈着感情、精神与气氛，凸显着主体、创造与开发，张扬着个性、人格与心态。教师不再是教学中的主角，而是"平等中的首席"；不再是群体中的"牧羊人"，而是"领头羊"；不再是传统的知识技能传授者，而是现代的学生成才与发展的促进者。

（四）合作共进

合作共进是指音乐教学过程不再是简单的"知识灌输"与"技能移植"的过程，而是师与生、生与生、师生与环境、师生与社会之间的相互关联、制约、激励、共同合作、共同进步的过程。课程改革后的音乐课堂中，学生的呼应、活动、问题、创新都将激活教学，给教师以新的灵感。教师的不断进步、课堂教学的改进、新的方法的产生以至于一些教学成果的出现，都与学生密切相关。

（五）开发生成

心理学研究指出，人是一种未完成的动物，并且只有通过经常参与实践活动的学习，才能不断完善自己。开发生成是伴随着以学生为主体的新理念而出现的，它是一种全新的教学模式，有待于音乐教师在新理念的指导下，大胆实践，努力创新，面向新主体，面向鲜活的人，以人为本，以人的发展为前提，使音乐课堂教学注重于实践活动的参与，面向学生，面向学生的生活，面向他们所在的社区和生存的社会，面向他们个人的情感世界。

五、音乐教学的结课艺术

一节好课不但应有一个别开生面的导入、循循善诱的讲析，还应有一个回味隽永的结局。巧妙的结课能使音乐教学达到"意犹未尽"的境界，不仅可以对教学活动起到梳理概况、画龙点睛、升华主题的作用，还能拓展教学内容，激发学生的探究学习欲望。因此，好的结课，是衡量教师艺术水平高低的一个标志，会使教学更有深度，更有启发性和感染力，可达到丰富情感、升华主题、承前启后、系统化单元内容、反馈信息的作用，从而使学生对所学知识的理解更加深入。在教学实践中，我们应根据教学内容和教学对象机智应变，创造出各种有效的结课方法，激发学生的学习兴趣，点燃学生的情感火花，真正体现音乐课程的价值。基础音乐教学中常见的结课方式有以下几种：

（一）语言升华音乐主题

音乐课堂结课的语言设计，要充分体现其生动、情绪化，有启发性，它应该是整堂课的教师语言中的经典，能激起每位学生回味和体验音乐，使学生情感体验达到高潮，从而升华音乐的主题。例如，在《探究〈千手观音〉之美》的结课中，教师带领学生用无声的语言——手语，来传递爱的力量："只要心地善良，只要心中有爱，就会有千双手来帮助你……"教师和学生一起用这"爱的誓言"结束了本课的教学。音乐课结束了，但老师在学生心中点燃的爱的火苗却永远照亮了他们的心灵世界。使学生的情感得到升华，在深化了"爱"的主题的同时，找到了爱的真谛。可见，这种情境和气氛的感染力与熏陶作用是巨大的。

（二）歌舞律动，激起情感波澜

在音乐教学中，教师需要充分利用艺术之间的相容相通关系，充分发挥与运用各种艺术门类的不同表现手段，来表现音乐的情绪、情感，以激发学生的审美情趣。在结课时，可以采用形体动作配合音乐节奏进行律动，使课堂气氛更加活跃、学生情绪更加高涨，使整堂课在高潮中结束，使学生对音乐充满向往。例如在云南楚雄举办的教学比赛中，来自曲靖的雷蕾老师在上《阿西里西》结课时，用了煽动性的语言："到楚雄前，我就怀揣着一个梦想：如果能在这里真切地感受一次火把节的盛会，那我此行无憾矣！同学们，可以满足我这个小小的愿望吗？火把我已经给大家准备好了，还有音乐呢！"这时音乐《阿西里西》响起，同学们共同唱起歌，跳起舞，通过歌舞形式再现火把盛会。师生共同跳舞，构成一幅热情奔放的画面，体现了和谐的师生关系及团结向上的精神面貌。

（三）梳理知识，归纳总结

教师在结课时，回顾课堂知识点，梳理知识线条，用准确简洁的语言，对课堂所学内容进行条理性归纳总结的教学方式。这种结课方式便于学生把握知识脉络，掌握音乐学习要领。

第四章
初中音乐教学的知识点

湖南文艺版八年级音乐上册知识点

第一单元　举杯祝福

【知识点】

1.《歌唱祖国》。王莘词曲，背唱歌曲。

2.《举杯祝福》。乌孜别克族民歌，背唱歌曲。

3. 调号：调号是表示主音高度的标记。其形态有谱号右方无变音记号的C大调以及在固定音位上加有变音记号的升号调、降号调。如：

$$1=C \qquad 1=G \qquad 1=D \qquad 1=F \qquad 1=\flat B$$

4. G大调：以音名中的G音为大调式的主音，唱名为"do"。

do

C大调与G大调音阶、唱名位置及调号之比较：

C大调主音位置

G大调调号及主音位置

do re mi fa sol la si do

【活动与练习】

1. 视唱练习。

哈尼族童谣《其多列》

(2)

俄罗斯民歌《田野里有一株小白桦》

(3)

2. 音乐记号。

变化音：升记号 # 降记号 ♭ 还原记号 ♮

延音线：⌒

连音符：$\underset{5\,5\,5}{\overparen{3}}$

小节线：|（将每一小节划分开的竖线叫小节线）

终止线：‖

连谱号：

力度记号：f 强 p 弱 mf 中强 mp 中弱

　　　　　　　 渐强　　　　　　 渐弱

重音记号：>

反复记号：

‖：：‖，表示记号内的曲调反复唱（奏）。如果从头反复，前面的可省略。例：

A B C ‖: D E F :‖ 实际唱（奏）为： A B C A B C D E

反复跳跃记号： 记在曲调的结尾，表示这段曲调的两次结束不相同： A | B | C :‖ D ‖

实际唱（奏）：ABCABD

D.C.记在乐曲的复纵线下。表示从头反复，然后到记在Fine或 处结束。

注："Fine"是结束。"⌢"是无限延长号，如果放在复纵线上则表示终止。

3.装饰音记号。

（1）倚音：指一个或数个依附于主要音符的音，倚音时值短暂。有前倚音、后倚音之分。例如：$\overset{5}{6}$

（2）颤音：由主要音和它相邻的音快速均匀地交替演奏，颤音的标记用tr

或tr~~~~~

（3）波音：由主要音和它上方或下方相邻的音快速一次或两次交替而成。波音唱（奏）时一般占主要音的时间。波音分上波音（顺波音）和下波音（逆波音）两种。

（4）滑音：主要音向上或向下滑向某个音，滑音分上滑音下滑音两种。除声乐能演唱这一技巧外，一切弦乐器都可演奏，但钢琴等键盘乐器是无法演奏这一技巧的。

（5）回音：⌣

4.其他记号。

自由延长记号：⌒

换气记号：v

顿音：▼

保持音：－

连线：⌒　⌒

第二单元　八音和鸣（三）

【知识点】

1.《百鸟朝凤》，唢呐曲，表现大自然中百鸟争鸣的生动景象。

"循环换气法"是唢呐最常见的演奏方法，这样的吹奏可以不间断地长时间延续，使音乐一气呵成。

2.《江河水》，二胡曲，二胡低音区音色丰满、柔和、温润、略带沧桑感；高音区音色明亮、刚健。

3.《渔舟唱晚》古筝曲，速度徐缓，力度起伏不大，节奏平稳，旋律优美动听，让人联想到百舟竞归的热烈情景。

4.《夜深沉》，京剧曲牌之一。京胡音色自然尖细、清脆、嘹亮。主要用于京剧伴奏。

第三单元　泥土的歌

【知识点】

1. 会唱《年轻的朋友》。

2. 王洛宾，西部歌王，代表作品《青春舞曲》《在那遥远的地方》《达坂城的姑娘》《半个月亮爬上来》《都达尔和玛丽亚》。

【活动与练习】

1. 聆听下列民歌片段，将歌名与其所属少数民族用线连起来。

《阿里郎》　　　　　　　苗族

《阿里山的姑娘》　　　　侗族

《歌唱美丽的姑娘》　　　朝鲜族

《蝉之歌》　　　　　　　高山族

2. 创作实践："同头换尾"。

例：

1=G　4/4

维吾尔族民歌《依拉拉》

谁家 园里 一朵花，依 拉 拉，　眉毛 细长 眼睛 大，依 拉 拉。

通过以上曲例可以看到，民歌内部不同乐句之间，共同存在"句头变换，句尾相同"的组合关系，这就是"换头合尾"。这与"句头相同，句尾变换"（"同头换尾"）的组合关系相对应，同为民间音乐中常见的旋律创作方式。

尝试运用"换头合尾"的方式，为下面的音乐材料续写2～4小节旋律，然后连起来唱一唱，看是否通顺、好听。

第四单元　键盘上的舞蹈

【知识点】

1. 钢琴一共88个键，白键52个，黑键36个。

2. 肖邦，波兰作曲家、钢琴家。被誉为"钢琴诗人"。一生创作有各种体裁形式的钢琴曲，包括波兰舞曲、玛祖卡舞曲、圆舞曲、谐谑曲、前奏曲、奏鸣曲、练习曲以及四首大型叙事曲与两首协奏曲等。其作品有《c小调革命练习曲》《A大调波兰舞曲》。舒曼评价其作品为"藏在花丛中的大炮"。

3. 德彪西，法国作曲家，"印象派音乐"的创始人。代表作品有管弦乐曲《牧神午后前奏曲》《大海》《夜曲》，钢琴曲《意象集》以及《十二首钢琴前奏曲》等。

【活动与练习】

视唱练习：

藏族民歌《我立亚姆》

(1)

维吾尔族民歌《我们的祖国是花园》

(2)

第五单元　梨园百花

【知识点】

1. 豫剧又称河南梆子，是河南省的主要剧种。

常香玉以豫剧"常派"而驰名，是家喻户晓的戏剧表演艺术家，也是功绩卓著的戏剧革新家。她创立的"常派"，字正腔圆，淳厚醇畅，刚健清新，鲜明大方，她也被誉为"豫剧皇后"。她的代表作《谁说女子享清闲》（《拷红》《断桥》《人欢马叫》）已成豫剧经典剧目。

2. 越剧是"全国第二大剧种"。主要流行于浙江、上海、江苏、福建等地。

袁雪芬，浙江绍兴人，中国越剧泰斗，越剧袁派创始人，代表作品《梁山伯与祝英台》《西厢记》《祥林嫂》《木兰从军》。

3.湖南花鼓戏，是湖南地方小戏花鼓、灯戏的总称，已有二百多年历史。

4.黄梅戏发源于湖北、安徽，其最初形式是湖北黄梅一带的采茶歌。

严凤英，黄梅戏表演艺术家，其代表剧目有《打猪草》《天仙配》《女驸马》《牛郎织女》等。

【活动与练习】

聆听下列戏曲片段，将剧名与其剧种用线连起来。

《刘海砍樵》	豫剧
《女驸马》	越剧
《红楼梦》	湖南花鼓戏
《打金枝》	黄梅戏

第六单元 七彩管弦

【知识点】

1.莫扎特。

奥地利作曲家，欧洲古典音乐的代表人物。主要作品有歌剧《费加罗的婚礼》《唐璜》《魔笛》，第三十九、第四十一交响曲，钢琴，小提琴的协奏曲、奏鸣曲等。

2.柴可夫斯基。

俄国作曲家。主要作品有《悲怆》等6部交响曲，《叶甫盖尼·奥涅金》《黑桃皇后》等11部歌剧，《天鹅湖》《胡桃夹子》等3部歌剧，以及钢琴、小提琴协奏曲和《1812序曲》等。

3.室内乐。

室内乐原指西欧宫廷和贵族家中演奏、演唱的世俗音乐，以别于教堂音乐和戏曲音乐，17世纪产生于意大利。现在则指各种重奏曲及少数乐器伴奏的独唱曲、重奏曲。

钢琴三重奏是重奏形式的一种，由钢琴和两件弦乐器组成。

弦乐四重奏是由两位小提琴手（第一小提琴、第二小提琴）、一位中提琴手、一位大提琴手共同演奏，是室内乐中重要的表演形式。

【活动与练习】

1. 视唱练习。

河北民歌《早点来》

(1)

美丽其格《草原上升起不落的太阳》

(2)

2. 将下面的五线谱译成简谱。

陕西民歌《打南沟岔》

3. 创作实践：变奏。

任选下面的一个主题，采用改变节拍、变化节奏等方法，作一至两次变奏。尝试将所作的变奏用乐谱记下来，然后唱一唱。

1=F　4/4　　　　　　　　　　　　　　彝族民歌《快乐的诺苏》

5 5　3　5 5　3 ｜ 3 5　5 1　3　3 2 ｜ 1 3　3 2　1 2　6̣ ｜ 6̣ 2　1 6　1 1　6̣ ‖

1=♭A　3/4　　　　　　　　　　　　　　布依族民歌《好花红》

3 ｜ 6.　3 2 i ｜ 3 — — ｜ 3 2 i ｜ 6 — — ｜ 3 2 6 ｜ i — 2 ｜ 3 6 2 i ｜ 6 — ‖

变奏 I

变奏 II

第七单元　让世界充满爱

【知识点】

背唱《让世界充满爱》《欢乐颂》。

【活动与练习】

1. 视唱练习。

羌族民歌《丰收喜讯》

江苏民歌《数鸭蛋》

（× ×）

（× ×）　　　　　　　　　　　　　　　　　　（× × ×）

117

2. 自主选择"同头换尾"或"换头合尾"的创作方式，为下面的音乐材料续写4小节旋律。

(1) 1=♭E 2/4

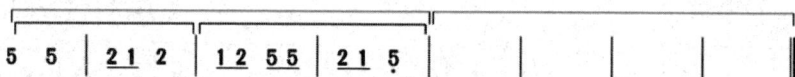

(2) 1=C 3/4

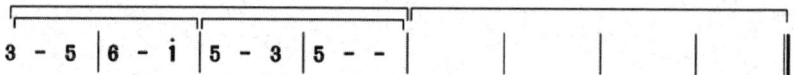

3. 列出几首你知道的公益歌曲，并选择其中的一首与同学一起学唱。

歌曲名称	创作者及创作背景	演唱者
《四海同心》（*We Are the World*）	迈克尔·杰克逊等于1985年为非洲饥荒中的儿童筹集善款而创作。	迈克尔·杰克逊等
《北京欢迎你》	林夕、小柯为北京奥运会而作。	刘欢、那英、成龙等

音乐小百科：

练习曲有两种形式：一种是为乐器演奏的技术训练而写的乐曲，常有特定的技术练习的目的；另一种为音乐会练习曲，由前者派生而来，并逐渐演变为一种带有炫技性的艺术作品而在音乐会上演奏，如肖邦的《c小调（"革命"）练习曲》。

波兰舞曲又称波洛奈兹，起源于波兰民间，是一种庄重、典雅的三拍子舞曲，常由强拍开始。

印象派音乐又称印象主义音乐，是19世纪末20世纪初以法国作曲家德彪西为代表的音乐流派。印象派音乐是在印象主义绘画和象征主义诗歌的影响下产生的，作品多以自然景物和诗歌绘画为题材，突出瞬间的主观印象与感受，作曲上重视和声、织体与配器的色彩效果，多表现幽静朦胧、飘忽空幻和色彩斑斓的意象。

小夜曲是18、19世纪流行于欧洲的一种声乐、器乐体裁，起源于中世纪吟唱诗人在恋人窗前唱的情歌。

弱起小节歌（乐）曲开始的第一个音起于小节的弱拍（或强拍的弱位置），叫弱起小节。由于弱起小节内不足拍号所规定的拍数，因此又称为"不完全小节"。小节内所缺的拍数，由乐曲最后一小节补足，即首尾两小节合起来是一个完整的小节。

湖南文艺版八年级音乐下册知识点

第一单元　同一首歌

【知识点】

1. 能用柔美而有控制力的声音演唱《同一首歌》或《我听见时光的声音》。

2. F大调。

F大调　以音名中的F音为大调式的主音，唱名为"do"。
　　　　F大调与C大调音阶、唱名位置及调号之比较。

3. 和弦。和弦指三个或三个以上不同音的集合。这些不同的音可以同时出现，也可先后出现，形成重叠。最常见的和弦是以大小调式音阶中任一音为基础，自下而上地在其上方每隔一个音构成的三音叠置。

这类由三个音构成的和弦，称为"三和弦"。在各音级上建立的三和弦，由于构成音级的不同，其名称和内部结构及产生的音响也存在差异。其中最具代表性的是建立在大调式主音上的三和弦，是"大三和弦"；建立在小调式主音上的三和弦，是"小三和弦"。

C大调

a小调

4. 和声。不同和弦按一定组织逻辑（或规则）进行的连续运动，便形成和声。在多声部音乐中（如合唱、合奏、钢琴曲、室内乐、交响曲等），丰富多样、变化万千、色彩缤纷的和声音响，是音乐表现的重要手段。

【活动与练习】

视唱F大调练习曲《小白菜》《交城山》。

河北民歌《小白菜》

山西民歌《交城山》

第二单元　八音和鸣（四）

【知识点】

1. 完整聆听民族管弦乐曲《春江花月夜》，理解作品的音乐内涵与音乐意境。

2. 背唱《春江花月夜》的音乐主题。

春江花月夜

（民族管弦乐曲）

音乐主题

琵琶古曲
上海大同乐会　改编
彭修文　配器

$1 = {}^\flat B \quad \frac{2}{4}$

$\underline{6\ 6}\ \underline{\dot1\ \underline{2}\ 6}\ |\ 5\quad \underline{5.\ 6}\ \underline{5\ 5}\ \underline{6\ \dot1\ \dot2}\ |\ 3\quad -\ |\ \underline{3\ \underline{2}3}\ \underline{5\ 35}\ \underline{6.\ \dot1}\ \underline{\dot2.\ \dot3}\ |\ \underline{\dot1\ \underline{2}3}\ \underline{\dot2\ \dot1\ 6}\ |$

$5\quad \underline{5\ \underline{1}\dot2}\ |\ \underline{\dot6\dot1\ \dot2}\ \underline{6\dot15\dot2}\ |\ 3\quad -\ |\ \underline{3\ \dot6\dot1}\ \underline{5653}\ |\ 2\quad -\ |\ \underline{3\ 35}\ \underline{6561}\ |\ \underline{2\ 32}\ \underline{1231}\ |\ 2\quad -\ |$

《草原上》中胡独奏，刘明源曲。

刘明源 曲

引子

$1 = C$　散板（　　　）

$6\ -\ -\ \underline{\underbrace{\dot1\ \dot6\ \dot6\ \dot1\ \dot6}}\ |\ \overset{tr}{\dot1}\ -\ -\ -\ |\ \underline{1612353515}\ \overset{\text{10}}{\underset{\text{快}}{6}}\ 6\ -\ |$

第一部分音乐主题

$1 = C$　$\frac{4}{4}$（　　　）

$\underline{3\ 35}\ \underline{6\ \dot1\ \dot2}\ |\ \underline{\dot6\ \dot1\ \dot2}\ \underline{\dot2\ \dot2\ \dot1}\ |\ \underline{\dot3\ \overset{tr}{\dot6}\ \underline{\dot3}\ \dot6}\ \underline{\dot3\ \dot1\ \dot2}\ |\ \underline{\dot1.\ \underline{\dot2}3}\ \underline{\dot6}\ 5\ 3\ |\ 3\ 35\ |$

$\overset{tr}{6}\ \underline{5\dot6\dot1}\ |\ \dot2\quad 6\ \dot2\ |\ \overset{tr}{\dot2.}\ \underline{\dot2\ 3}\ \underline{3.\ 5}\ |\ \overset{tr}{3.}\ \underline{\underline{2}}\ 1\ |\ 2\ \dot1\ |\ \underline{6\ 6}\ |$

第二部分音乐主题

$1 = C$　$\frac{2}{4}$（　　　）

$\underline{1\ 1}\ \underline{2\ \overset{tr}{21}}\ |\ \underline{6\ \dot61}\ \underline{66}\ |\ \underline{6\dot61}\ \underline{3\ 5\dot1}\ |\ \underline{6\ \dot13}\ \underline{5\ 5\dot1}\ |\ \overset{tr}{\underline{6\dot165}}\ |\ \underline{3\ 35}\ \underline{3216}\ |\ \underline{\dot2\ \overset{tr}{\dot23}}\ \underline{1221}\ |\ \underline{6\ \dot6}\ \underline{6\dot6}\ |$

引子（速度自由，辽阔自由地）

第一部分音乐主题（中板自豪，歌颂地）

第二部分音乐主题（较慢的快板，欢乐奔腾地）

3.《三六》，江南丝竹。

江南丝竹：流行于苏南、浙江和上海一带的丝竹音乐。常用乐器为琵琶、扬琴、笛、箫、二胡、三弦和木鱼等，笛和二胡为主奏乐器。丝竹音乐格调清新、秀丽，曲调流畅、委婉，富有情韵。具有代表性的传统曲目有《欢乐歌》《云庆》《行街》《三六》《慢三六》《中花六板》《慢六板》《四合如意》。

4.《小放驴》，河北吹歌。

河北吹歌：流行于河北的民间吹打乐。用吹奏乐器演奏民歌、小调和戏曲的曲调。以管子、唢呐、海笛（小唢呐）等为主奏乐器，伴以笛、笙、板胡、二胡、鼓、钹、锣和梆子等。河北吹歌的音乐风格粗犷、活跃、富有北方农村生活气息。传统曲目有《小二番》《万年欢》《朝天子》《小磨坊》《放驴》《得胜令》。

第三单元　世界民族之声（一）

【知识点】

1.能按乐谱标记的力度记号有表情地演唱《星星索》和《樱花》。

2. 甘美兰：印度尼西亚最具代表性的民间音乐。指以打击乐器为主的乐队，也指由它演奏的音乐，其艺术表演形式为多声部音乐合奏（有时加入人声）。甘美兰乐队乐器众多，音色丰富多样，力度对比强烈，被普遍用于戏剧、舞蹈的音乐伴奏，也用于宗教仪式。

3. 拉格：在印度音乐中是一种旋律框架，每一种拉格都有自己特有的音阶及特定的音调，并表达某种特定的情绪，拉格被称为印度古典音乐的灵魂，是印度古典音乐的两个基本因素之一，另一个因素是"塔拉"（节奏节拍的总称）。

4.日本都节调式：1 3 4 6

【活动与练习】

1.视唱练习。

巴基斯坦民歌《月亮》

(1)

缅甸民歌《瓦城的花朵》

(2)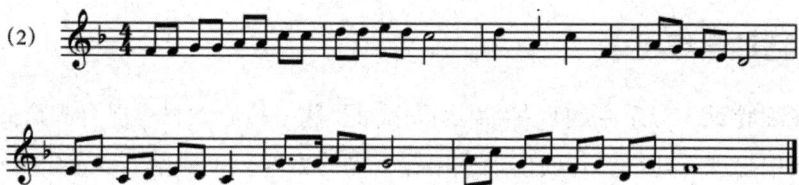

2.将下列外国民歌与其对应的国家用线连起来。

《樱花》	土耳其民歌
《星星索》	日本民歌
《厄尔嘎兹》	巴基斯坦民歌
《美丽的国土》	印度尼西亚

第四单元 华夏乐章

【知识点】

1.交响诗：是以诗歌、戏剧、绘画及历史事迹为题材的、有标题的单乐章管弦乐曲，常表现一定的情节内容。由19世纪匈牙利作曲家李斯特首创，一些称为"音诗""交响音诗""交响音画"的管弦乐作品，性质和交响诗相似，而更长于风俗情景的描绘。

2. 会唱《客家之歌》音乐主题1和《红旗颂》的音乐主题。

音乐主题Ⅰ

刘 溪 曲

1=A 3/4

p

6 6 | 1 6 1 2 | 3 2 3 1 | 6 | 1 1 3 5 6 6 | 1 6 5 5 ‖

1.你有心 来 催有 情（若），唔怕山 高啊 水又深（啊）。

2.山高还 有 人开路（喔），水深还 有哇 造桥人（哪）。

3. 吕其明：作曲家，安徽无为人。代表作品有管弦乐序曲《红旗颂》，交响诗《白求恩》《龙华祭》，歌曲《谁不说俺家乡好》（合作）等。

【活动与练习】

仔细聆听，音乐主题1"唔怕山高水深"这一核心素材（以合唱形式）在本乐章中出现了几次？每次出现采用什么样的力度？（请用力度术语表示，如 p、m、ff 等。）

合唱出现次数				
力度				

第五单元　我和你

【知识点】

能用轻柔的声音、连贯的气息演唱歌曲《我和你》或《友谊地久天长》。

能用准确的音高节奏唱出山西民歌《会哥哥》和蒙古族民歌《天鹅》。

【活动与练习】

1. 视唱练习。

山西民歌《会哥哥》

(1)

蒙古族民歌《天鹅》

(2)

  2. 聆听下面几段音乐，为花样滑冰、健美操、太极拳三个运动项目分别选配适合的音乐，并说出理由。

(1) 1=G 4/4

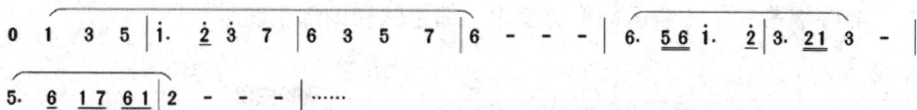

(2) 1=G 4/4

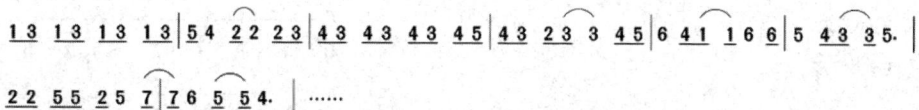

(3) 1=G 3/4

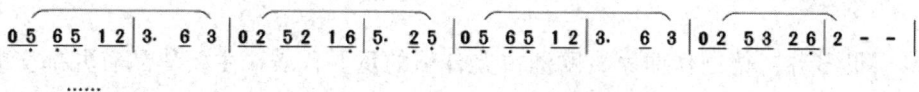

第六单元　七彩管弦

【知识点】

1. 交响曲：是由管弦乐队演奏的具有丰富表现力的大型套曲（套曲是包含若干乐曲或乐章的成套器乐曲或声乐曲），传统交响曲通常由四个乐章组成。

2. 熟记第九十四（《惊愕》）交响曲音乐主题。

音乐主题　　　　　　　　　　　　　　　　　　　　　　　〔奥〕海　顿曲

1＝C　2/4

$$pp$$　11　33　55　3｜44　22　77　5｜11　33　55　3｜i i　#44｜5　5｜　ff

3. 海顿，奥地利作曲家，欧洲古典音乐的奠基人之一，一生创作了大量各种体裁的音乐作品，其中仅交响曲就超过100首，主要有《惊愕》《告别》《伦敦》等，此外还创作了清唱剧《四季》、室内乐《皇帝四重奏》等。

4. 哼唱第五（《命运》）交响曲主部主题和副部主题。

副部主题

1＝♭E　2/4

5　i｜7　i｜2　6　6　5｜
5　i｜7　i｜2　6　6　5｜

主部主题

1＝♭E　2/4

ff
03　33｜i　-｜02　22｜7　-｜7　-｜

贝多芬：德国作曲家，欧洲古典音乐的重要代表，主要作品有九部交响曲、五部钢琴协奏曲、32首钢琴奏鸣曲、歌剧《费德里奥》等。

哼唱第九（《自新大陆》）交响曲音乐主题一。

音乐主题 I　　　　　　　　　　　　　　　　　　　　　〔捷〕德沃夏克 曲

1=♭D　4/4　广板

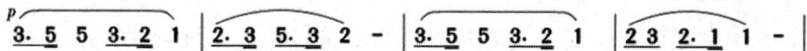

德沃夏克：捷克作曲家，主要作品有《第九（"自新大陆"）交响曲》《B小调大提琴协奏曲》《狂欢节序曲》和歌剧《水仙女》等。

【活动与练习】

创作实践——变奏。

任选下面的一个主题，采用改变节拍、变化节奏或旋律加花等方法，作一至两次变奏。尝试将所作的变奏用乐谱记下来，然后唱一唱。

（1）1=F　3/4　　　　　　　　　　　　　　　　　　欧美歌曲《祝你生日快乐》

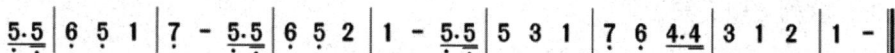

（2）1=F　2/4　　　　　　　　　　　　　　　　　　陕西民歌《蓝花花》

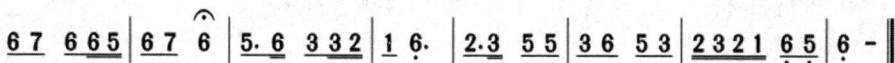

变奏 I

变奏 II

第七单元　当兵的人

【知识点】

1. 进行曲：主要是军队中用来统一步伐的，以偶数拍做周期性反复，常用

127

四二拍或者四四拍。

进行曲主要分为五种类型：

（1）典礼进行曲，如《迎宾曲》《义勇军进行曲》。

（2）音乐会进行曲，如《土耳其进行曲》《拉德斯基进行曲》。

（3）颂歌进行曲，如《歌唱祖国》。

（4）戏剧进行曲，主要出自戏剧音乐中，符合剧情。如《婚礼进行曲》。

（5）群众进行曲，有号召性的，如《我们走在大路上》。

2. 会唱《当兵的人》《好男儿就是要当兵》《打靶归来》，熟记《中国人民解放军进行曲》音乐主题。

3.《中国人民解放军进行曲》原名《八路军进行曲》，是八路军大合唱的第四乐章，解放战争时期，歌词作了一些修改，改名为《人民解放军进行曲》，1965年更名为《中国人民解放军进行曲》。

4. 郑律成：作曲家，原籍朝鲜，后投身于中国人民的抗日战争和解放战争。1950年定居中国，主要作品有歌曲《延安颂》《八路军进行曲》《图们江》，歌剧《望夫云》等。

【活动与练习】

1. 视唱练习。

四川民歌《康定情歌》

西藏民歌《蔚蓝的天空》

2.将下面五线谱译成简谱。

〔奥〕舒伯特《军队进行曲》

第八单元　舞剧撷英

【知识点】

1. 舞剧：是一种以舞蹈为主要的表现手段，综合音乐、戏剧、美术和文学等艺术形式，表现特定的人物和戏剧情节的舞台表演艺术。

2. 斯特拉文斯基，美籍俄罗斯作曲家、指挥家，20世纪音乐的重要代表人物，主要作品有舞剧《火鸟》《彼得鲁什卡》《春之祭》、交响音乐《士兵的故事》《婚礼》《管乐交响曲》《俄狄普斯王》等。

3. 吴祖强，作曲家、音乐教育家，主要作品有交响音画《在祖国大地上》、清唱剧《与洪水搏斗》、舞剧音乐《鱼美人》（合作）、《红色娘子军》（合作）、弦乐合奏《二泉映月》等。

4. 杜鸣心，作曲家、音乐教育家，主要作品有舞剧音乐《鱼美人》（合作）、《红色娘子军》（合作），交响诗《飘扬吧，军旗》，交响音画《祖国的南海》，交响幻想曲《洛神》以及钢琴协奏曲、小提琴协奏曲等。

聆听应用与感悟的

声音

七年级上册教学设计

七年级上册第一单元教学设计

任课教师		年级	七年级	班级		日期	
课题		"光荣少年"				课型	综合课
教学目标	知识目标	有情感地演唱《光荣少年》这首歌曲。					
	能力目标	引导学生初识五线谱，了解变声期嗓音保护知识。					
	素养目标	通过演唱《光荣少年》这首歌曲，激励新时期少年儿童志存高远、奋发向上的崇高精神。					
教学重点		有情感地演唱《光荣少年》这首歌曲。					
教学难点		1.歌曲演唱难点：掌握附点四分音符与附点八分音符的演唱。 2.音乐知识难点：熟悉各音在五线谱中的位置。					
教学方法		模仿，引导，实践，合作，体验，参与。					
教学用具		多媒体，课件，碰铃，响板，定音器。					

	教师活动预设	学生活动预设
教学过程	一、师生互致问候 1=C 2/4　12　ΩΩ|5 — |1 5.|6 3.|5 4　ΩΩ|1 — ‖ （师）同学 们 好 （生）您好 您好 老师 您 好。 二、新课导入 播放歌曲《八荣八耻》动画导入新课，并强调青春期声音变化要注意的问题。 三、歌曲学唱 （一）聆听 1.聆听第一遍 问题引领：①这首歌用什么速度来演唱？（较快的速度） ②这首歌的情绪是怎样的，歌曲给你的第一感受是什么？ （振奋、激昂、向上） 2.聆听第二遍（教师范唱） 问题引领：音乐记号，请从乐谱中进行分析。 3.难点突破 同音连线　6 5 |5—0 0| 圆滑线　**5. 6 3 2 1** 附点节奏　6·7 5·5 （二）歌唱 （1）用"La"音跟着音乐伴奏轻声模唱一遍歌曲。 注：用"打着哈欠"的感觉寻找歌唱的正确发声位置，演唱时身体坐正，表情自信笑开。 （2）打着拍子视唱简谱。 提示：在休止的地方用"嘿"字代替。 （3）歌词体验。 ①读歌词。 根据歌曲的节奏朗诵一遍歌词，注意朗诵节奏和情绪的把握。 ②唱歌词。 根据音乐伴奏完整演唱两遍歌词，注意歌曲的演唱情绪。	一、师生互致问候 二、自主学习 （学生看书后，回答教师问题。） （1）变声期要注意哪些问题？ 生：变声期要注意保护好嗓音，不要大声喊叫，不模仿成年人说话或者压低嗓音唱歌。同时要做到适当用嗓，避免嗓音疲劳。还要注意锻炼身体，保证营养和充足的睡眠，少吃或者不吃有刺激性的食物。 （2）了解歌曲表现内涵：这是一首由教育部、共青团中央等单位共同推荐的优秀少年儿童歌曲。歌曲激越、节奏铿锵，表现了新时期少年儿童志存高远、振兴中华的崭新面貌。 三、新课学习 1.认真聆听，思考老师提出的问题。 2.跟随老师轻声哼唱主旋律。并从歌谱中找出特殊的音乐记号。这些音乐记号分别表示？ ＞（强音） 0（四分休止符） 00（二分休止符） —（保持音） 3.随琴演唱同音连线、圆滑线、附点节奏。 4.学唱歌曲 （1）学生轻唱曲谱。 （2）学生有感情地朗读歌词。 （3）学生唱词，体验歌曲情绪。

| 教学过程 | ③情感体验。
用自然饱满的声音，声情并茂地完整演唱歌曲，并能在演唱中充分展现出当今青少年奋发向上、志存高远的精神风貌。
（三）合作
说一说：
（1）怎样唱这首歌曲才会更好听更准确地表现出歌曲的情绪？
（2）在生活中，我们应如何做一个光荣少年？
（乐于助人、爱护公物、努力学习等）
（四）表演
要求：
（1）小组合作运用不同的演唱表现形式创编表现歌曲。
（2）表演者在表演时，其他同学请用欣赏的眼光注视着表演者，保持安静的氛围。
（3）表演者在表演时一定要大方、自信、不笑场。
（4）表演者表演结束以后，请大胆给出你的评价意见。

四、音乐知识
1.随琴唱一唱下列音阶，熟记各音位置。（要求唱准确、记熟练）
2.唱一唱下列音组。

3.写出下列各音的音名。

五、课堂检测
1.检测学生是否学会了《光荣少年》这首歌曲。
2.抽查P11音组部分，检测学生是否会唱了。
六、课后巩固作业
1.背熟歌曲。 | 5.合作演唱
要求：节奏不拖沓、不用叫喊的方式：身体坐正、口腔打开、带着表情，用自然的声音来演唱。
6.小组展示
展示1：学生点评，老师补充
展示2：学生点评，老师补充。
音乐学科小组的同学对每一组的表演进行打分，评选出一个最佳表演奖和一个最佳创新奖。
分组与个人演唱（指出优缺点，再次提高。）

四、五线谱和音阶
1.你对五线谱有何认识？
生：五线谱是在五条等距离平行横线上，用不同时值的音符及其他符号记载音乐的一种记谱形式。
2.请说出五线谱的各线、各间、各音及有关的上加线与下加线。
3.请写出高音谱号在五线谱上的正确写法。
4.什么叫音名？七个基本音名分别是什么？
生：音乐的名称叫音名。七个基本音名分别是：C、D、E、F、G、A、B。
5.什么叫唱名？
生：七个基本音分别唱作 duo re mi fa sol la si，这叫做唱名。 |

教学过程	2.熟记音名与唱名在五线谱中对应的位置。 七、课堂小结 同学们，本节课你们的表现都很好，充分展示了新时期少年崭新的精神风貌，也唱出了青少年意气风发、不断进取的精神，老师希望你们在今后的学习中，更上一层楼。	6.请唱一唱五线谱C调音阶。
板书设计	光荣少年 	
作业布置	1.背熟歌曲。 2.熟记音名与唱名在五线谱中对应的位置。	
课后反思	学生歌唱的音色有待加强。	

七年级上册第二单元教学设计

任课教师		年级	七年级	班级		日期	
课题		"美妙的人声"					课型	综合课
教学目标	知识目标	了解人声分类的知识，并能够正确区分其音色特点。					
	能力目标	懂得常见的音符，学会视唱以四分音符与二分音符组成的曲调。					
	素养目标	通过欣赏美妙的人声，体会不同人声演唱的特点及演唱者的情感。					
教学重点	欣赏不同人声的演唱，体验歌曲演唱情感。						
教学难点	正确区分不同人声演唱的声音特征。						
教学方法	模仿，引导，实践，合作，体验，参与。						
教学用具	多媒体，课件。						

教师活动预设	学生活动预设
一、师生音乐问好 1=C 2/4 12 Ω2̣ |5 — | 5.̣ | 63̇ · | 54̣ Ω2̣ | 1 — ‖ (师)同学 们 好 (生)您好 您好 老师 您 好。 二、导入新课 师：同学们，你们说什么声音最美？ 生：人的声音最美。 师：人声可以分类吗？ 生：可以的。 师：对！这节课，我们一起来学习第二单元"美妙的人声"。 （一）欣赏《我的太阳》《伏尔加船夫曲》《我爱你中国》《美丽的草原我的家》，了解歌唱家帕瓦罗蒂。学生看书后，教师可以加以补充。 师：帕瓦罗蒂是哪国歌唱家？他有什么样的美称？ 生：帕瓦罗蒂是意大利著名歌唱家，他有"高音之王"的美称。 （二）依次播放多媒体课件《我的太阳》《伏尔加船夫曲》《我爱你中国》《美丽的草原我的家》。 课后训练 1.《我的太阳》的音乐旋律有什么特点？歌曲表达了什么样的内涵？ 生：这首歌曲旋律爽朗、豪放，表达了对心中恋人的赞美之情。 2.这首歌曲是男高音演唱的，请问男高音演唱的特点是什么？ 生：高亢、明亮，声音有穿透力。 3.你能够跟随音乐唱一唱吗？ 生：随多媒体播放的音乐轻声跟唱。 《伏尔加船夫曲》演唱者的声音有何特点？ 生：低沉、浑厚。 4.《我爱你中国》中，女高音演唱的特点？ 生：高亢、明亮、婉转。	一、师生音乐问好 二、新课学习 （一）自主学习，了解人声的分类。 1.人声可分为哪些？如果细分，它还可以分为？ 生：人声可分为童声、男声、女声。如果细分又可以分为：男女高音、男女中音、男女低音。 2.不同人声有什么特点？ 生：高音比较高亢、明亮、悠扬；中音比较宽厚、结实；低音则比较低沉、浑厚。 3.在男高音和女高音中，还能够分出什么类型的高音？ 生：女高音可分为戏剧女高音、抒情女高音、花腔女高音；男高音可分为戏剧男高音、抒情男高音。 4.男女童声有什么特点？ 生：音色近似、声音明亮、清脆、甜美。 （二）五线谱识读及认识音符 1.什么叫音符？音符是由哪几个部分组成的？ 生：乐谱中用来记录音的符号叫音符。音符由符头、符干、符尾组成。 2.五线谱中的音符是以什么在谱表上的位置来表示音的高低的？（符头） 3.五线谱以什么来表示音的长短？（不同音符的形状） 4.学生认真看五线谱与简谱音符时值对照表，以五线谱第二线为例分别写出一个、全音符、二分音符、四分音符、八分音符、十六分音符来。

教学过程	5.《美丽的草原我的家》是一首女中音歌曲，你能够感受到她的音色特点吗？ 生：圆润、宽厚、饱满。 （三）展示点评 1.请你根据列宾的油画《伏尔加河上的纤夫》里所描绘的情景，在音乐的配合下表现这幅画里所描绘的场景。 （1）学生稍加准备后，加以表现。 （2）师生点评，指出优点和不足。 2.根据《美丽的草原我的家》所描绘的场景，用动作加以表现。 3.拓展延伸 让个别学生唱一唱自己喜爱的歌曲，同学们欣赏。 （四）课堂检测： 1.人声可以分为哪些类别？ 2.在五线谱高音谱表第二线上，请分别说出这些音符的名称及在四四拍子中的时值？ 课堂小结： 同学们，本节课通过欣赏歌曲作品，我们知道了人声才是这个世界上最美的声音，所以我们需要不断地学习，使自己的声音也变得更动听。并且学习了五线谱的相关知识，今天所学的知识你掌握了吗？请你谈谈你的收获。	（三）视唱练习 师：这条视唱练习是由哪几种音符组成的？ 生：这条视唱练习是由四分音符与二分音符组成的。 读一读、拍一拍这条旋律的节奏音型。 生：× ×｜× ×｜× ×｜× —‖ （"×"读：哒 "×—"读：哒啊） 教师弹奏，学生轻唱曲谱。 学生击拍视唱曲谱。 谈谈你的收获。
板书设计	美妙的人声 声音的分类：男声、女声、童声	
作业布置	学唱歌曲《雪绒花》。	
课后反思	歌曲的情绪处理和节奏都需要长期训练。	

七年级上册第三单元教学设计

授课教师		年级	七年级	班级		日期	
课题	\"八音和鸣——《欢欣的日子》\"			课型		新授课	
教学目标	知识能力	通过对民族器乐曲的了解和欣赏，让学生能够真正喜欢中国民族音乐，懂得继承和弘扬民族音乐文化的意义。					
	能力目标	认识并了解常见乐器的名称及分类，聆听民乐合奏曲子，让学生了解民乐合奏形式，感受民族器乐曲的韵味和魅力。帮助学生了解并掌握一些民族乐器知识，能够说出常见的民族乐器的名称及其分组。					
	情感态度与价值观	培养学生的民乐欣赏能力，听赏《欢欣的日子》，能够用语言描绘其音乐意境。					
教学重点	对民乐合奏形式的认识，欣赏民乐合奏《欢欣的日子》。						
教学难点	了解常见民族乐器名称及其分类。						
教具	多媒体，课件。						
教学方法	讲授法，模仿，合作，探究式听赏教学。						
教学过程	教师活动设计				学生活动设计		
	一、师生问候 1=C 2/4 12	5 —	5·	3·	54	1 — ‖ （师）同学 们 好（生）您好 您好 老师 您 好。 二、请同学们观看大屏幕，我们一起来认识一下这些乐器，并聆听这是你熟悉的哪些曲子？（播放乐曲） 1.吹管乐器，简单地说就是吹奏的乐器。 有气息经由吹孔，引起空气柱的振动而发音。如笛子、箫、埙、排箫等；有的是气息经过哨子，引起空气柱的振动而发音，如唢呐、管等；还有的是气息经由簧片，引起空气柱的振动而发音，如笙、芦笙、巴乌等。大家看一下图片，认识一下这些乐器长什么样子。				一、师生问候 二、学生聆听音乐，思考并回答老师的问题。 乐曲有：《新年好》《喜洋洋》《春节序曲》等。 1.吹管乐器：笛子、箫、唢呐、芦笙等。

续表

教学过程	2.弹拨乐器：比较常见的有琵琶、筝、扬琴、阮、三弦等等，同学们有学习弹拨乐器的吗？那么请你告诉大家，它是如何发声的？ （可以请学琵琶、扬琴或古筝等弹拨乐器的同学回答） 师：是的，弹拨乐器是用手指或拨子拨弦，及用琴竹击弦而发音的乐器总称。 3.拉弦乐器：拉弦乐器中，我们最熟悉的就是二胡了，我国拉弦乐器是在胡琴的基础上发展起来的，种类繁多，除了二胡外，同学们还知道哪些？ 4.还有一类，打击乐器：是一种以打、摇动、摩擦、刮等方式产生效果的乐器族群。打击乐器可能是最古老的乐器。有些打击乐器不仅仅能产生节奏，还能作出旋律及和声的效果。 师：这些民族乐器呢，都各自有着不同的音色，非常丰富，以后老师会带大家一一领略。这么多丰富的声音同时演奏一首旋律，这就形成了器乐合奏，除了刚刚我们欣赏的《春节序曲》之外，老师还带来一首好听的曲子，同样是民乐合奏，大家一起来欣赏一下——《欢欣的日子》，大家在欣赏的时候，感受一下音乐的情绪，认真聆听乐器合奏的音色效果。试试划分一下，乐曲分为几个部分。 三、新课讲授 播放《欢欣的日子》 1.思考：这首乐曲表现了怎样的情绪呢？ 师：是的，同学们听得很认真，这首乐曲又名《翻身的日子》。 这首曲子是由作曲家朱践耳作于1952年。原是大型纪录片《伟大的土地改革》的插曲，由中西混合乐队演奏。后改编成民族管弦乐曲。乐曲结构短小，风趣生动，是一首广泛流传的民乐合奏曲。 2.思考：同学们觉得这首乐曲分为几个部分？师：我们再来欣赏一下这首曲子，同学们感受一下每一部分的情绪以及用到的演奏乐器。	2.弹拨乐器：琵琶、柳琴、阮、扬琴等。 学生回答老师的问题，并表演演奏动作。 3.拉弦乐器：还有京胡、板胡等。其音色柔和，擅长演奏歌唱性旋律。它以各种不同的弓法、指法等技巧塑造多种多样的音乐形象，具有丰富、细腻的表现力。 4.打击乐器：大鼓、排鼓、锣等。 三、新课学习 1.仔细聆听《欢欣的日子》并视唱旋律。 生：乐曲以流畅的旋律、跳跃的节奏和热烈的情绪，表现了解放初期农民分得土地后欢天喜地的情景。 2.聆听并回答问题：全曲由三个部分和引子、尾声组成。

教学过程	（1）引子部分。 这首乐曲的引子为乐队全奏，旋律是怎样的呢？ （2）第一部分，大家注意听听主奏乐器的音色。 师：第一部分是由板胡奏出富有陕北风味的主题，明亮活泼。我们来哼唱一下第一部分的主旋律。 （3）欣赏第二部分。大家试着听一下，是什么乐器演奏的？ 师：第二部分呢，采用对答形式，上句用管子和笛子领奏，下句用拉弦乐器、弹拨乐器及笙合奏。管子、笛子与乐队呼应，相映成趣。大家感受一下。 （4）第三部分又是怎样的情绪呢？ （5）大家有没有发现乐曲的尾声跟引子很相似？ 师：接下来还有一些时间，我们来欣赏一下《欢欣的日子》钢琴版。 大家认真聆听，体会一下有什么不同的感受？ 四、课堂小结 同学们这节课表现得非常好。通过这节课，我们认识了一些民族乐器，了解了他们的分类，还欣赏了民乐合奏曲《春节序曲》和《欢欣的日子》，下节课我们再来深入了解一些乐器的音色。 好，这节课就上到这里。下课！	（1）生：旋律热烈欢快的。 （2）第一部分是由板胡演奏的。 （3）第二部分是由管子和笛子来演奏的。 （4）第三部分：热烈高亢的旋律、不同乐器的欢快对答，使情绪层层推进，达到高潮。 （5）最后的尾声是引子的变化再现，乐曲前后呼应，完整统一。再次聆听不同版本的乐曲。 谈谈你的收获。
作业设计	聆听蒙古族民歌《嘎达梅林》	
板书设计	八音和鸣 欢欣的日子 朱践耳	
课后反思	学生器乐曲聆听积累太少。	

七年级上册第四单元教学设计

任课教师	年级	七年级	班级		日期	
课题	"班级演唱组合——《洗衣歌》"				课型	综合课
教学目标	知识目标	了解藏族的风土人情。				
	能力目标	充分了解藏族民歌及藏族舞蹈特点,并学跳藏族舞。				
	素养目标	《洗衣歌》的欣赏,拓展学生对原民歌的理解范围,使他们进一步感受歌曲的意境美,使《洗衣歌》的旋律永远流淌在学生的心中。				
教学重点	通过学生的听、唱、看、感受、体验、创作,让学生充分享受音乐的美,培养学生欣赏音乐的兴趣。					
教学难点	创设生动的教学情景,激发学生的学习热情,培养学生的民族团结精神,以及对祖国的热爱之情。					
教学方法	模仿,引导,实践,合作,体验,参与。					
教学用具	多媒体,课件,碰铃,响板,定音器。					
教学过程	教师活动预设				学生活动预设	
	一、师生问好				一、师生问好	
	1=C 2/4 12 Ω |5 — |5· |63· |54 Ω| 1 — ‖ (师)同学 们 好 (生)您好 您好 老师 您 好。					
	二、新课导入 创设情景,让学生了解藏族的风土人情。 1.师:我国有多少个民族?(56个)你们都知道哪些少数民族的歌曲?(学生自由说) 2.每个民族都有自己的歌曲,老师请你们来听听这是什么民族。 播放歌曲《青藏高原》 3.有谁能介绍一下这个民族?				二、新课学习 1.自主发言。 2.《嘎达梅林》 《唱支山歌给党听》 《达坂城的姑娘》 《月光下的凤尾竹》 3.《青藏高原》是藏族民歌。	

教学过程	4.同学们都说得很好，可眼见为实，还是让我们去看看吧…… （大屏幕）藏族的风土人情 5.师：感觉怎么样？（学生自由说） 师：藏族真美，不禁让我想起一首歌。 三、初听歌曲《洗衣歌》 1.请同学们闭上眼睛用心聆听，感受歌曲的意境美。 2.听完以后，师生畅谈听后感。 四、介绍作品 歌曲《洗衣歌》作于1964年，是藏族舞蹈《洗衣歌》的主题歌，具有浓郁的藏族风格和舞蹈特色。歌曲歌唱了人民解放军和藏族人民之间深厚的鱼水情谊。歌曲以藏族民间音乐朴实健康的音调为素材，既保留了风格，又有所创造。曲调起伏跌宕，充满欢乐与激情。 五、复听作品 1.让我们一起再次来感一下歌曲带给我们的这种美丽宽广、幸福自由的感觉。（复听歌曲） 2.《洗衣歌》舞蹈片段欣赏，让学生在欣赏舞蹈的基础上再次体会歌曲的意境美，并欣赏藏族美丽的舞蹈。 六、跟唱歌曲 （略） 七、创意表现歌曲 师：同学们，看你们这么喜欢这首歌曲，我有个提议，为《洗衣歌》尽上自己的一份力，选择其中的一项任务完成。 （大屏幕展示） 1.编一段歌词或编一段舞蹈律动。 2.写几句赞美的语言表达你此时此刻的感情。 3.画一幅美图，在创作过程中，老师不停地放《洗衣歌》音乐，激发学生的创作灵感。	藏族起源于雅鲁藏布江流域中部地区的一个农业部落。主要居住在西藏自治区等地区。藏族有雪顿节。藏族民间歌舞形式多样，特色鲜明。 三、聆听歌曲 自由发言，用心感悟。 四、了解作品 五、请同学们一起跟着老师轻轻地哼唱一下歌曲的旋律吧 六、自主讨论，完成老师给出的项目任务 创编舞蹈 语言赞美 美图创作 七、完成连线 《嘎达梅林》　　　　藏族 《唱支山歌给党听》　傣族 《达坂城的姑娘》　　蒙古族 《月光下的凤尾竹》　维吾尔族

八、拓展延伸 （播放歌曲，完成连线。） 九、课堂小结 希望本节课的学习可以提高同学们学习民族音乐的积极性，在自己动手创作的作品中体验音乐带来的快乐、自豪感，增强对祖国的热爱之情。		八、谈谈本节课的收获
板书 设计	《嘎达梅林》　　　　　　　　藏族 《唱支山歌给党听》　　　　　傣族 《达阪城的姑娘》　　　　　　蒙古族 《月光下的凤尾竹》　　　　　维吾尔族	
作业 布置	学唱歌曲《青春舞曲》。	
课后 反思	歌曲情绪把握到位，节奏准确。	

七年级上册第五单元教学设计

任课 教师		年级	七年级	班级		日期	
课题		"泥土的歌"				课型	综合课
教学 目标	知识目标	欣赏云南民歌《放马山歌》、陕西民歌《脚夫调》和四川民歌《槐花几时开》，比较和发现三地民歌的不同风格特点，能用自然正确的演唱方法，独立自信地演唱其中一首歌曲。					
	能力目标	通过聆听、演唱、交流、表演等活动，让学生感受并了解陕西信天游的风格特点，了解本曲节奏方面的基础乐理知识。					
	素养目标	通过对陕西民歌《脚夫调》的欣赏与歌词的理解，揭示万恶的旧社会劳动人民的苦难，启发同学们珍惜现在来之不易的生活，努力学习，振兴中华。					

教学 重点	欣赏云南民歌《放马山歌》陕西民歌《脚夫调》《脚夫调》和四川民歌《槐花几时开》。	
教学 难点	通过聆听乐曲，了解乐曲的创作风格和特点。	
教学 方法	模仿，引导，实践，合作，体验，参与。	
教具	多媒体，课件，碰铃，响板，定音器。	
教学 过程	教师活动预设	学生活动预设
	一、师生互致问候 1=C 2/4　12 ⅩⅩ |5 — |1 5· |6 3· |5 4· ⅩⅩ|1 — ‖ （师）同学　们　好（生）您好　您好　老师　您　好。 二、看地图，复习民歌 1.让学生说出自己的家乡在哪个省？那里有什么民歌？ 2.听音乐，了解民俗。 播放云南民歌《放马山歌》和陕西民歌《脚夫调》。提问：两首歌曲的风格、情绪、速度有何不同呢？ 3.唱民歌，表现风格 （1）先教会学生吆喝，可以采用师生互动的形式来完成。 （2）比较谁的吆喝好，能学会老师唱的其中一句或几句。 （3）请会唱的学生取代老师来唱歌词，不会的学生继续吆喝，并尽快赶上其他同学。 （4）完全放手，让学生充满激情地歌唱全曲。 三、学唱歌曲《脚夫调》 1.播放三首民歌。 师：请同学们仔细聆听歌曲，回答哪一首是陕西民歌？ A《太阳出来喜洋洋》 B《小拜年》 C《脚夫调》 师：同学们回答得很好，今天我们欣赏的就是陕北信天游《脚夫调》。	一、师生互致问候 二、新课学习 学生自由发言。 尝试吆喝。 Ⅹ　Ⅹ　Ｏ 吆　哦 三、听音乐，回答老师提出的问题 陕西民歌是《脚夫调》。

| | 2.知识内容。
（1）利用多媒体课件播放古城西安照片。
教师介绍陕西省的地理知识和人文景观。
（2）通过介绍，我相信大家对陕西省有了一个大致的了解，下面再一次聆听这首民歌，请同学们通过小组讨论的方式来回答，陕北信天游《脚夫调》的特点。（高亢有力、激昂奔放。）
（3）教师介绍陕北信天游风格和特点。
信天游是陕北人民最喜爱的一种山歌形式。歌词基本以七字为一句，上下两句为一段，上句起兴，下句起题。既可以两句独立成歌，也可把几段或十几段歌词并列，用一个曲调反复演唱。民间曾有"信天游，不断头，断了头，穷人无法解忧愁"之说。信天游以绥德、米脂一带的最有代表性，《脚夫调》流行在绥、米一带，它高亢有力、激昂奔放，具有鲜明的西北民歌特点。 | 陕西省的地图像一个跪着的秦俑，是历史上的13朝古都。 |
| 教学过程 | ①师：音乐来源于生活，同学们能否在生活中寻找音符的时值呢？
②利用达尔克罗兹的体态律动学，教授小切分、后十六和三连音的打法，和同学互动，达到教学目的。
3.德育渗透。
通过几个例子的对比，同学们应该感受到了新社会的美好和来之不易的今天，所以我们以后一定要努力学习，建设我们的家园。
4.创造性表演。
通过节奏型的掌握和多次聆听音乐，相信大家已经熟悉了本曲，用各自喜欢的表达方式来演绎这首《脚夫调》，我做指挥并提供歌谱和各种道具，学生根据自己的兴趣分成两组：第一组舞蹈，第二组歌唱。
四、课堂小结
首先让同学们自己回答学到了什么，老师再点评。 | 生活中的音符时值
4分音符时值——走一步
8分音符时值——钟表嘀嗒
16分音符时值——小鼓

创作表演
同学随音乐即兴起舞。
学生齐唱这首歌曲。 |

教学过程	今天我们欣赏了陕西信天游《脚夫调》，让我们了解、感受了我国民族音乐的魅力；了解了陕西信天游的风格特点和本曲节奏方面的基础乐理知识。通过大家的互动表演，能熟悉这首歌曲，进一步了解到这首歌的内在精神，启发同学们珍惜现在来之不易的生活，努力学习，振兴中华。	谈谈自己的收获
板书设计	泥土的歌 放马山歌 脚夫调	
作业布置	聆听陕北的新民歌《酒杯杯》和《山那边》。	
课后反思	传统民歌和现代民歌的异同比较，感受民歌的传承与发展。	

七年级上册第六单元教学设计

任课教师		年级	七年级	班级		日期	
课题		"七彩管弦——《卡门序曲》"				课型	综合课
教学目标	知识目标	欣赏《卡门序曲》，感受管弦乐曲的音乐魅力，通过音乐活动、回旋曲式的创编，培养学生的创新能力。					
	能力目标	通过聆听感受、模唱主题、肢体动作体验等方法感受作品的旋律情绪变化，认识回旋曲式的基本形式。					
	素养目标	记忆音乐的主题，了解序曲题材，熟悉回旋曲式基本构成形式，能够创编插部主题。					
教学重点		通过模唱主题、肢体动作熟悉作品旋律及回旋曲式基本形式。					

教学难点	背唱主题，并通过不同形式表现主题旋律。	
教学方法	模仿，引导，实践，合作，体验，参与。	
教学用具	多媒体，课件。	
教学过程	**教师活动预设**	**学生活动预设**
	一、师生互致问候 1=C 2/4　12　Ω｜5 —｜1 5.｜6 3.｜5 4　Ω｜1 —‖ 　　　（师）同学 们 好（生）您好　您好　老师　您　好。 二、导入 （一）整齐划一的节奏 杯子游戏。 带领学生熟悉杯子演奏节奏。 在演奏节奏中进行杯子传递。 跟随音乐进行有节奏韵律的杯子传递。 设计意图：音乐新课标的课程理念指出：以审美为核心，以兴趣爱好为动力。兴趣是最好的老师，从孩子们身边的常见事物和感兴趣的游戏进行导入，能充分引起他们的好奇心，学习兴趣也随之激发。 新授课。 1.介绍刚才演奏杯子节奏时的伴奏音乐是《卡门序曲》的基本主题乐段。 2.《卡门序曲》：管弦乐作品，法国作曲家比才于1874年创作的歌剧《卡门》的开场音乐。这首作品是该歌剧中最著名的器乐段落，常单独演奏。 比才：法国作曲家。代表作品有歌剧《卡门》《阿莱城的姑娘》。 3.出示乐谱，再次播放基本主题。 （二）起伏跳跃的旋律 播放第一插部主题。	一、师生互致问候 二、对杯子演奏节奏、杯子传递进行熟悉，掌握简单的节奏后，跟随音乐演奏 观察乐谱、聆听乐曲。 了解《卡门序曲》的创作背景及作曲家比才。 说说主部主题在节奏上有什么特点。

教学过程	（三）优雅雄壮的舞步 1.播放第二插部主题。 2.带领学生用"beng"哼唱第二插部主题。 3.教授简单的身势节奏，配合主题旋律。 4.教授斗牛士舞蹈的标志性动作。（女生两手放于左耳处，抬头，跟着音乐节奏击掌跺脚，男生抖动红布，跟随节奏跺脚。） 5.把学生分成三个声部，进行演唱、节奏声势、舞蹈的合作练习。	聆听第一插部主题，用笔在纸上画下旋律起伏的线条，并展示给全班同学看。 聆听第二插部主题。 用"beng"哼唱第二插部主题。 学习身势节奏。 学习标志性的斗牛士舞蹈动作。
	设计意图：新课标强调音乐实践，鼓励音乐创造，而且关注音乐与其他姊妹艺术的结合。对于非专业的学生来说，能够安静、完整地欣赏一部管弦乐作品是非常困难的事，所以，设计音乐体验活动是至关重要的，用身体律动体验音乐的旋律起伏，用身体的拍击感受音乐的节奏韵律，用舞蹈动作展现音乐的风格特点，让孩子们真正陶醉在音乐之中。	进行三声部合作练习。
	（四）回旋曲式结构 1.完整播放《卡门序曲》，引导学生记录曲式结构。在基本主题部分举出A的卡片，在第一插部主题举出B的卡片，在第三插部主题举出C的卡片。 2.介绍回旋曲式。 A—B—A—C—A	完整聆听《卡门序曲》，根据听到的主题旋律，举出相应的卡片。 了解回旋曲式。
	（五）序曲介绍 1.序曲：指歌剧、舞剧等开场前演奏的短曲，亦称"开场音乐"。由管弦乐队演奏，其使命在于综合地叙述全剧发展的重要、关键场面，奏出剧中代表人物旋律，是剧情的缩影。 练习与作业。 2.根据自己聆听音乐的体验，将下列词语填入相应的括号。 威武、雄壮、热烈、辉煌 轻快、活泼 基本主题（　　　）第一插部主题（　　　）	了解序曲体裁。 练习。

教学过程	第二插部主题（　　） 3.编创回旋曲式节奏。 （六）小结 教师：同学们，今天我们聆听学习了比才的《卡门序曲》，了解了回旋曲式，运用自己的肢体动作表现了乐曲的旋律及情绪，希望大家课后在聆听音乐的同时，能够继续挖掘自己的肢体语言，用肢体语言展现音乐的丰富多彩。	以上课的口令作为主部主题，两个插部主题由小组讨论编创，后进行小组展示。（全班拍击主部主题，小组合作插部主题） 谈谈你的收获。
板书设计	七彩管弦 卡门序曲　比才　A–B–A–C–A	
作业布置	唱熟《斗牛士之歌》。	
课后反思	学生情绪高涨，活动参与度高。	

七年级上册第七单元教学设计

任课教师		年级	七年级	班级		日期	
课题		"在灿烂的阳光下"				课型	综合课
教学目标	知识目标	体验歌曲中讴歌伟大的中国共产党、热爱祖国的表现手法，感受歌曲中传递的中国人民对中国共产党的深情厚谊。在了解音乐的演唱形式的同时。更深层次地丰富学生对音乐的认知。					
	能力目标	通过学习，学生能更好地体会科学的歌唱方法带给我们的美好体验，更好地解读《在灿烂的阳光下》这首饱含深情的音乐作品，做到更深刻地感知音乐的魅力。					
	素养目标	让学生体验音乐折射出的情绪情感，了解音乐作品是时代的产物，每一部音乐作品都有其深刻的内涵。					

教学重点	感受歌曲的创作风格，品味音乐的情绪特点。了解创作意图。	
教学难点	领会歌曲《在灿烂的阳光下》的情感内涵，能以准确而富有感情的演唱激发学生爱党爱国的浓厚情感。	
教学方法	模仿，引导，实践，合作，体验，参与。	
教学用具	多媒体，课件。	
教学过程	教师活动预设	学生活动预设
	一、师生互致问候	一、师生互致问候
	1=C 2/4 12 5̲0̲ |5 — ｜ 1̲ 5·｜6̲ 3·｜5̲ 4̲ 0̲0̲ ｜1 — ‖ （师）同学 们 好 （生）您好 您好 老师 您 好。	
	二、新课导入 1.图片和音乐相结合，创设情境。 （1）多媒体播放从新中国成立前到改革开放后的图片，引导学生观看后思考问题。 教师提问："看了这些图片，你的心情如何？"请用简短的文字来描述一下？"（利用强大的视觉冲击，激发学生产生强烈的心灵震撼） （2）聆听《没有共产党就没有新中国》音乐片段，回答问题。 教师提问："你知道中国为什么会有这么大的变化吗？"（引导学生思考，激发爱党爱国热情） 2.引入新课。 师："同学们感受到了祖国日趋富强的振奋场面，知道了祖国富强的原因，这堂课就让我们一起欣赏一首充满爱党爱国情感的合唱歌曲——《在灿烂的阳光下》。" 三、赏析 1.播放歌曲。	二、新课学习 1.看图谈感受（这些图片让我感受到祖国的日趋繁荣富强，我为祖国而骄傲自豪……） 2.随乐演唱 回答老师提出的问题："因为有中国共产党的无私奉献和正确领导……中国最大的国情就是中国共产党的领导。" 三、赏析 1.学生谈欣赏歌曲《在灿烂的阳光下》后的感受：

教学过程	（1）请同学们欣赏歌曲，感受一下歌词内容及歌曲所抒发的情感。 幻灯片播放合唱歌曲音频，同时展示歌曲曲谱图片。 （2）体会歌曲的情绪变化，感受合唱的艺术魅力，领略合唱的强大感染力。 2.了解作者及歌曲创作背景。 贺慈航执笔，印青作曲，集体作词。这是一首为体现与时俱进的时代精神而创作的红色歌曲。 3.再赏歌曲，分析歌曲结构。 此环节教师注重引导学生自主分析歌曲的曲式结构，培养学生的分析鉴赏能力。 课件展示问题，学生带着问题再赏歌曲。 （1）从歌曲的情绪、速度等要素进行分析，歌曲可以分为几段？ （2）根据歌曲情绪和速度的变化，你从音乐中感受到了什么？说出来与同学分享交流。 赏析后学生回答问题，教师引导归纳，得出结论。 4.三赏歌曲 分段赏析，巩固对歌曲的理解和感悟，将歌曲的主题旋律和主题思想更好地理解和掌握。 四、演唱体验 1.了解合唱的演唱形式。 教师引导学生了解关于合唱的知识。 2.以听赏的形式提高学生对声音的辨别能力，对音乐情绪的捕捉能力。 3.教师指导演唱技巧，教学生控制好气息，并运用科学的发声方法演唱歌曲，掌握基本的歌唱技巧，形成良好的歌唱习惯，帮助学生在变声期阶段更好地保护嗓子，尤其是能够用实践活动来实现学生对音乐情感的深层体验。 （1）发声方法指导和练习，教师范唱与指导相结合，充分发挥示范引领作用。	旋律优美抒情，以第一人称的口吻，深情地诉说着广大人民群众对中国共产党带领中国人民创建新中国的伟大成就的讴歌，语言朴实，却能表达出浓厚的自豪和赞美之情，以及希望伟大祖国变得更加繁荣富强的美好愿望。 2.学生聆听歌曲，分析歌曲的结构。 歌曲的结构为 A B A'。A段中速，抒情性强，歌颂感情真挚；B段与A段对比强烈，速度稍快，更有进行曲的风格，有气魄，比较豪迈奔放；似乎把开国大典、港澳回归、国庆大阅兵等情景再现在我们眼前，令人激情澎湃；A'是A段的再现，用升调烘托了感情，进入高潮。 四、合唱的演唱形式 1.合唱的演唱形式有哪些？ 混声二部合唱（由男女声混合组成），混声四部合唱（由女高、女低、男高、男低四个声部组成），同声合唱（分男声、女声、童声的二部、三部合唱）等形式。 2.合唱的演唱方法。 呼吸均匀，气沉丹田，轻声高位置，咬字吐字清晰准确。

教学过程	（2）唱主题乐段，熟悉旋律，请同学跟唱主题部分，要求有感情地跟唱。 （3）尝试动情地演唱歌曲。加深对音乐的鉴赏认知。 五、活动与探究 请学生列举出其他比较熟悉的歌颂祖国歌颂党的歌曲，与大家分享。 六、课堂总结 1.知识巩固 请同学们谈谈欣赏这首歌曲后的感触。（教师提示：关于合唱、关于歌曲等方面的全面理解，教师鼓励学生思考，积极发言。） 2.教师总结 我们的国家曾经经历过苦难，是中国共产党带领全国人民走进了灿烂的阳光下，现在，我们的国家无比强盛，我们的生活越来越好，要感谢祖国感谢党给我们这样美好的生活，我们要热爱祖国，为中华民族而自豪，珍惜时光，好好学习，在中国共产党的领导下，一起为祖国更加辉煌的明天而努力奋斗。 再次播放歌曲，学生齐声有感情地跟唱，在歌声中结束本课。	例如：《长江之歌》《走向复兴》《祝福祖国》《红旗飘飘》《你是这样的人》《红旗颂》《保卫黄河》等歌曲。 谈谈你的收获。
板书设计	在灿烂的阳光下 合唱的演唱形式：混声二部合唱（由男女声混合组成）， 混声四部合唱（由女高、女低、男高、男低四个声部组成）， 同声合唱（分男声、女声、童声的二部、三部合唱）等形式。	
作业布置	聆听合唱《没有共产党就没有新中国》。	
课后反思	学生演唱的激情很高，激发了学生的爱国主义情怀。	

七年级上册第八单元教学设计

任课教师		年级	七年级	班级		日期	
课题		皇帝的新装			课型	综合课	
教学目标	知识目标	积极参与音乐表演剧《皇帝的新装》的排演，主动探索音乐剧的表演形式。					
	能力目标	熟练掌握音乐表演剧《皇帝的新装》中的歌曲，并加入表演。					
	素养目标	大胆、自信地表演音乐剧，能对演员的表现做出评价。					
教学重点		能背唱《皇帝的新装》中的曲一至曲七，并穿插表演。					
教学难点		让每一个学生都积极地参与到活动中，大胆、自信地表演。					
教学方法		模仿，引导，实践，合作，体验，参与。					
教学用具		多媒体，课件，碰铃，响板，定音器。					

教学过程	教师活动预设	学生活动预设
	一、师生互致问候	一、师生互致问候
	1=C 2/4　1 2　⌒3 2│5 —│1 5·│6 3·│5 4·⌒3 2│1 —│ （师）同学 们 好 （生）您 好 您 好 老师 您 好。	
	二、导入新课 师：同学们，前两节课我们已经学唱了《皇帝的新装》的曲一至曲七的所有旋律。今天，我们就来用音乐剧的形式把《皇帝的新装》表演出来。	二、新课学习
	三、讲授新课 师：在表演前，让我们先来进行剧情分析： 1.故事围绕哪条线索展开？ 新装：皇帝爱新装—骗子做新装—官员看新装—皇帝展新装—小孩揭新装 2.哪个字能概括整个故事的情节？	三、分析剧情 1.积极为表演做准备。 2.角色分配。 **皇帝的新装** 时间：古代　　原作：[丹麦]安徒生 地点：欧洲某国　　改编：长沙麓山国际实验学校 人物：主持人、皇帝、皇后、宰相的 小辫子、大臣、武将、侍卫、小孩、裁缝两姐弟。　　演员：学生 （幕启，轻声哼唱，前奏响起……裁缝姐妹上台台“饭布”。）

教学 过程	故事告诉大家：应该保持天真烂漫的童心，无私无畏，敢于说真话。 3.剧中人物有着怎样的性格特点？ 皇帝：愚蠢昏庸、穷奢极侈、荒唐虚伪、自欺欺人； 骗子：狡猾奸诈、善于设局； 官员：虚伪自私、阿谀奉承、明哲保身； 百姓：胆小怕事、人云亦云、随波逐流； 小孩：诚实天真、直言不讳。 4.揭示了什么童话主题？ 四、分组合作 1.将全班同学分为A、B两组。 2.确定导演。 导演是解释者和组织者，他要通读剧本，并把他对剧本的理解解释给每个剧组成员听，演员用表演的形式把导演的意图呈现出来。还要把演员在台上的出场顺序、位置、走位调度好。 3.表演的手法：虚拟和夸张。 五、精品展演，共享体验 由A、B两组同学分别展示音乐剧《皇帝的新装》。 六、教师点评 1.哪个角色给你留下了深刻的印象？说出你的理由。 2.评出最佳导演奖、最佳演员奖、最佳组织奖。 3.教师点评并颁奖。 七、课堂小结 本节课，音乐剧表演，同学们表现得非常好，希望同学们多了解音乐剧的相关知识，期待下次更精彩的展示。	3.学生回答：（骗） 皇帝受骗；骗子行骗；官员助骗；百姓传骗；小孩揭骗。 童话主题： 鞭挞腐朽的封建王朝，鞭挞至高无上的皇帝和一群道貌岸然的大臣，把他们的愚蠢、虚伪、为了保持权力不惜自欺欺人等恶行拿出来示众。 应该保持天真烂漫的童心，无私无畏，敢于说真话。 四、分组合作 1.学生积极配合导演的角色分配，体会自己扮演的角色的性格特点。 2.参演要求 （1）熟悉音乐剧里所有的歌曲，能背唱歌曲。 （2）参与音乐剧表演的学生能背诵剧中台词，并熟练地进行对白练习。 （3）导演根据戏剧表演的手、眼、身、法、步等基本要素对不同角色进行指导。 （4）注意对舞台的方位感，舞台调度正确、有序。 谈谈你的收获。
板书 设计	皇帝的新装 角色分配 表演要求	
作业 布置	观看音乐剧《猫》。	
课后 反思	学生对角色的内心世界揣摩不够，表演只为了搞笑，失去了作品原有的讽刺意义。	

七年级下册教学设计

七年级下册第一单元《我们是春天》

任课教师		年级	七年级	班级		日期	
课题		\"我们是春天\"				课型	综合课
教学目标	知识目标	能用优美的声音演唱歌曲。能划分歌曲段落，并能准确地表达不同段落的情绪。					
	能力目标	在模仿、聆听、创编、合作中自主学习歌曲，并能积极参与音乐活动，表现音乐。					
	素养目标	学习歌曲《我们是春天》及相关知识，并能体会到珍惜现在的美好时光，愉快学习、快乐成长的道理。					
教学重点		能够用优美的声音演唱歌曲，并能积极参与到音乐实践活动中。					
教学难点		1.准确地划分段落，表达不同段落的情绪。 2.把握好两拍切分节奏，唱准小六度5—7。					
教学方法		模仿，引导，实践，合作，体验，参与。					
教学用具		多媒体，课件，碰铃，响板，定音器。					
教学过程		教师活动预设				学生活动预设	
		一、课前准备，师生问好 播放歌曲《春暖花开》 二、导入新课（感受春天） 同学们，现在是什么季节啊？（春天）那春天在你们眼中是什么样的呢？（生）				一、师生互致问候 二、新课学习 谈谈自己对春天的感受。	

续 表

| 教学过程 | 大家想一想，有哪些关于春天的歌曲、诗句或是词语呢？（生）
春天在大家的眼中真是美极了，同样，作曲家、诗人也都偏爱春天。春天万物复苏、百花齐放，到处充满着勃勃的生机和活力。下面，我们跟着刚刚睡醒的小青蛙，一起到它的池塘边去游玩一圈吧！
春天来了，小青蛙真高兴啊，他一边走，一边向我们介绍春天。
咕儿呱（5—7）高兴起来还吼一嗓子咕儿（2—7）（播放歌曲《我们是春天》）
三、歌唱春天
1.听完了这首歌，你感觉怎么样？心情如何？（轻松、自由、愉快、充满活力）
2.这首歌你以前听过吗？它曾经是2003年少儿春晚的主题曲呢。
3.这么好听的歌是谁创作的呢？（大屏幕，作者介绍）
4.下面我们来学习这首歌曲。
（1）让我们一起看看这首歌是几拍子的。让我们一起打拍子跟着音乐哼一下。
（2）这一次我们看着课本上的谱子，一起跟着哼一遍。
（3）小声地跟唱。
5.大家看一下歌谱，小声哼唱一下，看看这首歌可以分成几个乐段？（复习如何分乐段）
6.分乐段处理歌曲。
第一乐段，声音要明亮、清脆、富有弹性；第二乐段，声音要柔美、圆润、连贯。
难点处理。
四、表现春天
一年之计在于春，一日之计在于晨，我们伟大的毛主席把你们比作早晨八九点钟的太阳，你们就是祖国的明天、祖国的希望。小组讨论一下，你们采用什么样的演唱方式来演唱这首歌曲，更能表现出你们的朝气蓬勃。
五、分享春天
春天是美丽的，是充满朝气和活力的，老师把一首现代诗《春天》送给大家，希望大家能够珍惜现在的美好时光，愉快学习，快乐成长！ | 回忆有关春天的歌曲和诗词。
《春天在哪里》《春晓》等。

跟随老师的讲解感悟。

谈谈自己初听歌曲的感受。

了解作者：李幼容词，徐锡宜曲。

学唱歌曲。
《春天》
春天用她那温暖的春风，向人们呼唤着，绿色即将来临。
小草钻出大地，鲜花含苞待放，给那美丽的潍坊画上彩色的一笔，为春天添加勃勃生机。
孩童放起风筝，放飞一颗满怀希望的心，他们在土地中播下一粒种子。
盼望着，期待着，终于，那粒种子发芽了，开出了美丽绚烂的花。
开出了春天中最美的花，那是希望之花，那是生命之花。
看，这就是美丽的春天，这就是多彩的春天，让我们现在就播种一粒种子，让它开出希望之花，开出今年春天最美的花，开出属于你自己的希望之花吧！ |

续　表

板书设计	我们是春天 李幼容词 徐锡宜曲
作业布置	学会歌曲《春天又来临》。
课后反思	声音的明亮度不够，音准欠佳。

七年级下册第二单元《七彩管弦》

任课教师		年级	七年级	班级		日期	
课题	欣赏管弦乐《青少年管弦乐队指南》				课型		综合课
教材分析	教材分析：《青少年管弦乐队指南》是由英国作曲家本杰明·布里顿于1946年为英国政府拍摄的教育影片《管弦乐队的乐器》而写的管弦乐曲。乐曲的主题选自英国作曲家亨利·珀塞尔为戏剧《摩尔人的复仇》所作的配乐中一段活泼轻快的舞曲，并以此主题作了一系列变奏，向年轻听众一件一件地介绍了管弦乐队中的各种乐器。乐曲分为三大部分。第一部分为珀塞尔主题；第二部分是珀塞尔主题的变奏；第三部分为赋格曲。						
学情分析	初中学生已经具备了一定的音乐审美和鉴赏能力，具有较强的认知能力和接受能力，教师要注重引导，让学生通过自己的感知和体验，更加直接地认识音乐作品及演奏乐器。通过小学音乐的学习，中学生对管弦乐器已有了初步了解，如军乐队中的铜管乐器：小号、长号、圆号、大号及打击乐器中的小鼓、大鼓，钹、锣等已接触到，小提琴在各种艺术活动中接触也较多；木管乐器中的长笛、短笛与中国管乐器中的笛子音色很相近，虽然有时分不清楚具体是什么乐器演奏的，但对它们发出的声音比较熟悉。						
教学目标	知识目标	通过听赏《青少年管弦乐队指南》，能够辨认各种乐器名称和听辨各乐器的音色特点；能熟悉感知音乐主题片段。					
	能力目标	了解和拓展西洋管弦乐队的相关知识，掌握管弦乐队的分类。					
	素养目标	在欣赏《青少年管弦乐队指南》的过程中，体会作曲家的匠心，为青少年打开欣赏西洋管弦乐的大门，在轻松愉悦的心情中感受音乐。					

续 表

	教师活动预设	学生活动预设
教学重点	能够掌握有关西洋管弦乐队中各种乐器的分类和音色特点。	
教学难点	能够辨认各种乐器名称，同时能根据不同乐器的音色，听辨出常见乐器。	
教学方法	模仿，引导，实践，合作，体验，参与。	
教学用具	多媒体，课件，碰铃，响板，定音器。	

	教师活动预设	学生活动预设
教学过程	一、师生问好，课前预热 1.课前播放《猫和老鼠》视频片段。 2.安排学生排队依次进入教室。 3.师生问好。 二、导入新课 播放《青少年管弦乐队指南》的演奏片段视频并提问。 1.请同学们说出，录像中都有哪些乐器出现? 2.请判断该段视频音乐的演奏形式是以下哪一种? A.民族打击乐合奏 B.民族管弦乐合奏 C.西洋铜管乐合奏 D.西洋管弦乐合奏 教师：大家听出了不少乐器，这些乐器都属于管弦乐队，今天我们就通过一首《青少年管弦乐队指南》来完整了解一下什么是西洋管弦乐队。 三、新课教学 （一）了解西洋管弦乐队相关知识 1.简单介绍西洋管弦乐队。 2.西洋管弦乐队分类及主要乐器。 弓弦乐器组 小提琴、中提琴、大提琴等。 木管乐器组 短笛、长笛、双簧管等。 铜管乐器组 圆号、小号、长号、大号。 打击乐器组	踏着歌声有序地进教室。 师生问好。 学生认真聆听、联想、思考并回答问题。 认真了解西洋管弦乐队相关知识，学生聆听，熟记乐器分类中的主要乐器及音色特点。

| 教学过程 | 定音鼓、大鼓、小鼓、锣等。
（二）《青少年管弦乐队指南》乐曲简介
《青少年管弦乐队指南》是英国作曲家布里顿于1945年专为青少年了解西洋管弦乐而创作的作品。这首曲子的意图在于向青少年一件一件地介绍管弦乐队中的各种乐器。
全曲分为三大部分：
第一部分：主题
第二部分：变奏
第三部分：赋格
（三）《青少年管弦乐队指南》乐曲分析
1.欣赏第一部分——主题
（1）模唱珀塞尔主题，讨论珀塞尔主题部分表达的情感。
（2）珀塞尔主题在这段音乐中出现了几次？并分析乐曲先后分别由哪些组乐演奏？
全奏—木管乐器组—铜管乐器组—弓弦乐器组—打击乐器组—全奏
2.欣赏第二部分——变奏
（1）变奏曲简介
教师：乐曲在珀塞尔主题的基础上，进行了十三次变奏，每一段变奏曲都重点介绍一种乐器或一组乐器，下面就让我们来逐一认识它们吧！
（2）对照课本听辨每种乐器各自演奏的一段变奏，并写出你听到的乐器顺序。
木管乐器组：
变奏一：长笛、短笛；变奏二：双簧管。
变奏三：单簧管；变奏四：大管。
铜管乐器组：
变奏五：小提琴；变奏六：中提琴。
变奏七：大提琴；变奏八：低音提琴。
变奏九：竖琴。
弓弦乐器组：
变奏十：圆号；变奏十一：小号。
变奏十二：长号及大号。
打击乐器组：
变奏十三：打击乐器。 | 学生聆听音乐主题，根据乐器组出现的先后顺序完成体验探究内容。

聆听并用心记忆各种乐器不同的音色。分段欣赏并分析每一部分乐器的音色及其表现力，熟知乐器，并听辨各个乐器的音色。 |

教学过程	3.欣赏第三部分——赋格 （1）赋格曲简介：赋格曲是复调乐曲的一种形式。 教师：变奏部分已经把管弦乐队里的各种乐器全都介绍了一遍。为了加强印象，掀起乐曲的高潮，作曲家在分别介绍它们之后，又把它们集中在一起，用赋格曲形式作了复述。这一段安排是十分巧妙的。除了各种乐器挨个再现一次之外，让铜管乐器来演奏珀塞尔的主题。这样就突出了主题，接着用其他乐器演奏他写的赋格段。 （2）听赏赋格曲，听辨各种乐器的挨个再现，并写出你听到的乐器顺序。 教师补充：由短笛开始、长笛、双簧管、单簧管、大管、小提、中提、大提、低音大提琴、竖琴、圆号、小号、长号、（大号衬托）、打击乐器结束。 四、检测评学 1.看图片——分辨不同乐器 2.听音色——分辨不同音色 五、拓展延伸 西洋管弦乐队编制原则。	了解西洋管弦乐队编制。 本节课你的收获。
板书设计	西洋管弦乐 《青少年管弦乐队指南》 1.木管乐器组 2.铜管乐器组 3.弓弦乐器组 4.打击乐器组	
作业布置	搜集一些我们身边的管弦乐曲。	
课后反思	学生对乐曲的理解不够，上课的积极性不高。	

七年级下册第五单元教学设计

任课教师		年级	七年级	班级		日期		
课题			"丢丢铜仔"				课型	综合课
教材分析		《丢丢铜仔》是湘教版音乐教材七年级下册第五单元《泥土的歌》（二）的歌唱内容。这首歌原为孩子们丢铜板游戏时唱的童谣，流行于台北、宜兰，故又称《宜兰调》。后演变成描写老式火车穿过隧道、道顶落水情景的儿歌。曲调轻快、愉悦，整首民歌行腔简洁单纯，每字一腔，句内夹有灵巧、富有跳跃性的衬腔，衬词生动、形象。歌曲简洁生动，全曲充满律动的意味。唱词仅上、下两句，每句中间接入"衣都、阿莫呀"的虚字衬句，增加了歌唱的趣味。						
学情分析		七年级上册《泥土的歌》（一），学生们已经接触过4—6首不同地区的民歌，对民歌已有初步的认知。七年级学生活泼、模仿能力强，应充分利用学生的身心发展规律，以直观的、易于模仿的特点入手，鼓励学生参与、实践、歌唱、合作、表演，提高学生学习音乐的兴趣。						
教学目标	知识目标	鼓励学生用轻快的、活泼的声音演唱歌曲《丢丢铜仔》，初步感知这首民歌的风格和韵味。运用动作、声音、乐器来表演火车过隧道的情景，加深对歌曲的理解。						
	能力目标	能模仿火车的行进来表现声音的强弱变化，准确演唱歌曲，读准歌词，背会全曲，并了解轮唱的概念，感受二声部轮唱的趣味，体验与同学合作的快乐。						
	素养目标	通过学习活动，体会我国台湾民歌的趣味性，感受台湾民歌《丢丢铜仔》谐谑活泼的旋律和方言词汇的音韵魅力。提高学生对我国民歌的兴趣，增加学生对演唱民歌的热爱。						
教学重点		1.积极参与模仿情景，掌握声音的强弱变化。 2.能用自然轻快的声音准确地演唱歌曲《丢丢铜仔》。						
教学难点		1.准确演唱二声部的轮唱。 2.将歌词特色和打击乐器有机融合，情境再现，增加趣味性。						
教学方法		模仿，引导，实践，合作，体验，参与。						

教学用具	多媒体，课件，碰铃，响板，定音器。	
	教师活动预设	学生活动预设
教学过程	一、师生问好，复习回顾 二、新课导入 1.播放视频，学生模仿火车行进的声音及节奏。 X X X X X X X X 克特克 特 克特克 特 2.教师带领学生模仿火车行驶的声音，表现出声音的渐强'<'与渐弱'>'。 三、新课教学 （一）初听歌曲《丢丢铜仔》 1.学生手打四二拍，教师范唱一遍歌曲。教师提问：①歌曲唱的是什么内容？②歌曲里出现了哪些你听不懂的字词？ 2.讲解"磅孔""丢丢""啊莫呀衣都"等词意。描述歌曲场景：这首歌曲描述的是老式的火车经过隧道，隧道顶上水滴落下的场景。 （二）带节奏读歌词 教师领读，学生跟读。 火车 行到 衣都 啊莫呀 衣都 丢 哎呦 磅啊 孔 内一 磅孔 的水 衣都 丢丢 铜仔 衣都 啊莫呀 衣都 丢仔 衣都 滴.落 滴落 来 （三）熟记旋律及歌词 1.教师范唱，学生手打节拍，心里默唱。 2.教师范唱，学生手打节拍，小声跟唱。 3.教师范唱，学生手打节拍，与老师一同演唱。教师纠正学生不正确的节奏及音准。 4.师生对唱，再次巩固旋律，表现领唱与齐唱。	认真观看视频，找出火车行进的节奏规律。 手打拍子，模仿。 把握声音的强弱变化。 学生聆听歌曲，思考问题。 丢丢、啊莫呀…… 火车穿过隧道，隧道顶上有水滴落下。 把握节奏，跟老师读。 默唱。 小声唱。 放声唱。

教学过程	5.熟记歌词，运用擦除法，完成整首歌曲的背唱。	学生与老师对唱。
	丢 丢 铜 仔	
		反复歌唱，填补空白歌词。
	（四）学唱二声部	
	1.学生反复歌唱两遍，教师接入二声部。提问学生：这种歌唱的形式属于什么？简述轮唱定义：轮唱是合唱的一种表现形式，在同一个旋律下，分声部演唱，两个声部先后出现，形成对比、交叉的效果，结尾统一到一起结束。	唱两遍歌词。轮唱……
	2.学生观察乐谱，找出两个声部的不同之处。	结束部分歌词不一样，旋律也不一样。
	3.教师引导学生歌唱第一声部的不同之处，引领全体学生唱准第一声部。	
	4.学生分组唱二声部，体验二声部的合唱效果。	分成两大组，对应一二声部，演唱。
	（五）完整演唱全曲，完成即兴创编	
	1.歌曲由两部分组成：第一部分来齐唱，第二部分为轮唱。	与老师一起解答。
	2.回顾火车行进时声音的特点，找几位学生扮演火车。	学生"行进"。
	3.加入碰铃，模仿水滴声音融入歌曲。	
	4.集体展示，整体感受齐唱、轮唱、乐器等混合的效果。	两个声部各一位同学使用碰铃。集体参与。
	四、课堂小结	谈谈你的收获。
	本节课，我们学习了《丢丢铜仔》，知道了它是我国台湾省的一首民歌，也是一首童谣，它的风格轻快、热闹，而且有趣。大家都知道，我国幅员辽阔，56个民族是一家，台湾少年和同学们一样，亲如手足。我国台湾的音乐文化同样丰富多彩，值得传承与发扬。	
板书设计		

作业布置	请同学们课下利用书籍、网络等资源搜集有关我国台湾的一些有趣的民歌或童谣，我们下节课的课前来进行交流和探讨。
课后反思	学生上课的兴趣浓厚，二声部演唱效果很好。

七年级下册第六单元教学设计

任课教师		年级	七年级	班级		日期	
课题		八音和鸣（二）原始狩猎图				课型	综合课
教学目标	知识目标	认识和了解部分古代乐器。如骨笛、埙、编钟等。					
	能力目标	在欣赏过程中，启发学生理解音乐作品的内涵，深入感受音乐所呈现的画面。					
	素养目标	通过欣赏《原始狩猎图》《梅花三弄》《楚商》，了解源远流长的古代音乐及相关艺术的历史印痕，增强对民族传统文化艺术的认同感和民族自豪感。					
教学重点		1.认识和了解部分古代乐器。 2.欣赏三首乐曲，理解音乐作品的内涵。					
教学难点		分辨古代乐器的音色，激发学生对民族传统文化艺术的认同感和民族自豪感。					
教学方法		模仿，引导，实践，合作，体验，参与。					
教学用具		多媒体，课件，碰铃，响板，定音器。					
教学过程		教师活动预设				学生活动预设	
		一、师生互致问候 二、聆听导入 欣赏《原始狩猎图》引子部分，这样的音乐让你想到了什么场景？				一、师生互致问候 二、新课学习 聆听音乐，感悟音乐体现的画面感。	

教学过程	三、欣赏《原始狩猎图》 1.完整聆听 （1）这首欣赏曲带给你什么感受？（紧张、神秘、兴奋等） （2）乐曲由几个乐段组成？（引子，A、B两乐段加尾声，复二部曲式） （3）音乐主题用什么乐器演奏的？（骨笛） （4）骨笛简介。（课件播放骨笛图片及相关资料） 2.分段聆听 引子+A乐段 （1）引子描绘了什么样的场景？ （2）你能听出引子部分由哪些乐器演奏的吗？ （3）A乐段演奏速度如何？拍号是多少？ （4）随音乐轻声哼唱A乐段旋律。 （5）A乐段表现了什么场景？ B乐段+尾声 （6）对比A乐段，音乐发生了什么变化？ （7）B乐段表现了什么场景？ （8）尾声有什么特点？让你想到了什么？ 3.再次完整聆听 （1）在A乐段主题出现时轻声哼唱旋律。 （2）用心感受骨笛与乐队表现出的音乐意境。 四、欣赏《梅花三弄》 完整聆听，思考并回答： （1）这首乐曲带给你什么感受？ （2）作品介绍：乐曲根据伟大诗人屈原所作《楚辞》九章中的第三篇，讲述了屈原在流放中，闻秦兵攻陷楚国京城郢后，对祖国的怀念和对人民的同情。 （3）你认识这件乐器吗？ （4）古琴的音色有什么特点？ （5）播放乐曲视频，再次聆听全曲，深入感受乐曲的"三弄"，领略古琴的音色魅力。 五、欣赏《楚商》 1.了解古代的另一种乐器——编钟	三、聆听歌曲 音乐的情绪表达，回顾复二部曲式。 了解骨笛。 乐曲结构： 引子+A+B+尾声 感受乐曲的特点，哼唱乐曲的主题旋律。 感受音乐。 四、欣赏《梅花三弄》 《梅花三弄》，又名《梅花引》《梅花曲》《玉妃引》，根据《太音补遗》和《蕉庵琴谱》所载，相传原本是晋朝桓伊所作的一首笛曲，后来改编为古琴曲。琴曲的乐谱最早见于公元1425年的《神奇秘谱》。《梅花三弄》全曲共分十段，两大部分，第一部分，前六段，采用循环再现手法，后四段为第二部分，描写梅花静与动两种形象。乐曲通过梅花的洁白芬芳和耐寒等特征，借物抒怀，来歌颂

续 表

教学过程	2.完整聆听并思考： （1）乐曲给人什么感受？ 乐曲开始时，编钟的声音如同从天边传来，乐曲结束时，余音缭绕，回味无穷，给人一种"大乐与天地同和"的感受，让我们体会到了真正的金石之声。 （2）乐曲简介：这是一首最能体现楚国音乐韵味的代表曲目。因为是楚国的一首商调式音乐，所以曲名叫作《楚商》。 随琴演唱主题曲谱。 六、课堂小结 中国的古曲对继承和发扬优秀传统文化有着重要的作用，希望同学们多聆听，多学习。	具有高尚节操的人。一首琴曲《梅花三弄》别具风情。 "三弄"指同一主题重复演奏三遍，这里指古琴在不同徽位的泛音上弹奏三次。分别为上准、中准、下准三个部位演奏。 五、了解《楚商》
板书设计	八音和鸣 原始狩猎图　梅花三弄　楚商	
作业布置	收集古代乐器的相关资料，与同学交流分享。	
课后反思	学生对传统音乐的了解很局限，以后的学习有待加强。	

七年级下册第七单元《梨园百花》（一）

任课教师		年级	七年级	班级		日期	
课题		《梨园百花》（一）《甘洒热血写春秋》		课型		综合课	
教学目标	知识目标	能认真聆听本单元的曲目，跟随伴奏演唱京剧《甘洒热血写春秋》唱段，体验京剧的风格韵味。					
	能力目标	通过自主学习，对京剧行当深入探讨，了解我国戏曲音乐的艺术魅力。					
	素养目标	能对京剧艺术产生兴趣，对京剧相关知识进行探究，了解中国京剧深厚的文化底蕴和悠久的历史。					

教学重点	感受京剧行当的特点，了解京剧行当，学唱《甘洒热血写春秋》。	
教学难点	调动学生将课堂变成展示自我的舞台，积极参与课堂活动。	
教具	PPT课件，钢琴，小锣，板鼓，小镲等。	
教学方法	情境导入法，自主学习法，引导表现法。	
教学过程	**教师活动设计**	**学生活动设计**
	一、师生礼仪 二、情境导入 很高兴今天能和同学们一起度过愉快的40分钟，上课前想请同学们来聆听老师演唱一段戏曲，听完后告诉老师，这是我们国家的哪一个剧种。（老师演唱京剧《都有一颗红亮的心》）。 中国的戏曲艺术风格各异、流派众多，今天就让我们走进这一块民族文化的瑰宝——国粹京剧，去品味它悠久的韵味，感受它博大的内涵和无穷魅力。 三、难点突破 请同学们将我们布置的前置性作业拿出来，各小组先花一分钟讨论一下，选出代表来回答。（问题一：京剧的起源和唱腔。问题二：小组内展示对京剧行当的了解。问题三：学唱一段京剧。） 师：有了生、旦、净、丑四大行当，就可以表演生活中各种各样的人物，戏曲舞台也就变得丰富多彩了。 师：我们认识和了解了京剧的行当，老师也想请我们班的同学展示一下京剧风采，谁愿意来为我们大家表演？（请同学们上前面来表演）请你们观看京剧片段，分辨出行当，并用动作来告诉大家你模仿的是什么行当。 四、我来做一做 老师表演动作学生猜。	一、师生互致问候 二、完成前置性作业 （1）了解京剧起源和京剧唱腔。 （2）学唱一两句经典京剧唱段，说出一两位京剧名家。 （3）小组内展示对京剧行当的了解情况。 三、问题生成 （1）学生分小组展示前置性作业。 （2）全班齐唱《说唱脸谱》。 （3）请同学们根据对京剧行当的了解，将图片与相对应的行当连接起来。（课件展示） 四、你来猜一猜 老师表演学生猜。

167

教学过程	师：同学们回答得非常好，看来同学们课前准备得很充分，前置性作业完成得很好。接下来老师想请同学们欣赏一段唱腔，并试着哼唱。 （播放《甘洒热血写春秋》视频选段） 介绍现代京剧《智取威虎山》相关知识点（课件展示）。 五、重点解读 学唱主题《甘洒热血写春秋》。 请同学们和老师一起来随音乐演唱这段旋律，（唱《甘洒热血写春秋》）同学们唱完这段旋律有什么样的感受，这首歌体现了杨子荣的一种什么精神？ （唱段表现了侦察排长杨子荣胆大心细、足智多谋的形象，以及他不畏艰险、勇于献身的大无畏的英雄气概） 复听：阿卡贝拉《甘洒热血写春秋》，体验不一样的韵味。 六、拓展练习 为乐曲《戏韵》填词。 七、回顾点睛 中国的京剧艺术博大精深，是中华民族的瑰宝，多年来经过许多代艺术家的千锤百炼，它根基深广，枝繁叶茂，硕果累累，色彩万千，作为华夏子孙，作为21世纪的少年儿童，我们有责任继承祖先的宝贵遗产，热爱我们的京剧艺术。也许，在多年以后的京剧舞台上有我们熟悉的某个身影，让我们带着这个梦想结束我们今天的京剧之旅吧！	五、小试牛刀 （1）对谱哼唱主题 （2）京剧伴奏乐器：文场、武场 文场：京胡、月琴、三弦 武场：板鼓、锣、钹 六、情感升华 我为国粹来作词。 七、知识巩固 这节课你都有哪些收获呢？（学生回答）
作业设计	作业：同学们以"听戏（唱念做打）、看戏（手眼声步法）、唱戏（服饰与脸谱艺术）、演戏（艺术实践活动）"为主题，对京剧进行为期一周的探究，下节课我们就以小组为单位进行交流汇报。	
板书设计	梨园百花 京剧行当：生、旦、净、丑	
课后反思	通过学习，对戏曲文化有所了解，逐渐对京剧产生兴趣。	

七年级下册第八单元教学设计

任课教师		年级	七年级	班级		日期	
课题		\"乡间的小路\"				课型	综合课
教学目标	知识目标	能清晰准确地演唱歌曲，并学会用不同的演唱形式表现歌曲。					
	能力目标	通过聆听和演唱《乡间的小路》，了解校园歌曲的特点。					
	素养目标	提高学生欣赏音乐、分析音乐的水平。					
教学重点	熟练演唱歌曲《乡间的小路》。						
教学难点	用不同的演唱形式表现歌曲。						
教学方法	模仿，引导，实践，合作，体验，参与。						
教学用具	多媒体，课件，碰铃，响板。						
教学过程	教师活动预设				学生活动预设		
	一、师生问好，复习回顾 二、导入新课 师：很高兴能和同学们度过今天的音乐40分，老师给大家带来一首歌曲，请同学们闭上眼睛聆听，在你的脑海里会体现一幅怎样的画面？你仿佛听到什么？看到什么？（播放课件） 三、讲授新课 1.聆听歌曲，设问：歌曲中有没有相同的乐段？歌曲能够分为几个乐段？（播放课件） 师：歌曲能够分为3个乐段，第3乐段是第1乐段的重复再现，用ABA表示。（播放课件）这种曲式结构叫作"带再现的三段体"，在今后的学习中我们再做详细介绍。				一、师生问好 二、课堂互动 生：老牛、牧童、短笛…… 三、聆听歌曲 生：有相同的乐段，歌曲能够分为3个乐段。		

	2.分段聆听歌曲，设问：各个乐段的情绪、旋律有什么区别吗？我们该用怎样的声音来演唱？	
	（1）聆听A乐段，试着跟音乐画出这段歌曲的旋律线，看它的起伏是怎样的？有什么特点？（播放课件，聆听A乐段）	生：起伏不大，比较平稳。
	师：你想不想体验一下这种轻松活泼？跟老师的琴声唱唱A乐段的歌谱，也可以用"噜"模唱旋律。	生：轻松活泼的。
	（播放课件，教唱纠正三个重难点）	
	师：把歌词加进来唱一唱。	生：音区提升，声音显得紧张激动，情绪激动舒展。
	（2）聆听B乐段，看旋律的音区发生了怎样的变化？情绪又有什么变化？（播放课件，聆听B乐段）	
	师：我们用"啦"哼唱一下曲调。（降一个调弹）然后加入歌词唱一唱。	生：力度减弱，给人营造一种牧笛、歌声远去，夕阳霞光逐步消失的氛围。
	（3）师：再现段比A乐段多了结束句，你想怎样去处理？	
教学过程	试唱一下，速度渐慢，力度渐弱。	学生用伴唱、合唱、齐唱、轮唱等，用不同的演唱形式表现歌曲。
	3.跟钢琴完整演唱歌曲。	
	四、歌曲处理	
	师：透过大家的歌声，我能听出你们的轻松活泼和舒展激动，除了声音的处理，你还能用什么演唱形式使歌曲更加动听？同学们分组讨论一下。	随乐演唱老师展示的歌曲，并做律动。
	五、拓展延伸	
	师：受中国台湾校园歌曲的影响，80年代中期，大陆也开始流行校园歌曲。今天老师就给大家带来几首耳熟能详的校园歌曲，一起来欣赏。（播放课件，聆听歌曲《踏浪》《校园的早晨》《蜗牛与黄鹂鸟》《童年》片段）	校园歌曲的特点：校园民谣是一种以学生为主要受众的音乐形式，其内容与学生生活密切相关，语言风格自然通俗，节奏活跃强劲，演唱者为年轻艺术家。这种音乐形式能够让人感受到青春的活力和热情，并能唱出真挚、感人的歌声。
	师：从同学们的歌声中，我能感受到你们已经深深喜欢上了校园歌曲。通过对校园歌曲的聆听、感受和学习，你能总结一下校园歌曲的特点吗？（可提示学生从内容、旋律、情绪等方面去考虑）	
	课堂小结（播放课件）	

教学过程	校园歌曲发展至今已有30余年历史，历经时间的打磨，已经发展成为一种光彩熠熠的流行乐曲风格，它像片片花瓣的清香，又如一首淡雅的小诗，伴随着我们快乐成长，使我们的校园生活更加丰富多彩。最后，让我们再次唱起这首《乡间的小路》，结束我们今天的音乐之旅。（播放课件）	谈谈你的收获。
板书设计	乡间的小路 带再现的三段体　Ａ　Ｂ　Ａ	
作业布置	学唱一首校园民谣，下节课和同学分享。	
课后反思	学生上课的兴趣很高，校园童谣是学生喜欢音乐课的一个兴趣点。	

八年级上册教学设计

八年级上册第二单元教案

任课教师		年级	八年级	班级		日期	
课题		八音和鸣（三）				课型	综合课
教学目标	知识目标	参与声势锣鼓练习，感受锣鼓经和秧歌锣鼓的节奏感，聆听《夜深沉》，感受京剧曲牌的独特魅力，拓宽音乐文化视野。					
	能力目标	进行锣鼓经及秧歌锣鼓的音乐活动，通过声势节奏练习，进行声部合作，更好地感受其富有的节奏韵律。					
	素养目标	聆听、体验、了解锣鼓经及秧歌锣鼓的节奏，进行声部合作，增强声部合作的能力。了解京剧曲牌《夜深沉》，能够说出京胡在乐曲中的表现力。					

171

教学重点	聆听《夜深沉》，感受全曲的音乐情绪及京胡的音乐表现力。	
教学难点	锣鼓经与秧歌锣鼓的声势合作演奏。	
教学方式	启发引导，声势活动。	
教具	多媒体。	
	教师活动预设	学生活动预设
教学过程	一、导入 很高兴今天能和同学们一起度过愉快的40分钟，上课前，老师想请同学们来聆听老师演唱一段戏曲，听完后告诉老师，这是我们国家的哪一个剧种。（老师演唱京剧《穆桂英挂帅》选段）。 中国的戏曲艺术风格各异、流派众多，今天就让我们走进这一块民族文化的瑰宝——国粹京剧，去品味它悠久的韵味，感受它博大的内涵和无穷魅力。 二、新授课 欣赏《夜深沉》 1.京剧锣鼓经引出京剧曲牌《夜深沉》。 2.教师带领学生进入音乐欣赏的氛围之中。 3.体会作品的情绪，思考是由哪些音乐元素组合成了这样的情绪。 4.介绍《夜深沉》主奏乐器京胡，从乐器结构、音色、演奏技法等方面让学生对京胡有所了解，对京胡所擅长演奏的情绪进行熟悉。 5.复听作品，了解《霸王别姬》的故事情节，播放《虞姬舞剑》视频，寻找其中与《夜深沉》曲调相似的段落。 三、民间锣鼓声势演奏 锣鼓经介绍，并示范锣鼓经的读法。 熟悉课本民间锣鼓节奏谱。 1.分声部读出节奏，进行四个声部的合练。每个声部在读自己节奏的同时，也要注意聆听其他声部的节奏律动。	一、学生聆听老师演唱，理解京剧，感受京剧的魅力。 二、欣赏《夜深沉》 1.聆听作品《夜深沉》，感受作品所要表达的情绪。 2.熟悉京胡的相关知识。 3.复听作品，并观看相关视频，了解作品描写的故事情节。 三、演奏 1.首先保持念法节奏的流畅，注意前八后十六和十六分音符的节奏感。接下来全班试读每个乐器的节奏，直至熟练。训练时注意空拍和节奏的变化连接，加入声势动作进行熟悉。

教学过程	2.分声部进行声势的节奏练习，直至熟练后，进行四个声部的声势节奏合练。注意四个声部的同一速度，空拍得当。 3.锣鼓秧歌曲调与节奏合练。 教唱秧歌锣鼓的曲调，熟练之后，一部分同学哼唱曲调，一部分同学进行秧歌锣鼓节奏的演奏，感受秧歌锣鼓曲调与节奏相得益彰的和谐律动。 四、欣赏阿卡贝拉《甘洒热血写春秋》 五、小结 教师：今天我们主要学习了中国的戏曲锣鼓、秧歌锣鼓以及京剧曲牌《夜深沉》的有关知识，希望大家课后能够多去体验和感受中国民族民间音乐的独特魅力，养成良好的聆听音乐的习惯。	2.声势动作分声部练习，最后进行合练。 3.锣鼓秧歌曲调与节奏合练。
作业布置	聆听不同版本的《夜深沉》。	
板书设计	八音和鸣 《夜深沉》	
课后反思	学生对戏曲的了解有待提高，以后的课程中要加入传统戏曲文化教学。	

八年级上册第七单元《让世界充满爱》

任课教师		年级	八年级	班级		日期	
课题	华夏乐章——《红旗颂》			课型		新授课	
教学目标	知识目标	1.欣赏乐曲《红旗颂》。 2.认识作曲家吕其明。 3.了解管弦乐。					
	能力目标	感受乐曲的宏伟气势，体验乐曲的速度、力度、乐器音色等音乐要素在作品表现中所起的作用。					
	素养目标	1.培养学生感受音乐语言形象的能力。 2.抒发对"国旗""国歌"的热爱之情和对幸福生活乐观向上的赞颂。					

教学重点	使学生听辨出主题音调的不同速度，使学生联想不同速度的主题音调的情景。
教学难点	感受乐曲的气势，理解作品的内涵。
教具	多媒体钢琴
教法与学法	引导法，演示法，实践法，对比法，讲解法。

	教师活动设计	学生活动设计
教学过程	一、师生互致问候 二、情景导入 众所周知，五星红旗是我们的国旗，她是我们中华民族的象征，每当五星红旗冉冉升起，我们的内心总是无比骄傲与自豪。同学们，你们知道的有关赞美五星红旗的歌曲有哪些？下面老师请同学们欣赏一段视频，欣赏完，告诉我这段舞蹈的背景音乐的名字是什么？在背景音乐当中，你都听到了哪些熟悉的音调。 三、作者介绍 师：同学们知道得可真不少，面对五星红旗，我们应该带着崇敬之心去赞美她，今天我们来欣赏这首以赞美五星红旗为主题的音乐作品《红旗颂》。 （板书《红旗颂》） 了解作者。 师：让我们来认识一下作者。（出示课件） （教师请全体学生朗读） 师：同学们朗读得很认真，声音也很洪亮。《红旗颂》作于1965年春，是吕其明先生创作的一首管弦乐序曲，在第六届"上海之春"开幕式上，上海几大乐团联合首演，取得了成功，之后传遍大江南北、华夏两岸。下面我们来完整地欣赏全曲。 四、分段欣赏 师：《红旗颂》采用了带再现的三部结构（板书：A+B+A），为了进一步了解作品	一、师生互致问候 二、课前回顾 1.回答老师提出的问题。 2.回顾自己知道的有关赞美五星红旗的歌曲并回答。如《绣红旗》《歌唱祖国》《五星红旗》《红旗飘飘》等。 3.欣赏舞蹈《永恒的旗帜》。 三、知识探究 学生集体朗读作者吕其明的相关介绍 吕其明：作曲家，安徽无为人。曾为《铁道游击队》《白求恩大夫》《南昌起义》等影片作曲。代表作品有：交响诗《铁道游击队》、管弦乐《红旗颂》，歌曲《弹起我心爱的土琵琶》《谁不说俺家乡好》等。 四、难点解析

教学过程	每个乐段的特点，让我们分段欣赏一下这首《红旗颂》。（出示课件，让学生根据音乐表达自己的感受和联想） 1.师：先听一下第一乐段。（第一乐段音乐起） 第一部分由弦乐器奏出《红旗颂》主题，这一主题在钢琴和木管乐器的伴奏下，显得格外清澈明丽。连接部深情如歌的旋律，传达了人民对红旗至深的情怀。 （第一段音乐停）请学生谈谈感受。 师：说得很好，第一乐段的情绪是宽广、辉煌、赞颂的。 2.（出示课件）接下来听一下第二段。 （第二段音乐起） 师：号角又响起来了，颂歌主题便成了铿锵有力的进行曲，音乐赋予动力。请同学们欣赏并作答。 师：同学们的联想太丰富了，并且你们的发言非常精彩。下面我们来欣赏最后一段，也就是A段。 3.（第三乐段音乐起） 师：这一部分的旋律很熟悉，它是第一乐段的再现部。木管乐器和弦乐器合奏主题，音乐更加宽广雄壮、热情奔放。 师：很准确，第三乐段的情绪是优美、深情、歌颂的。 五、学习主题音调 师：在你们欣赏乐曲的过程中，有一个旋律重复出现了多次，你们听一听，是不是这个旋律？（播放课件出示的主题音调） 生：是。 师：现在我们来一起用"啦"哼唱一下这个旋律。 （学生随音乐哼唱旋律，教师带领学生跟唱）	1.第一乐段听完了，学生讨论并谈谈自己的感受，说一说这一段情绪是怎样的？ （宽广的、辉煌的、赞颂的） 2.第二段音乐的情绪是坚定的、豪迈的、激昂的（出示课件），你们在这段音乐作品中联想到了一些怎样的场景呢？ （战争的场面，中国人民英勇战斗的场面，我国的体育健儿在赛场上拼搏，为国争光的场面。） 3.在第三乐段中出现了乐曲的高潮，请问这一乐段的情绪是怎样的？ （优美、歌颂的） 五、重点突破 学唱音乐主题一。

续 表

教学过程	六、总结陈词 分段欣赏了《红旗颂》，我们对这部作品有了更深一层的理解。我们来总结一下每一乐段的情绪。请看大屏幕。 七、回顾点睛 最后让我们学唱歌曲《红旗颂》，让五星红旗永远飘扬在我们的心中。 （播放国庆60周年阅兵视频，结束今天的课程）师：今天的音乐课到此结束，同学们再见！	六、知识巩固 第一乐段：再现开国大典宽广辉煌 第二乐段：回忆战争时期坚定豪迈 第三乐段：饱含胜利喜悦深情歌颂 七、情感升华 1.学唱歌曲《红旗颂》。 2.观看阅兵式视频。
作业设计	背唱歌曲《红旗颂》。	
板书设计	华夏乐章之《红旗颂》 作者：吕其明　　乐曲结构：A+B+A 第一乐段：宽广　辉煌 第二乐段：坚定　豪迈 第三乐段：深情　歌颂	
课后反思	在今后的教学中，要让学生深切领会音乐作品所表达的情感和意图。	

八年级下册教学设计

八年级下册第三单元教学设计

任课教师		年级	八年级	班级		日期	
课题		流浪者之歌				课型	综合课
教材分析	通过对印度歌曲《流浪者之歌》的学习，帮助学生理解、尊重不同国家、民族的音乐文化，从而建立平等的多元文化意识和价值观。						

学情分析	八年级学生，他们的音乐基础并不算扎实丰富，因此在教唱时要先示范，并且有针对性地解决重难点问题。用最简单的语言把问题说明白，也要避免多讲容易使学生混淆的解说或者知识点。比如在学唱《流浪者之歌》的时候，使用夸张的演唱给学生作对比，在音乐风格的强烈对比中，学生很快就能听出不同之处。	
教学目标	情感态度与价值观	通过学唱《流浪者之歌》，感受印度音乐的魅力，通过音乐活动培养学生的音乐感悟能力。
	过程与方法	通过学唱《流浪者之歌》，运用声势动作体验等方法感受作品的旋律情绪变化，体验音乐带给人们的情绪变化。
	知识与技能	学习《流浪者之歌》中独特的装饰音和变化音，并熟唱本曲，感知旋律所带来的风格特色。了解"拉格""塔拉"是印度和巴基斯坦古典音乐的两个基本要素。
教学重点	学会《流浪者之歌》，感受印度民族音乐的风格特点。	
教学难点	了解印度古典音乐中的两个基本要素：拉格、塔拉。	
教学过程	**教师活动预设**	**学生活动预设**
	一、师生问好，复习回顾 二、新课导入 师：今天我们一起去学习和我们相邻的一些国家的音乐，感受他们国家音乐的风格特点，老师给同学们带来了三首来自不同国家的音乐风格的歌曲，看哪位同学能最快最准确地判断出这首歌的音乐风格属于哪个国家，听出了的同学请马上举手。 播放三首歌曲音频。 三、讲授新课（初步分析歌曲，学唱歌曲） （一）新歌学唱 接下来请同学们跟老师一起学习印度民歌《流浪者之歌》，听听它有怎样的风格特点。 1.分析音乐：先从音乐的速度、情感看。 2.乐理记号讲解：除了以上的发现，谱面上还有几个特别的符号，它们分别是"升记号"和"装饰音记号"。 3.老师范唱。 4.学唱歌谱。 5.唱歌词。	一、师生问好 二、聆听音乐并回答问题 《樱花》——日本 《桔梗谣》——朝鲜 《吉米，来吧！》——印度 三、学唱《流浪者之歌》 （一）知识探究 1.从乐谱中找出升号和波音记号，在老师的带领下试着学唱。（升号#顺波音） 2.按照老师的方法学唱歌曲。

教学过程	6.跟伴奏演唱。 （二）为歌曲创编声势动作 三个组用不同的形式进行创编。 （三）老师伴奏，学生演唱 演唱完老师进行指导。 四、学习探究 学完歌曲，我们再来认识印度音乐最基本的两个要素：塔拉和拉格。 塔拉：节奏和节拍的总称。 拉格：印度音乐的灵魂，是旋律框架。 五、拓展延伸 （一）欣赏《拉兹之歌》 电影《流浪者》当中的片段，《流浪者》讲述的是以前的印度的故事，以前印度是一个等级划分非常严格的国家，认为好人的儿子也是好人，而小偷的儿子就一定也是小偷，主人公拉兹的父亲就是一个小偷，在当时大环境的影响下，拉兹也无奈地当了一个小偷，但是他的内心却渴望能做一个好人。 （二）舞蹈创编 1.观看印度舞蹈的手势视频。 2.学习三个简单的舞蹈手势并展示。 3.随音乐起舞。 4.播放印度舞蹈《蒙格尼》。 六、小结 今天，通过学习《流浪者之歌》，我们感受到虽然他们过着居无定所、食不果腹的生活，但在音乐中我们并没有感受到消极和悲伤，反而看到了他们的积极乐观，因此，我希望同学们以后在面对生活、学习以及在社会中遇到所有问题时都要保持积极乐观的心态，因为只有保持乐观向上的心态，我们才能感受到阳光的温暖！在学习累了的时候，听听音乐，在音乐的世界畅游，感受音乐带给我们的愉悦心情。	（二）三个组的同学利用现有的文具和桌椅进行创编 一个组伴奏，其他两组演唱，轮换 （三）结合创编的声势动作进行演唱 四、总结提升 印度音乐的特点 1.拉格：各种滑音和装饰音的点缀。 2.塔拉：富于变化的鼓点节奏。 3.歌唱：略带鼻音的歌唱。 五、知识深化 （一）通过《拉兹之歌》的欣赏，体会印度歌曲的风格特点 （二）印度舞探究 1.学习简单的舞蹈手势。 2.个别学生随乐起舞，其他同学用声势伴奏并深情演唱。 3.在欣赏舞蹈的同时，找出自己熟悉的印度手势舞有几个。 六、谈谈你的收获
作业设计	请同学们课后预习下节课的土耳其民歌《厄尔嘎兹》。

板书设计	流浪者之歌 《樱花》——日本 《桔梗谣》——朝鲜 《吉米，来吧！》——印度
课后反思	提升学生的歌曲创编能力，培养学生的创新思维。

我的入党故事

记得小时候，总能看见父亲在农闲的时候拿一个红色的小本子，嘴里读着什么，我也经常看到父亲抚摸着他心爱的小红本感叹："正是有这样一群领路人，老百姓的日子才过得越来越好了！"那时候我对父亲的那个神秘小红本充满了好奇，总想着有一天我也能拥有它。长大后，我才知道父亲珍藏很久的这个小红本名字叫《党章》。我的父亲出生于革命老区，很早就受到中国共产党革命思想和路线的影响，1950年3月，经村委会的两位老党员同志介绍，他加入了党组织，成为一名光荣的农民共产党员。在那个特殊的年代，父亲也遭受了各种质疑，但这一切都没能消磨他对党的坚定信念。在我的学习和成长道路上，父亲对我说的最多的话就是"好好学习，要听老师的话，将来要建设我们的国家"。

上大学期间，我时刻牢记父亲的教导，努力学习，成了当时音乐系三个入党积极分子的其中之一，我主动了解党史，喜欢阅读有关中国共产党的各种书籍，积极向党组织靠拢，成为学校入党积极分子培养对象。2006年3月，我在工作单位正式向党组织递交了入党申请书。每年到七一前后，我都期盼着自己能成为党组织的一员，看到身边一些优秀的同事胸前戴着金光闪闪的党徽，我心里总是充满羡慕之情，但连续几年，我都没有让自己的胸前佩戴上向往已久的党徽，我内心开始感到失落。2008年暑假，我回到老家。我清楚地记得，那是一个阳光正好、微风不燥的清晨，我和父亲一起去地里摘新鲜的黄花菜，我们父女俩一边干活，一边闲聊，父亲兴高采烈地说着农村的变化、生活的美满，我却总是满腹牢骚，抱怨社会和现实的不公，还向父亲抱怨"我们农村的葫芦娃总是干不过人家城里的奥特曼"，当时父亲用惊奇的表情看着我说："你怎么会有这样的思想，我当了一辈子农民，从来没有觉得农民不好，没有农民，城里人靠谁吃饭？我们的国家这么大，各行各业都需要人去干，要说不同也只是分工不同、身份不同；城里人、农村人都是在工作，都是国家的建设者。"听了父亲的话，我羞愧得无地自容。我的老父亲是一名只读过三年私塾的农民，而我是受过国家高等教育的大学生，思想居然这样落后，那一刻我突然明白，为什么党组织温暖的怀抱没有向我敞开，是因为自己还没有达到一名共产党员的标准。

从那以后我开始反省自己，开始思考入党的真正意义。在工作中，我端正工作态度，始终以一名入党积极分子的标准严格要求自己，克服并纠正自身存在的问题，工作中大胆负责，遇到困难挺身而出，吃苦在前，享受在后，并且不断加强专业知识的学习，加强职业道德修养；始终坚持以人为本，尊重学生，关注学生全面发展，精心构建和谐的师生关系，在立德树人方面不断提高自己，追求进步，严格按照学校的要求做好各项工作，甚至还放弃节假日的休息，回校做好有关工作；甘于奉献，从不计较个人得失，绝对做到个人利益服从集体利益。

这种反省和思想上的改变促进了我的成长，并让我取得一个又一个的进步。在学生和教师心目中，我具有较高的威信和较好的教师形象，我根据音乐学科的特点和学生年龄特点，制定科学的教学方法，把教材的思想内容精辟扼要、深入浅出地传授给学生，充分运用现代化的教学技术，把计算机辅助教学手段引入课堂，借助各种教学软件，创设情景，激发兴趣，提高教学质量。带领学校合唱队、京剧队、舞蹈队参加兰州市中小学生比赛，获得各种大奖，为学校赢得了荣誉，我也获得了学校年度优秀教师。我作为一名音乐教师，充分利用社团建设这个平台，努力地锻炼自己，使自身素质不断提高。

2010年12月，我参加了兰州市教育系统的入党积极分子培训，完成了各项考核，我感到自己距离一名真正的党员越来越近了。在工作中，我更加认真学习并贯彻党的教育方针和政策，遵循教育规律，尽职尽责，教书育人。认真学习学校下发的《教师行为十要十不准》，《中小学教师职业道德规范》和《百年大计，教育为本》，并且学习了全国优秀教师冯荣传、代江生、邵春亮的先进事迹，被他们的奉献精神所鼓舞，写了深刻的心得体会。

2011年6月29日，经党组织批准，我实现了向往已久的愿望，成为一名光荣的中国共产党预备党员。我也拥有了和父亲一样的红色小本子,我光荣,我自豪。我第一时间打电话告知我的老父亲,电话中能听出父亲激动的心情,他一遍一遍地重复着一句话:"要听组织的话,好好工作。"

从那以后,我在党组织团结求实、温暖友爱的大家庭中亲身感受到党组织的关怀和团结奋斗的快乐。在党组织的严格要求和支部党员的无私帮助下,经过积极努力,我在政治思想方面有了较大的提高。特别是通过参加组织生活和党内活动,我学到了党的光荣传统和作风,加深了对党的宗旨的认识,增强了党性,进一步认识到该怎样来做一个合格的共产党员,做一名共产党员绝不仅仅是获得一份荣耀,而是要去承担更多的责任,把有限的生命投入无限的事业中去,为社会和国家的不断发展工作一生、奉献一生。

我的老父亲去年已经离开了我们,享年86岁,父亲用他质朴的话语、坚定的信念、踏实的行动践行着一个农民共产党员的平凡之路,我也将他对我"要做一名优秀党员"的训语,铭记在心,终身践行。

尼采说过:"每一个不曾起舞的日子,都是对生命的辜负。"我也在自己热爱的教育事业上,用一个优秀共产党员的标准要求自己,把每一天都过成自己喜欢的样子,爱音乐、爱学生、爱学校,让生命以最美的姿态向上生长。因此获得了兰州市优秀教师、兰州市金城名师、甘肃省骨干教师、甘肃省青年教学能手,在自己从事的教育教学岗位上发挥着自己应有的作用。

生日贺卡

遇见好时光

——我与《读者》的情缘

我们的一生，都在遇见、相守、告别中度过。在每个遇见中，总有一些留在我们的生命里，而一些会沦为过客，慢慢随风而去，留下的，慢慢变成我们生命里重要的一部分。遇到《读者》，这是让我一生不能离开和放弃的一本书，它一直如一位知己、一位良师益友般陪伴着我。我期待着每一期的发行，收到新书，仔细读完每一本，我总会沉浸在感人至深的情感故事、哲理故事当中。

我喜欢《读者》中的每一篇故事，它没有其他杂志的华丽，但它总是显得那么朴实无华、平易近人，让每个人都能找到书中的自己。在读文章的过程中，教我们成长，教我们做人的道理，教我们在遇到困难的时候怎样面对生活，还教我们在人生得意的时候怎样不骄不傲。

作为一名老师，我的职责是教书育人，我们除了教授孩子们书本上的专业知识之外，还要走入他们的心中，成为他们生活上、学习上的良师益友，做到和学生亲密无间，这样的师生关系才是做好教育的关键。我教的音乐课程，本就是轻松愉快、能陶冶人的情操的一门艺术，所以，除了注意教学方式之外，更要注重自身的素质提升，从自身的一言一行开始，从每天微笑对待学生开始，让他们看到一个阳光向上、积极开朗的老师。这些体会就来自我读的《读者》中的一篇文章。文中写道："微笑就是一面镜子，你微笑着去看这个世界，那么，这个世界也会对你微笑。"

这篇文章讲述了一个女孩的故事，她将成为空姐，她们的礼仪老师说，你们将要进行三年的"微笑运动"。女孩不知它为何物，上了几课才知道它的残酷。考试会在开考一分钟前批评你，当你心头满是委屈时，突然要求你微笑。事实上即使笑出来了，也比哭更难看。于是她们就一遍遍地练。但是女孩从中得到了快乐。一次她去一家餐馆用餐，服务生的态度很糟糕。她懊恼地到洗手间洗手，竟然看到镜中的自己脸上挂着浅浅的笑容。故事讲到这里也就差不多了，重要的是，微笑是可以训练出来的，它不仅仅能给别人带来愉悦，更能给自己带来福祉。

微笑是很美好的，试想，我们的生活尽管存在着很多不如意，阳光总是和阴雨天如影随形，但是我们要有一颗乐观向上的心。晴天的时候，我们就看阳光灿烂、鲜花盛开，雨天我们就欣赏雨中美景、听一听嘀嗒嘀嗒的雨声，不同样是美好的事情吗？换一种角度看世界，换一种心情对待生活，让微笑时时刻刻留在脸庞上，告诉自己，告诉学生，没有什么是过不去的坎，一路前行，一路成长！

习惯了夜深人静的时候，拿出《读者》，伴着一杯清茶，在台灯的柔光中细细读来。其中的每一个小故事都深深打动着我，其中阐述的亲情、理想、追梦、奋斗等，都让我记忆犹新。那些寓意深刻的哲理故事更是每次看完，都让我有一种顿悟的感觉，让我慢慢变得成熟！时光飞逝，《读者》已经陪伴我很多年了，我相信在以后的日子，它也会一直陪我走下去的，在我有生之午都不会舍弃……

那个与二胡为伴的孩子，你还好吗？

"135Î|Î531"，随着轻柔的上课音乐，一群稚气未脱的新面孔走进了音乐教室。第一眼看到的就是站在第一排的你，戴着一副黑框的眼镜，长得白白净净，个子很小，新发的校服穿在身上，感觉就是挂在树干上，第一个位置也就成了你的专属。你给我的第一形象就是营养不良，一节课下来，对你的印象

就更深了，因为你的声音非常纯净，而且音准和节奏也很好，原来你从小学习二胡，而且演奏得不错，在社团报名时，你选择了民乐社团。

时间太瘦，指间太宽，来不及拥抱清晨，就已经手握黄昏，你从一位懵懂男孩成长为翩翩少年，每一次学校有活动，你的二胡就一直伴随着你，我对你的记忆永远定格在那里。在我的心里，你会一直是那个热爱音乐的阳光少年。

后来见过你几次，我发现你在不断地变换着发型，虽然都不是很奇异，但感觉你在经历着青春的种种蜕变。

直到有一天，你的班主任带着你和你的父亲找到我，我才知道你的人生轨迹已经偏离轨道很久了。你用拳头砸坏了学校厕所的门，上数学课时，你用打火机点燃了自己的课桌，不服管教，还和老师顶撞，老师将你的家长请到办公室，你冲进办公室举起拳头就要打你父亲，还恶狠狠地说："你来干什么？赶紧给我滚回去，不然我砸死你。"

初二你几乎没有交过任何作业，从来都是我行我素，一副我是老大我怕谁的样子。见到老师就直呼其名，我很幸运地成为这个学校里唯一一个被你称作老师的人。作为一个老师，因为学生的一声"老师"，就能让我们放下所有。

我不敢相信你还是我曾经很喜欢的那个爱好音乐的阳光少年，我们在办公室畅谈，我想了解你为什么会变成这个样子，你就像一个顽石，刚强得犹如革命烈士，誓死不说，我没有办法走进你的心里。我和你的父亲深谈后得知，你从小成长在父母的棍棒底下。青春期的你就像一只被困笼中的小兽，用尽一切力量与外力抗争，你和父母的关系彻底崩溃。

我约谈你的父亲：教育是一个慢功夫，要静待花开，不能急于求成，每一个孩子都是一个独立的个体，不要拿自己的孩子和别人家的孩子比，没有可比性，父母要做的就是陪着孩子。我还想告诉你的父亲，酗酒、抽烟、打架等都是青春期孩子逆反心理的表现，厌学也是逆反心理的结果。若父母在孩子青春期阶段给予正确的引导与关爱，叛逆期大部分问题都有解决的可能，可如果将之拖延几年，短短几年后，这些问题背后的心理因素将如病毒一样贯穿于孩子们的工作和生活中。

后来我又多次找你谈心，你答应得很好，可就是不落实在行动上，你的厌学情绪也在不断地滋长。我拼命想要在你和你父亲之间架起一座桥，可是你的抗拒一次次粉碎了我的努力。

初二第二学期，我记得很清楚，那是6月，柔风拂面，雨丝飘逸，花香满满，天籁轻响。校园里歌声阵阵，书声琅琅，学生们灵动的双眸中闪动着求知的欲望，亭子下，随风扬起的秀发拂动着畅想未来的话语。而你，却要永远地和这所学校说再见。你父亲来给你办转学手续，说要带你回老家，我劝说了半天，孩子太小，回家没人监管就会放任自流，父亲的一句"我也没办法"，让我不知道该怎么办，就这样，你离开了这个你熟悉的校园。

几年之后，我又一次在校门口看见你，你染着蓝色的头发，嘴里叼着烟，穿着很潮的服装，站在校门口，显得那么扎眼，你看见我就快速掉头跑开了。我跑过去找你，却没有见到，看到你的那一刻，我的心好痛，我后悔为什么当初没有能力让你留在我的身边，你本应该漫步大学的校园，手拎你喜欢的二胡，快乐时为同学演奏一首《赛马》，悲伤时为朋友演奏一首《二泉映月》，坐在教室里和其他同龄的孩子一样学知识，而不是像现在这样过早地涉足社会。

我能够同情你的挣扎，可是我没能引导你去宽容地理解你的家庭和亲人，我的教育经验和智慧在你身上消失殆尽。我重新审视了自己的教育行为，开始意识到用心教育每一个孩子，比教给他们知识本身更重要。你的离开让我更加用心地研究怎样教育孩子，怎样有效地实施教育，引领孩子走向本该属于他们的朝气蓬勃和美好未来。

孩子，今天你的同学回学校看望我，让我再一次想起你，我丢失了你，或者我还眼睁睁看着你弄丢了一个音乐梦。那个与二胡为伴的你，还好吗？很多时候我总是轻率地认为，孩子是一块可以任由我们涂抹、改造的白纸或泥团。殊不知，学生同样是为师者的老师，直到遇见你，我才明白育人比教书更重要，我才知道如何做一位走心的老师。

当我的双眼遇到你

眼神倔强，留着菠萝头发型，时不时地吹着口哨，当我的双眼遇到你，我就知道你不是一个平凡的孩子。

虽时过境迁，但我依然记忆犹新，那是你们班入校的第一节音乐课，上的是《西风的话》。我一贯喜欢用文字的魅力来带领孩子们走入音乐的世界，所以这次也不例外。"同学们，非常高兴在丰收的季节和你们相遇，在秋天，我们一路欣赏美景，感受满载的喜悦，在秋天，我们一起去聆听西风，听它会有什么悄悄话告诉我们。"因为我们是第一次见面，老师学生都很陌生，所以教室里很安静，当我话音一落，就听到一个响亮的声音"西风说的是屁话"，然后全班同学哄堂大笑。我当时一愣，顺着声音的方向，我看到了你——一个脸上写满挑衅、玩世不恭的男孩，我知道我遇到了所谓的"问题学生"，我并没有直接去批评你。我借着你的话头说，西风的话在每位同学的耳朵中都是不一样的，那我们一起去听听西风的话吧！这一节课，你再没有说一句话，课后，我把你叫到身边聊了一会儿，知道了你的名字萨飞翔（化名）。

七年级是学生习惯培养很关键的一年，我们开展了队列队形广播操比赛、合唱比赛、社会主义核心价值观主题教育活动等等，在这期间，萨飞翔的名字一次又一次地出现在我的耳边，"和别的班的同学打架了""萨飞翔在外面和社会小青年抢劫"等。于是在音乐课上，我格外关注你，可你却从未向别人说的那么顽劣，我对你逐渐有了更深的了解。

原来，在你很小的时候，你的爸爸由于工伤过早离世了，你的妈妈无法忍受家庭的残破，狠心选择了离开，从此，你带着备受打击的心灵和瘦小的身体和奶奶相依为命。即使没有了像别人家孩子一样幸福的家庭，在奶奶的慈爱中，你依然能正常像其他孩子一样上完幼儿园。不幸的是，自从你上小学后，你爸爸的赔偿费下来了，家里就再无宁日。为了这笔钱，你妈妈经常带着舅舅和叔叔大打出手。奶奶每天以泪洗面，一笔赔偿费使亲人反目成仇。你目睹着亲人要钱不要命、要钱不要亲情的争斗，这个仗一直打到你上了初中，以至于你后来戏谑地称其为"八年抗战"。从此，除了奶奶，你对亲情很冷漠，变得绝望、抑郁，开始抽烟喝酒、打架斗殴、结交社会小青年。你是一个没人疼爱的孩子。

从知道了你的家庭情况后，我对你就多了很多关注，每次课后我们都会交谈，不谈学习，不谈家庭，想到什么说什么，说最近的流行音乐，谈你喜欢的EXO，说"中国好声音"，谈"出彩中国人"，我发现你是一个多么单纯、多么讲义气的男孩子啊！你对我说：崔老师，你是唯一一个和我在一起不谈学习的老师，像我的朋友、哥们。慢慢地，我发现你有什么烦心事就会和我说，也会让我帮你出主意。在和你长期的交谈和聊天中，我看到了你的变化，再也听不到其他老师对你的抱怨。前几天你告诉我，你最近申请了低保，其实你想申请孤儿的照顾政策，工作人员告诉你，这两个政策只能享受一个，你选择了低保。父母的爱你没有享受到，可是党和国家的阳光温暖着你，你不会孤单。

初三第一学期的时候，你领着你的好朋友来找我说："崔老师，我的好朋友去上航空学校了，学的是地勤，我也想去上航空学校。"听到这里，我倍感欣慰，你已经有了理想和目标、曾经那个破罐子破摔的你，终于学会开始规划自己的人生，我觉得我对你倾注的心血没有白费，我成功了。

当我的双眼遇到你时，我就觉得你身上有故事，而且你的故事会不同寻常，当别的老师对我说："崔老师，你对萨飞翔用了什么方法，让他这么听你的话，变化这么大？"我淡淡一笑说："一个字'爱'，具体方法是'不抛弃、不放弃'，你们是不是觉得很俗呀！可是我觉着话俗理不俗。"

德国著名的教育家第斯多惠说："教育的艺术不在于传授的本领，而在于激励、唤醒和鼓舞。"这句话的核心在于对教育对象的信任及其内在价值的高度肯定。求知欲和思辨力是人的天性，而人又是能动的高级生命体，教育者只要去关注这种天性，顺应每个个体的特点和需求，去启发、鼓励和进行方法上的开导，使受教育者的求知欲和思辨力充分释放，还有什么做不到的呢？

　　每一个学生都是一个独立的生命体，不论他有多么的不堪，可他毕竟只是个孩子，教育者的成就感来自哪里呢？就来自将一个个像浑身长满刺的小刺猬的学生慢慢转变为展翅翱翔的雄鹰。学校就是我们的家，用"爱"去感化学生，在这个充满爱的家，让所有师生共同成长，一起远航吧！

我的支教故事

　　五月，这个似水的季节，悠然地坐在初夏的肩头，温暖的阳光洒进心扉，激荡着心灵深处的温馨诗行。在兰州市教育局的统一协调安排下，由39位金城名师组成的"教育扶贫"送教送研送培团队，分成4个组，奔赴兰州市的4个县区进行课堂教学帮扶研讨。我被分到了永登县的柳树镇初级中学。在此之前，我曾带着工作室的骨干教师，在永登县的苦水中学和南峰中学有过音乐课堂教学的集体大教研和送教，对永登的音乐教学初步的印象是硬件设备优良，但师资略显单薄，想到要和可爱的他们再次见面，内心不禁泛起涟漪。

　　美好的行程，有细雨相伴，润白的槐花把五月的故事一串串地高挂在嫩绿的枝头，用淡雅的色调修饰五月素洁的衣襟。我的故事也在这里讲述，5月26日早晨第三节课，当我踏上柳树镇初级中学八年级二班的讲台时，热闹的教室一下子安静下来，孩子们用惊奇的眼光看着我，似乎在问："老师，今天您给我们上课吗？"为了消除我和孩子们之间的陌生感，我在上课前和孩子们玩了一个自我介绍的游戏，"我有一个名字，你有一个名字，我叫崔老师，你叫什么？"几个回合下来，班上的28名同学我已经认识了一大半，让我印象深刻的是坐在第一排的一个小姑娘，通过游戏，我知道她叫小炜。这节课我上的是《世界民族音乐之声——亚洲音乐（二）》，我用了学生熟悉的浙江卫视的《中国好声音》的节目形式，让孩子们也当回"导师"，聆听歌曲日本民歌《樱花》、朝鲜民歌《桔梗谣》、印度民歌《吉米来吧》。同学们全体转身，在听到歌曲时，很帅气地拍桌子转身告诉我自己听到的歌曲属于哪个国家，歌名是什么。孩子当"导师"的兴趣很浓厚，只要回答上来问题，他所在的小组的每个同学都会加分。那时那刻，我发觉音乐的美，美在直抵心灵、柔和性情、平和情绪。它的美是无法用硬式说教的方式来进行传播的，更多的是利用感染、熏陶、潜移默化的方式融入学生的身心，不单单能提高他们的文化素养，更能提高他们的生活质量。一节课怎样才能让我的学生爱上音乐、享受音乐，首先就是兴趣，一定要让他们先对音乐课有兴趣，这样才能提高他们上音乐课的积极性，才能提高音乐课的教学质量。

从最后一首印度民歌《吉米来吧》导入到学习印度民歌《流浪者之歌》，我从范唱乐谱开始到调整学生的发声方法，从带领学生有表情地演唱歌曲，到带领学生用声势动作为歌曲伴奏。在歌曲中学习印度音乐的特点：旋律框架拉格多用滑音和装饰音；节奏、节拍的总称塔拉富于鼓点节奏；歌唱的特点是演唱略带鼻音，孩子们在歌唱学习中总结出了印度音乐的风格特点，尤其是略带鼻音的演唱，我范唱完后，那个叫小炜的同学主动举手，要在全班演唱，顿时全班响起了雷鸣般的掌声。小姑娘站起来后深深地吸了一口气，我担心小姑娘会跑调，用手风琴给她轻轻伴奏，当小炜同学第一声唱响的时候，我知道我的担心是多余的，清脆的声音仿佛一股清流，注入了我的心田，她很好地运用了印度歌曲歌唱的特点——略带鼻音。她的歌声和窗外的鸟叫声相映衬，仿佛带我们到了印度的乡野，歌曲的主人公拉兹自由自在的流浪生活尽显眼前。小炜的歌声在我们所有人还意犹未尽的情况下慢慢落下来，停顿片刻后，热烈的掌声再次响起。

那一瞬，当我眺望窗外时，阴雨绵绵的天空居然阳光灿烂。的确，美的音乐要用美的心情去欣赏，美的音乐可以让心情舒畅，天朗气清……小炜略带羞涩地坐在了她的座位上。也许是小炜同学的主动献唱点燃了同学们的表演热情，接下来的课堂成了孩子们放飞自我的乐园，我只需要提供手风琴伴奏即可，小小的三尺讲台成了孩子们表演的大舞台。欢快的时光转瞬即逝，下课铃声响了，孩子们仍然兴致勃勃，意犹未尽。这些互动让原本一板一眼的教学课堂动了起来，就连平时对音乐课不太感兴趣的同学都跟着这个大氛围动了起来，看来学习的情绪和氛围很重要！看着这样的景象，我突然间觉得自己身为一名音乐老师，特别幸福，看着孩子们的笑脸，我想他们也是感到很幸福的。一个理想的课堂，应该就是像这样，老师觉得很幸福，学生也会感觉很幸福。

下课后我和小炜聊了一会儿，知道了她是他们班年龄最小的同学，个子也最小，胆子也最小，上课的时候很少回答问题，她怯怯地告诉我："老师，您上课的时候一直在微笑，很温暖，像我妈妈。"那一刻我突然明白，也许在我们的课堂上，我们的一个眼神、一个微笑、一句话，可以让学生瞬间放下所有的顾虑，绽放自己的光彩。

随后我和柳树镇初级中学的于老师签订了师徒协议书，更加深了我们此次送教的意义。离开的时候，大雨倾盆，我回望这所精致的乡村中学，仿佛又一次看到学生们一双双渴求知识的眼睛，柳树镇中学，我们不见不散！我会再来和于老师探究音乐课堂的快乐教学，更要看看我的"女儿"——小炜。

人在曲中，曲在人心，顺着一缕阳光的嫩绿思绪，我寻找着五月季节里的清香，紫粉色的梧桐花娇艳地吹开五月的喇叭，把五月的激情浪漫浓重地渲染……

那个瞬间，温暖了清晨

三月，春已暖，花未开，枝头新芽待吐破；三月，新希望，新开始，新的目标初形成。三月，见到可爱的孩子，见到亲爱的同事，感觉生活又多了很多乐趣。三月，也有不如意的事情，几年不遇的沙尘暴从蒙古国来到了金城，清晨轻拂窗帘，没有往日的朝阳，映入眼帘的是漫天黄沙，还有浓浓的黄土味，内心不免有些烦躁，朋友圈几乎都是"黄沙弥漫"，一位朋友在"沙尘涌金城，黄沙遮蔽日"的图片上写下了一句很形象的歌词"啊～，你在哪！啊～我看不见"，不禁让我心头一暖，原来不管在什么样的环境下生活，阳光的心态就如一缕春风，沁满心田。

　　驱车在能见度不到50米的马路上，我如蚂蚁般前行，10分钟的路程，我开了28分钟才到儿子的学校，送完儿子来到单位，看到同事的孩子高高兴兴地在妈妈的陪伴下去上幼儿园，走的时候，孩子还不忘对爸爸说：爸爸，晚上你来接我哦！快乐在孩子的心里永远是那么简单，是一顿美食、爸爸或妈妈的一个拥抱、一个玩具，抑或睁开眼妈妈就在身边。来到食堂，我从后厨的门口看到了早晨的饭菜，一下子没有了食欲，也许是早晨吃了太多的土，就头也不回地去了办公室。昨夜办公室的窗户没有关，桌子上一层厚厚的土，收拾完，坐下来开始一天的工作，此时办公室的门开了，我的同事宏进来，将一份早餐递给我："崔姐，记得吃早餐。"我欣喜地看着他："给我带的吗？你怎么知道我没吃早餐？"他憨憨地笑了一下，没有说话就走了，那一刻，感动油然而生，2元钱的早餐，不是什么山珍海味，却比一顿美味佳肴更让人留恋。你没有进入食堂，有人看见了，记得给你带上一份，这是一种由衷的关怀。在这个学校工作19年，我真的将自己的青春和热血给了这一方净土，我的同事和学生亦是我生命中的一部分，有几次想着离开，总能给自己找到留下的理由，今天我才明白，让我留下的不只是我对这所学校的热爱，还有这种有人从你不经意间的一个小举动，他就知道你需要什么的关怀，在你遇到挫折的时候，在你身后默默为你加油打气的支持。这份感情已经融入我的生命里，让我一次次回头，不舍离去。

　　今年的两会结束后，有一段关于教育的话几次冲上热搜："好的教育应该是培养终身运动者、责任担当者、问题解决者和优雅生活者。"我也想说：好的教育团队应该是每一个老师都可以有不同的教学目的、不同的个性，但作为一个整体，必须将"立德树人"作为共同的奋斗目标。古人云："人心齐，泰山移。"让我们在这个教育团体里互帮互助，相互协作，相亲相爱，为了祖国的未来做一个"认真地年轻，优雅地老去"者。

　　在这个"皇天不负有心人"的清晨，一份早餐，惊艳了时光，温暖了岁月。

听观评思感

——我的一次云端评课感悟

冬日的暖阳透过粉色的纱窗倾撒在我的床上，惬意而又温情。阳光无所畏惧地照耀着大地，谁也阻挡不了它前进的脚步，即使生病的城市在静默，当太阳升起的时刻，新的一天已经开启。

周末两天和兰州音乐教育界的几位专家，在云端评价了兰州市第十六届中小学教学新秀音乐组的31节录制课，说是评课，但对我来说，更多的是学习和收获，网上评选是我参加的多次课中的一次，每一次的参评都有新的感悟和思考，也让自己能汲取很多养分，不断地提升自己的教学水平，评价—督促—反思—成长。

一、亮点突出，特色鲜明

（一）目标设置合理，体现学科特点

2022年新课程标准颁布，市教育局、教科所等多个主管部门组织了形式多样的课标学习和解读。从本次课程中反映出，老师们已经知道一节20分钟或30分钟的网课目标该怎么设计，大部分老师设计的教学目标小而精，在短短20分钟之内，学生基本能较好地达成。比如小学课例《电闪雷鸣波尔卡》，老师设置的目标是：①通过声势律动、模仿、听赏，体验感受《电闪雷鸣波尔卡》乐曲欢快的波尔卡舞曲音乐风格，并自主表达音乐情感。②通过聆听，体验交响乐演奏营造出的音乐形象，并用声势律动感受大鼓和镲营造出的电闪雷鸣的音乐情景。③认知交响乐相关知识，理解乐曲带再现的三段体结构，初步了解作曲家小约翰·施特劳斯。④学生体验和尝试自制打击乐器，学习运用身边的音

源素材表现音乐，塑造音乐形象。发挥艺术想象和创造能力。这四个对应新课标设置的目标，在课堂上学生大部分都能完成，很好地指导了课堂教学过程，也完成了本节课学生要达成的核心素养。

（二）教学方法灵活多样，衔接有序

本次课例评选能充分展现音乐老师的专业素养，老师们使出浑身解数，善于开发并选择利用身边可以利用的教学资源，充当小乐器。比如用脸盆、碗、筷子、杯子、塑料袋、围脖等，让课堂充满了生动活泼的气息，营造了真实的线上教学氛围，充分尊重了学生主体地位。很多老师采用小视频录制、现场弹奏等方式，让学生在云端也能感受到音乐的美，老师们应用科尔文手势、节奏游戏。让学生直观感受到歌曲与节奏律动的完美结合。体态律动、身体节奏几乎是每位老师的教学常态。极大地激发了学生的学习兴趣。

（三）作业布置合理有效，体现学科育人价值

作业设计体现"双减"政策，有必做作业、选做作业、拓展作业，估计了各个层次学生的学习效果，如讲授歌曲《踩雨》的老师布置的必做作业是学会歌曲《踩雨》的节奏律动，选做是自己创编节奏律动，拓展作业为制作小乐器——沙锤。所有作业符合课标要求，体现了学科特点。

（四）围绕课程标准，凸显学科融合

课程标准是教师教学和学生学习的依据和准则，教学环节设置围绕课程标准，体现学科融合，如讲授《G大调弦乐小夜曲》的老师，从莫奈的画作《日出·印象》导入，分段聆听音乐时，都采用了音—画—诗的教学模式，让学生通过聆听音乐，感知画面，表达诗意，完美地将音乐、美术与古诗词结合起来，体现了音乐与姊妹艺术的紧密关系，更能体现学科的综合育人价值。

二、深度反思，不断进取

（一）研读艺术新课标，做到有的放矢

新课标从颁布以来，各种培训铺天盖地，学习的通道有好多种，兰州市组织的培训不下6次，而从这次新秀评选的课例中能明显感觉到老师们培训时激动，培训完心动，培训后不动，专家讲授的理念与思想还是还给了专家，新课标明确指出，设计一节课一定要明白为什么教（选题）、教什么（目标）、怎么教（过程与方法）、教到什么程度（教学评价及反馈），老师们在设计课程

时，一直在不断地律动，而忽略了为什么律动，律动的目的是什么。对课标中教学任务、教学提示、教学方法的掌握只是雾里看花。

（二）明确课程价值，做到面向人人

《义务教育音乐课程标准（2022年版）》指出，音乐要凸显学科的育人价值，让音乐属于每一个孩子，音乐教育要面向人人，音乐学科要培养终身喜欢音乐的有责任、有担当、有本领的时代新人，然而不管是线上音乐课还是线下音乐课，老师们提问的、互动的永远是那几个有音乐特长的学生，那些孩子不用老师培养就是学校艺术特长中的佼佼者。老师的关注点应该更多地放在那些不爱张嘴不爱表现的小透明身上，记得我刚上班那年，负责高一年级的音乐课，我不知道班上学生的情况，在上贝多芬的第九交响曲时，点到一个有点儿口吃的同学，让他演唱一下《欢乐颂》，全班同学哄堂大笑，那位同学紧张得面红耳赤，颤抖着不敢张嘴。我立刻制止了学生们的嘲笑声，给他鼓励的眼神并告诉他："老师相信你，唱不好没关系，你是第一个被老师叫起来唱歌的同学，只要你敢唱，你就是英雄。"他终于在我的鼓励下开始演唱了，可能同学们也没有听过他唱歌，他演唱时声音洪亮，吐字清晰，旋律流畅，当他演唱完时，教室里响起了雷鸣般的掌声和欢呼声。有同学开玩笑说："原来你唱歌不口吃呀，以后你就给我们唱着说话。"他害羞地笑了，那一年我们的庆元旦校园歌手大赛，他也报名参加了，演唱的是《草原上升起不落的太阳》，二十年过去了，我对他的歌声记忆犹新。因此，作为老师，我们承担的不是培养歌唱家，而是让学生喜欢音乐，提高学生审美素养的重任。

（三）强化信息技术，做到与时俱进

在这个快速发展的信息化时代，学习从来都不是你想不想的问题，而是与时俱进的一种需要，在信息技术应用上，音乐老师突显出了自己这项技术的缺陷，课例中显示，音乐断断续续，连麦不成功，录制的视频杂音频现，多数人还是在某直播课堂中录制，只能显示老师和PPT，学生的身影一个都没有，老师们对网课的直播App了解甚少。在互联网+时代，信息技术的应用已经成为人人必备的能力。要想不被拍在沙滩上，就得学无止境，永不止步。

（四）有效问题设置，注重层次分明

有人说：今天我们教育最大的问题就是没有问题，音乐老师在课堂中设置的问题不是同学们你听完这首歌曲的感受是什么，就是同学们听完这首曲子后告诉我它的主奏乐器是什么（而且是播放的视频）。一节课当中问题的设置关系着重难点的解决，关系着教学目标的达成。记得前一段时间听中央音乐学院姚瑶老师的课，她的体验式教学让我们不由自主地跟着她的步骤层层递进，那节课她讲授了一首外国的民歌。第一步，她演唱了一遍歌曲，问题是听完这首歌你告诉我歌曲的情绪是什么（初次感受乐曲）；第二步，她连着演唱两遍，问题是请告诉我这首歌曲的第一个音和最后一个音是什么（确定歌曲的高音和低音）；第三步，她再次演唱了一遍，问题是这首歌曲有几句（掌握歌曲的乐句）；第四步，她再唱两遍，问题是请你告诉我歌曲的音高排序（解决了歌曲中的音阶和音序）；第五步，她又演唱一遍，问题是请告诉我歌曲的节奏是什么（掌握节奏）；第六步，她再唱一遍，问题是请告诉我歌曲的固定音型有多长，和乐句的长短一样吗（掌握歌曲的固定音型）；第七步，她又唱一遍，问题是请用固定节奏为歌曲创编伴奏（创意实践练习）；第八步，问题是请大家边唱边默写歌曲，并加入创编的节奏型（完美的教学检测）。通过姚瑶老师的课，我们看到了设置有效问题的重要性，一首四个乐句的小民歌，学生的音乐核心素养，审美感知、艺术表现、创意实践、文化理解全部达成。

音乐教育并不是音乐家的教育，而首先是人的教育，是面向人人的教育。音乐教育除了非常注重道德和社会目的外，必须把美的东西作为自己的目的来探求，把人教育成美和善的，让每一个孩子都享受音乐带给她的快乐和幸福。

学校德育教育与学科德育渗透的方法探究

德育是学校实施素质教育的重要组成部分。它贯穿于学校教育教学的全过程和学生日常生活的各个方面，渗透在智育、体育、美育和劳动教育中。对学生健康成长和学校工作起着导向、动力和保证的作用。学校教育不仅要抓好智育，更要重视德育、体育、美育、劳动教育和社会实践，使诸方面教育相互渗透、协调发展，促进学生的全面发展和健康成长。进一步践行用习近平新时代中国特色社会主义思想育人，努力培养担当民族复兴大任的时代新人，培养德智体美劳全面发展的社会主义建设者和接班人。

一、传统文化引领

文化是一个国家发展的命脉，中华优秀传统文化是中华民族的文化根脉，其蕴含的思想观念、人文精神、道德规范，不仅是我们中国人思想和精神的内核，对解决人类问题也很重要。传承和发扬中华优秀传统文化是教育工作者义不容辞的责任和义务，我校除了每年举办"国学经典诵读"外，全校各班每天还开展"每日一诗"活动，并且将国学经典的桥段创编成京剧唱段，让学生在演唱中体会传统文化的魅力。学校将学生进校后目光所及之处皆设为课程，花园里娇艳的花朵和道路两旁挺拔的树木，都是孩子们掌握知识的课堂，每个植物上都有一个二维码，只要你一扫，这棵植物的属性和种植年代，以及和这棵植物有关的古诗词都会呈现在你的面前，让你耳目一新。文化引领让学校有了更多的书香气息，提升了学校的育人品质。

二、家校合作共育

良好的家庭教育造就杰出的人才。我校是兰州市首批家长学校。为使我校"家长学校"更具规范性和生命力，能开展经常性的工作。我校健全了"家长学校"的组织领导机构，成立了家长学校"领导小组"和"家长委员会"。其组成情况为：由我校德育校长吕生华任家长学校校长，其他成员分别由学校党、政、工、团、队和优秀学生家长代表共同组成。领导小组组织并实施家长学校经常性的工作，做好家长学校信息的收集、反馈、调研和决策工作，家长学校领导小组成员分工明确，每学期坚持开两到三次会议，讨论工作，使家长学校的工作落到实处。"家长委员会"主要由不同年级和班级的优秀家长组成，负责将家长的意见和建议及时反馈给学校，起到沟通家长和学校的纽带作用。

家长学校坚持面向全体家长适时组织学习培训。我校始终坚持以起始年级为重点，兼顾其他年级为原则。因为，新生刚入学，许多常规和习惯有待培养，此阶段必须有家长参与共同施教才能在短期见效，所以，此时让家长理解学校的工作思路和要求、掌握科学的教育方法是很有必要的；而毕业班的学生往往在临近毕业时，会产生"唯我中心"心理，上进心、纪律等因素会因其心理的变化而回落，所以，此时家长学校要以毕业班的学生家长为重点进行培训，让家庭教育和学校教育产生教育合力。当然，对于其他年级的学生家长，我校也采取多渠道、多形式组织学习活动。

三、主题教育提升

德育主题教育是德育管理的一个常态，我们将主题教育做成系列化的课程，每次课程结束，都会对参与的班级或学生进行考评，进行奖励，获奖班级或学生都会给班级分档次加分，这也成为"文明班级"评选的一个重要组成部分。通过开展学雷锋、做一个有道德的人、向双优生学习、我的中国梦、我们的节日、三爱三节、经典诵读、感恩励志、学守则知规范等主题课程，培育和践行社会主义核心价值观。在主题教育课程中给学生或班级加分。调动了学生参与的积极性，提高了活动的实际效果，极大地促进了德育主题教育的实效性。比如，我们开展了"诚信教育"系列，在学生拾金不昧、学生诚信考试、学生不说谎等活动中做得好的学生，我们会给班级加分，让学生的行为习惯与班级的考核挂钩，让做一名优秀的中学生成为学生的一个目标，做一名合格的小公民成为学生的一种习惯。

四、活动实践培养

活动永远是孩子们释放天性的最佳途径，而劳动实践活动更是让学生体验生活、掌握技能的自然课堂，在此理念的引领下，我校组织划分了班级劳动责任区，将全校的树木和花草分成不同区域，每个区域都有班级负责，除草、栽花、浇树等由学生自己完成，政教处根据每个班的养护情况给予积分评价，计入期末的综合素质考评，每年学校都会根据兰州市教育局的安排，带领学生前往兰州市中小学综合实践基地进行为期3到5天的综合实践和劳动教育活动，为了让孩子们能亲手栽下一棵小树，呵护小树的成长，感受生命的坚强和脆弱，学校多次和西固区的南山林场联系，南山植树造林区为我校专门开设了一块植树林地，春天孩子们去栽树，每周每班轮流去浇树，树林成为孩子们绿色的家园。一系列的实践活动，让孩子们通过自己的双手去创造属于他们的天地，感悟并不遥远的未来。

五、合作交流共赢

教育从来都不是闭门造车，尤其是在百年未遇之大变局时代，交流合作成为教育的一种常态，我校是一体化办学牵头校，是兰州市联片教研第八片区甲组牵头校，是新教育实验西固片区基地校，片区内各学校的交流合作成为学校德育发展的新渠道，每学期开展片区内新教育实验"我的教育故事"演讲比赛、学校德育经验交流分享等活动，取长补短，合作共赢，共同发展。

六、课程建设渗透

教育的根本任务是"立德树人"，义务教育就是要培养一个德智体美劳全面发展的合格小公民，德育为先，先立德，再成人，全员育人和全学科育人是我校德育教育的最佳途径，不论什么学科，每节课都要有相关知识的德育渗透，比如：音乐学科七年级上册第四单元《泥土的歌》，讲述的是地方民歌，我们就可以通过民歌的学习，让学生感受祖国传统音乐的魅力，进而培养学生做传统文化继承者和发扬者的愿望。再比如：生物学科的人体的构造，通过学习人体的构造，培养孩子们热爱生活、珍爱生命的理想信念，更要热爱祖国，热爱伟大的中国共产党，有了党和国家的强大，才有我们今天的幸福生活。学科德育渗透，让德育教育贯穿于学生的日常学习生活当中，潜移默化地培养了学生良好的品格。

法国启蒙思想家卢梭说："植物的形成由于栽培，人的形成由于教育。"著名哲学家威廉·詹姆斯说过："播下一个行动，收获一种习惯；播下一种习惯，收获一种性格。"可见培养学生的必备品格是必不可少的教育目标，新时代的学生思想品德教育，将不断让德育教育的理念开拓创新，为培养实现中华民族伟大复兴的社会主义接班人而努力奋斗。

孩子，去飞吧！

　　第一次知道你，是你的母亲来给你办理休学手续，她声泪俱下地向我诉说："崔主任，我儿子得了非常严重的抑郁症，不能和外界接触，他害怕阳光，害怕人群，有自残现象，我是省中医院的医生，却治不了他的病，我不知道该怎么办了。"我竭力安慰你母亲，平复她的情绪，等到她离开我的办公室，我通过班主任对你进行了进一步的了解，你是我们初二一班的学生，上学以来很少交作业，不和任何人沟通，经常会做一些恶作剧，引起全班同学和老师的惊慌，那段时间实在没有办法，你家长给你办理了休学。

　　第一次看见你，已经时隔一年，你来办复学手续，陪你来的是一位男士，对你非常呵护，你站在我面前，不停地揉搓着双手，感觉非常紧张，我问你话你，只是点头和摇头，那天我没让你进教室，就在我办公室坐着，偶尔帮上完课的老师倒杯水，擦擦桌子，闲下来和我聊聊天，我问你有没有做好上学的准备，你摇摇头说："还没有，还是想玩游戏。"我们就从你喜欢的游戏《王者荣耀》开始了第一次的谈话，我们从司马懿聊到李白，从大乔聊到妲己，从游戏装备聊到游戏技能，我发现你其实是一个非常健谈的孩子，在游戏的世界里，你还真的就是一位"王者"。只是你在虚拟世界里待得太久，没办法适应现实生活。聊完游戏，我们开始说你的成长经历和生活常态，你又一次陷入了沉默，但你还是很坦然地向我敞开了心扉。原来你的童年非常幸福，每天都沉浸在父母的溺爱当中，直到你八岁那一年，有一天，你的母亲让你帮她复印一份文件的时候，从文件里掉出来一份离婚协议，由于爸爸对家庭的不负责，导致爸妈感情破裂，他们协议离婚。你一下子就感觉天塌下来了，所有的一切都破灭了，原来的所有美好都是骗人的，从那时起，你就很少在家里说话，你感觉父母抛弃了你，八岁的你开始不好好上学，上课不听讲，直到小学四年级，父母终于办理了离婚手续，你随妈妈生活，妈妈是医生，有时候上夜班，照顾不上你，你一个人在家，为了便于联系，妈妈给你买了一部智能手机，从此你就在游戏的世界寻找自己的存在感，等到上了初中，你已经没有办法和其他的同龄孩子去竞争了，学习成绩也一落千丈，不过你很聪明，只要稍微用点儿心，成绩就会提高，游戏世界的诱惑加上叛逆期的到来，你患上了抑郁症，严重的时候会自残。休学一年，妈妈带你到处看病，你在家里按时吃药，你们家也迎来了妈妈和你都比较认可的"男士"，日子向好的方向发展，你的病情也逐渐好转。终于，在去年的九月份，你重新回到了美丽的校园，你用很陌生的眼神环顾着熟悉的环境和老师、同学。复学手续办理地很顺利，你去了九年级一班继续学习，我告诉你，如果有什么困难和心事，都可以来找我，我也会时常关注你的一切。

第一次你来找我，记得那是一个阳光正好、微风不燥的午后，你站在政教处门口喊报告，我推开门，你怯生生地躲在门后，我拉着你的手进了办公室，问你有什么事情，你满脸通红地告诉我："第一次月考结束了，我来向你汇报我的成绩，五门课总分495，化学没有考好，其他都正常。"我当时心里百感交集，有点儿惭愧，也很感动，我当时的一句承诺，你居然牢牢地记在心里，而我总以太忙为借口，你进班后没有找你谈过一次心，从那一刻起，我暗下决心，以后对你一定要多加关心。因为教育从来都不是口头的承诺，只有付出了，你才能感受到阳光的普照。

2020年的寒假，对每一个人来说都永生难忘。我们经历了一个超长假期，终于在全体师生的翘首期盼中，4月13日，你们开学了，在校园里，我见到了你，你长高了许多，我要仰起头才能看得见你的脸，你告诉我在"停课不停学"的这段时间你的坚持和进步，我很欣慰，问你有什么困难没有，如果有，随时都可以来找我。你已经步入了学习的轨道，今年的七月，你就可以考到自己理想的高中，在接下来的三个月，我相信你一定会让自己成为学习中的"王者"。

从你的身上我明白了，孩子的叛逆总有一个原因，我们要想办法知道，让孩子愿意和我们沟通，讲出发生在自己身上的故事，然后去帮助他，你不爱学习，我和你谈话从来不说学习，只说生活和你的喜好，慢慢地，你消除了对我的防备，开始对我敞开心扉。我也越来越明白，教育就是走进孩子的内心，我也相信，这个七月会成为你的高光时刻，孩子，张开翅膀去飞吧，你的天空正等着你去翱翔。

这年冬天不太冷

——苏州培训有感

2016年的冬季，我打江南走过，那季节里的容颜如莲花般开落，日子安好，岁月悠长。我们一行108位同仁因一个人、一座城、一个梦、一份情怀，来到了全国教育名市——江苏苏州。

一、心情

初踏上这片土地，怎一个"热"字了得，湿热的感觉，让我这位大西北的"女汉子"着实有点儿心烦意乱。我们的队伍浩浩荡荡，宛如一条蜿蜒行走的蛟龙，雄伟壮观，气势磅礴。我想这一番前来，或许会有遗落的美丽。我们匆匆地整理行囊，吃完饭后，便开启了学习模式。南局长在开班仪式上的讲话，让我有当头棒喝之感。他的发言透露出对我们此次学习的期望和重托。打造诗意的兰州教育，我们每个人肩上都有一份担当，带着这份责任与担当，我在心里为自己默默鼓劲，一定要不虚此行，给自己和领导一个满意的答卷。

二、激情

一代师表叶圣陶，他的"教育为人生""教是为了不教"的思想，和今天的"核心素养"不谋而合。在叶老的母校——苏州一中，我们与时代共进，与大师对话，感受他的百年教育思想和现代教育理论奇妙生动地碰撞和融合。从教育大师的思想脉络中，我们明悟了"核心素养"就是学生应具备的、能够适应终身发展需要的必备品格和关键能力。仰望园子里的千年紫藤，我心潮澎湃。叶老，您在或不在，您的思想就在这里与我们不期而遇，不悲不喜，不离不弃。您就是一盏灯，在我们迷失困惑、不知怎样的教学方式更适合学生的发展时，在您的思想里，总能找到回归的路。

三、友情

一场激烈的篮球赛，让我们将学习中的疲惫轻松卸掉，苏州一中队对决兰州名师队，这是一场切磋技艺、增进友谊的比赛。在这里，我们体会到了团队协作的重要性，看到了更高、更强的体育精神，赛场上此起彼伏的呐喊加油声，不分彼此，只有精彩。在这场汗水与球技的较量中，我们与苏州的教育、苏州的教育人结下了深厚的友谊，让我们这些来自兰州市不同学校的"名师、名班主任"们，更深地体会到我们是相亲相爱的一家人。

四、动情

每一场邂逅，都是一个新的开始。从朱永新主席的"每月一事一主题"、刘虹老师的"名师应具备的品质"、李庾南老师的"一个甲子的班主任生涯"、黄厚江老师的"做最有尊严的教师"、杨瑞清老师的"走在行知路上、创造精彩人生"等报告中，我心底的那根教育之弦不断地受到触碰和启发。最让我热泪盈眶的，还是王开东老师"一个苹果"的故事：十三岁那年的某一天，母亲将一个很青涩的苹果削了皮给他吃，那是他第一次吃到苹果，他让母亲吃，母亲说太酸，她不爱吃酸的，等到他吃完了，去厨房帮忙的时候，发现母亲在咀嚼那些苹果皮。王老师在台上几次哽咽，我已泣不成声，我的同仁们个个都在掩面流泪。那一刻，我们集体动容，为一个吃苹果的故事。理智回到现实，是什么触动了我们的心弦，是什么让我们内心深处那份深埋的情感在那一刻肆意爆发？我想，真正的教育，就是有感情的教育。无论是家庭教育、学校教育还是社会教育，都源于我们激发了孩子那颗真善美的心灵。成长中的这个故事，让王老师受用终身，不仅懂得了感恩，更明白了启发学生、教育学生的核心要素就是情感的投射和激发。王老师作为一个教育名家，正如他的名作《最好的老师不教书》一样，启示我们教书的灵魂是——育人。

五、才情

在江南水乡，在山塘街、平江路看着那撑着油纸伞走过的江南女子，听着翰尔园里传出的评弹阵阵，在园林式的校园，与大师的智慧相遇，极大地激发了我们兰州"名师、名班主任"的诗意和灵感，我们每天都会有感而发：一图一诗、一景一诗、一课一诗、一人一诗。"用智慧的流淌，书写人生的理想。把孜孜不倦的匆忙，婉约成一阕秋水般的辞章。一碗心灵鸡汤，让我的教育心潮肆意汪洋，无论未来在何方，为了生命的茁壮，我将一如既往。"在拜读同仁的诗作中，我也在感悟他们的才情，领悟教育的本真，探求生命的乐章。

六、豪情

当我们迎着清晨的第一缕阳光，踏进"最中国的学校"的校园，感受到柳袁照校长那一句"在最美的园子里遇见你，是我幸福人生的开始"，是那么的惬意。满地金灿灿的银杏叶，让这个园林式的校园更富有诗意。一篇《岳阳楼记》将高考作文深度剖析，一场诗意的教育人生报告，让他的"质朴大气、真水无香、倾听天籁"的办学理念全国熟知，在这个园子里，学生将带走人生中最大的三个财富"本真、唯美、超然"，柳校长说，他要用他的诗意人生将最中国的学校建设得更美、更有幸福感。我一直以为这边风景独好，可就在我奔向风景的途中才发现，你才是风景之风景。

七、不了情

冬雨绵绵，不忍离别，这片热土给我留下了太多的不舍，在这里，我捡拾到几粒优良的种子：做人做事做学问是幸福之本，态度是最好的方法，树式生长模式，打造美妙课堂，以智慧生成智慧，以心灵滋养心灵，以创造激发创造，以成长引领成长，以幸福传承幸福。可是再好的种子，我都要带回我的黄土地去，让它在那里找到一个适合自己生长的土壤，生根、发芽、开花和结果。我要耐心地、科学地给它施肥、浇水、修剪分枝，用赤诚、靠坚持让这根充满教育情怀的小苗茁壮成长。

敬畏生命

——我的一次教育反思

今天不是我第一次听到你的名字，只因在教学楼楼道内碰见你时你秀丽的面容和温柔的问候声让我记住了你，对于一个工作二十年的中年教师来说，重名的孩子见得太多，而你的名字叫"天娇"，天之骄子吗？我想父母取名的初衷不会太功利，只希望你天天可爱，天天开心，天天快乐。今天听到你离开的消息，我的脑袋就跟一颗炸弹爆裂一样，让我感觉天旋地转。我无法想到温温柔柔的你、乖巧懂事的你，会选择这么极端的方式结束自己如花的生命，我的孩子，老师想知道到底是什么让你毫不留恋地离开爱你的父母、老师和同学。你的班主任魏老师在听到你轻生的消息时，透过听筒，我都听到她在哭泣，她已经语无伦次，觉得你不会做出这样的事情，她一直在说："她可乖了，她可乖了，她可乖了，我接受不了，我接受不了。"可见老师有多舍不得你。虽然你在学习上有畏难情绪，但是义务教育的目的不是培养高端人才，那是顶尖高等学府的事，义务教育的目的是培养能适应未来新时代发展的合格小公民。学习不是唯一的出路，有些人出生就在罗马，他们天生就是学习的料，有些人一生都在赶往罗马，我们就是寻找不同的适合自己的方法前往罗马。这就是每个人的不同意义，每一个人都是一个独立的个体，天生我材必有用，这里不行，我可以换个思路。只要生命还在，我就可以快乐地活在自己的那一个幸福天地里，无关任何人，只要我开心，我命由我不由天。可是你选择用这样的方式结束自己短暂的一生，让你的灿烂定格在14岁的花季。留给还要继续生活的人无尽的伤痛与不解。

你的离开带给我的是久久的震惊和无尽的反思。我们的学校教育和家庭教育到底该如何协同发展，家庭是孩子的第一所学校，在这所学校里，孩子要成长到18岁成人，父母才能放手，让孩子独自去接受成才的教育，这个时候孩子的性格、习惯、人情世故、为人处世等各方面都已经全部形成和成熟，想要改变几乎不可能，在孩子成人的这18年，一直陪伴她左右的就是父母，还有在不同的学习阶段（幼儿园、小学、初中、高中）的老师和同学，孩子的学习生活每天都在重复着一样的模式（上学、放学、吃饭、写作业、睡觉），难免会产生对生命的倦怠感。在这个时期，中国的大部分父母都在忙着挣钱，对孩子只是给钱、给饭。吝啬得连一个拥抱都舍不得给。长此以往，孩子的生命价值感就没有了。就会产生"我从哪里来？要到哪里去？去那里干什么？"等疑惑。孩子内心的孤独、迷茫和无助得不到帮助，最终就会抑郁或者采用极端的方法。记得去年，我们九年级的一个学生在市一诊考试结束后，把自己关在屋子里不出来，这个孩子学习特别好，考个好的重点高中轻而易举，可她就是要考师大附中，非得把自己逼进死胡同。老师发现这个情况后，和家长沟通，家长的第一反应是我家孩子很乖，不可能抑郁。当我们老师家访，从孩子的枕头底下拿出刀子时，家长傻眼了。在现实面前，家长才坐下来说，刚开始他们要求孩子考师大附中，后来觉得上兰炼一中也挺好。这个时候和孩子谈，孩子说他们不信任她，怀疑她的能力，不支持她，连父母都不信任自己，活着还有什么意义。在学校她每天要上课，还有好朋友可以倾诉，在家她感觉不到温暖和被认可。父母只认得分数，不认识她。所以就采取极端的方式发泄。在老师和家长的共同努力下，孩子最后很轻松地考到了兰炼一中。不管孩子的未来怎么样，在孩子最无助、最孤独的时候，家长和老师陪着她，让她感受到了爱和温暖。陪她走过那段迷茫的日子。

学校是一块净土，为孩子撑起一片蔚蓝的天空。作为一名老师，如何让每一个入校的孩子都能快乐地学习，为师生共同书写幸福完整的教育生活，是需要掌握教育这门艺术的。尤其是义务教育阶段的老师，面对的是享受《中华人民共和国义务教育法》的孩子，不是每一个孩子都要成为各行各业的佼佼者，也有我们这样平庸过一生的教育工作者以及其他平凡岗位的工作者，是大众化的教育，不是精英教育，因此我们不能要求每一个孩子都做到尽善尽美，有的孩子生来就是接受掌声的，有些孩子就是喜欢做坐在路边鼓掌的人，对那些接受掌声的孩子，老师不需要引导，他就是自己人生的掌舵者，老师只需引领他知道这个世界有许多除了学习之外还可以去做的事，比如和同学一起完成一场接力赛，帮助受伤的同学回家，主动为学习困难的同学解忧等等，让他们明白"赠人玫瑰，手有余香"的道理，班里最让老师头疼的同学就是那些没有目标，无所事事，做一天和尚撞一天钟，有时候钟没撞上还把自己撞得头破血流的孩子，对于这些孩子，老师只要让他们觉得自己每天到学校来是有事情可干的，有被需要的感受，他就会喜欢到学校，然后再找有意义的事情让他做，让他觉得自己的生命有意义，敬畏生命，敬畏大自然，敬畏人类，每天的生活过得有意义。其实在一个班级当中，老师最不应该忽略的是中间的那一拨学生，那些孩子最需要老师的关心和爱护，他们都很懂事，作业按时完成，学习不上不下，大事轮不到，小事不需要，基本属于班级里的透明人。我留意这一群孩子是在有一次上完课，我叫班上一位叫小花的中等生去我办公室帮我拿一本书，她问我："老师，您的办公桌在哪里？我不知道。"我一愣，顷刻才反应过来，平时这样的事情从来轮不到她，不是课代表，就是那些经常被我提溜的学生，从来都不会是她。她不知道我的办公桌理所应当呀。从那以后，我会刻意地给这一拨孩子安排一些事情，让他们也感受到自己在班级里的作用。鼓励这些孩子继续努力，永不言弃。他们是班级里最不可或缺的一部分，这些孩子会给你带来不一样的惊喜。让每一个孩子感受到被需要，被关注，被呵护，被温暖，而不是只有冰冷的分数。这才是有温度的教育。网上流传着一位学生改编的海子的诗《面朝大海，春暖花开》："从明天起，做一个幸福的人。上课，刷题，背单词。从明天起，按时完成作业。我有一大堆作业，面朝题海，春暖花开。从明天起，与每一门科目纠缠。告诉他们我的快乐。那刷题的快乐告诉我的。我将告诉每一个人。为每一门科目每一道难题取一个可爱的名字。陌生的人啊，我也为你祝福。愿你有一个漂亮的成绩。愿你和学习终成眷属。愿你在刷题中获得快乐。而我只愿面朝题海，春暖花开。"孩子们的决心都这么大了，我们陪着他们一起等待春暖花开就好，让每一个孩子都生如夏花之灿烂。

每一个"秋水共长天一色"的清晨，每一个"落霞与孤鹜齐飞"的黄昏，都是时间的流逝和生命的远行。时光岁短，在教育的世界里，我们虽然没有上天的云梯，但却有拥抱月亮的手臂。

最美的风景在路上

时光匆匆，岁月悠长，转眼2016年已经在声声的祝福中离我们远去，2017年也悄然而至，回首过往，这一年高兴的事很多，父亲安康，兄弟姊妹日子在蒸蒸日上，我家宝贝也在茁壮成长，一切都在沿着岁月的车轮匀速前行；这一年，我认识了许多知识内涵很丰富的朋友，在他们的鞭策下不断成长，好朋友是陈年的酒，越久越香醇，越有味道；2016年自己也收获不少，名师的工作也开始开展，参加的各种比赛也屡屡获奖，这一年总的来说还不错。感悟如下：

一、学

学无止境，学而时习之，不亦说乎，从古到今，学习永远是一个不过时的话题，2016年，从合唱培训，到名师研修，到台湾考察，学习的脚步从未停歇，在专业的合唱培训中，我感受到中外合唱的差距在逐渐缩小，我们的合唱在吸取外国训练方法的基础上，加入了中国的传统元素，有了自己的特色。音乐教育三大教学法，柯达伊教学法、奥尔夫教学法、达尔克罗兹教学法在中国本土发展，形成了具有中国特色的音乐教育新体系，这一新的教学体系正在慢慢地向祖国的大江南北、城市农村挺进，成为音乐教学的新方向，让孩子们在快乐中学音乐，体验音乐的生态美和高雅美。今年的三次奥尔夫教学法培训，让我受益匪浅，感受到做一名音乐老师的快乐和幸福，我的成就感来自学生对我的音乐课的期盼和热爱，当你的学生想让你在他们的自习课来上音乐课，你就是最成功的，我的学生让我很自豪！一年的学习，我不断让自己的羽翼丰满，在课堂上做最好的自己！

二、读

2016年，是名师工作室启动的第一年，开局之年，好多工作都得摸着石头过河，跌跌撞撞，在坎坷中成长，我也感觉到了自己知识的贫乏，于是就开始在书中学习前辈的经验，阅读了很多教育类的书籍，让我爱不释手的是台湾作家刘继荣撰写的《坐在路边鼓掌的人》，本书中有一篇文章就叫《坐在路边鼓掌的人》。文中描述了一个母亲与她的孩子之间的一些感悟。女孩子的学号是"23号"，因为她每次考试的排名都是23名，是班级里的中等生，她对妈妈说："我不想成为英雄，我只想成为坐在路边鼓掌的人。"而母亲也在多方努力无果之后接受了这样的现实，更悟到孩子的快乐和健康最重要。所有的父母都想自己的孩子成才，我们身边除了"天才""人才"，还有更多的"庸才"。我在想，这世间曾有多少人渴望成为英雄，最终却成了烟火红尘里的平凡人。回想到儿子，从三岁到五岁，他的心智在长大，爱好也在改变，从喜欢粉色到喜欢蓝色，包括他爱看的动画片从最初的《小猪佩奇》到现在的《星学院》，一直都在变，唯一不变的是他长大了的职业，做一位出色的蛋糕师，我开始有点儿失望，觉得他从小就没有远大理想，将来长大了不会有太大的出息。可是每次看到他拿着自己的玩具在做蛋糕时的认真、仔细、满足、自信。我的心就释然了！这样就好，做最好的自己就好！

三、写

人们常说名师是写出来的，之前没有感受，随着年龄的增长和外出聆听大师讲座的机会增多，我才发现写作和积累的重要性，在感悟的同时，我终于下定决心要开启我的每日随笔了，每天在手机的便签里将自己这一天的看、听、悟写下来，真心不错，配上自己随手拍的美图，一篇小小的随笔，记录了生活学习的点滴……

用生命中最美的姿态向上生长

一首诗，一杯茶，半帘幽香；一个人，一本书，一抹月光；一首歌，一段情，回首过往。月光如一曲扣人心弦的旋律，诉说诗人心中永恒的绝唱，朦朦胧胧地倾洒在我粉红色的纱窗上，时光如梭，再过几日，2018就将远去，今晚我凭着这扇神奇的窗子，和遥远的还不知道名字的明亮的星星对话，告诉它，我的2018，我有太多想要说的话。我依然看山是山，看水是水，犹如一个人初入职场，惶惶不可终日。转眼，这一年又快过完了，时间来不及细算，过往来不及细看，甚至这一年都没对自己好一点儿，不知不觉，就这样走过了。新的一年来临之际，送给自己八个字：往事归零，余生随意！我的2018想用几个关键词来总结。

一、感谢

2018，我心中总是充满了感激，感谢我们所处的这个时代，有太多让我内心汹涌澎湃的人和事，在每一个精彩的瞬间，我们被一次次改变，让感动充盈着心田。每一天和孩子们玩着音乐，学着知识，一起成长，感谢我的孩子们带给我的感动和信心。每一次外出学习都心存感念，感谢为我们提供学习平台的教育行政部门，感谢精心策划每场教育文化盛宴的组织方。感谢每一场讲座的专家和为我们辛勤付出的兰州成职教中心的各位领导和老师。感谢我的朋友在我最需要帮助的时候，总是毫无怨言地伸出援助之手，感谢我的家人在我最无助的时候给我鼓励和温暖。更要感谢我的宝贝，无论刮风下雨还是大雪纷飞，都能一如既往地和我行走在求学的路上，相互扶持，相互鞭策，相互陪伴。这一年还要感谢那些给我压力和嘲讽的人，有了你们，我才能发现自己的不足，有了你们，我才有了前进的动力，正如一句话说的那样"你不努力一把，你就不知道什么是绝望"，在绝望中才能找到重生的路。是你们让我发现，原来自己还有如此大的潜能，我默默地下定决心，让自己以生命中最美的姿态向上生长。所有的一切汇成一句话——感谢我的2018。

二、学习

（一）深圳之行

这一年下了很大的决心，想让自己在专业上有更大的进步，可是理想很丰满，现实很骨感。各方面的原因没有让自己在专业上有太大的建树，外出培训的机会很多，却与专业无关，虽不是自己的专业，但说大了都是与教育有关的培训，也让我收获不小，每一次学习，都是一次心灵的洗礼，每一次与大师对话，都感觉自己欠缺得太多，学无止境，我一直在路上。2018年5月16日，兰州市教育局组成的26人的音乐骨干教师，在体艺处王维田处长和兰州市音乐中心教研组组长许芸老师的带领下前往深圳市福田区进行音乐学科的深层次的观摩交流活动。本次观摩活动共六天，老师们观摩福田区中小学生艺术节。参观了明德实验学校和福田区教科院附属小学的特色课程，并聆听了两所学校就学校特色课程建设的详细汇报，观摩了深圳市少年宫合唱团、乐团排练，并和指挥彭明老师做了学习交流。在福田区百花小学，兰州市许芸名师工作室成员魏黎老师执教的四年级音乐课《土风舞》，受到了现场观摩老师的高度评价，魏老师的课有三新：理念新、方法新、设计新。有三活：课堂活、思路活、老师活。有三美：语言美、舞蹈美、音乐美。本次活动中"兰州市许芸名师工作室与深圳市张定远名师工作室"签订了合作发展协议，在今后的发展中依托两地名师工作室就美育建设、辐射、引领等方面进行双向学习和交流展示，为两市音乐教育的发展共同努力。本次观摩交流活动加强了两地之间的交流，也为音乐老师搭建了更好的平台，老师们通过几天的观摩学习，收获满满，信心十足，纷纷表示要将学到的新方法、新理念尽快地运用到课堂当中去，让音乐播撒四季，让音乐属于每一个孩子！

（二）苏州之行

2018年7月10日，在省教科院的安排下，为了艺术中考，我们再一次出发。每一次出发都带着不同的任务，也带着相同的不舍，昨夜小楼又东风，小雨打湿心情，今晨空气清新，微微有点儿凉意。朋友去送我，一路也比较顺畅，朋友和他的朋友都是健谈的人，他们从教育谈到地铁，从地铁谈到公路，从公路谈到兰州的规划，再谈到国家的发展，更为中国足球低迷的境况担忧，连他们都知道中国足球的源头是"从娃娃抓起"，可是经过几年的发展，这句话又成了口号，就如他们说的那样，别的国家的孩子正在把足球当国家荣誉，我们的孩子还在跳足球操来应付检查。国外的小区五十米一个篮球场，每个小区都有足球场，而我们的小区五十米一个补习班，200米一个药店，虽然有点儿夸张，可是这也说明了体育成为我们软肋的原因所在，在飞机上，从窗口向外望去就能感觉地面热浪滚滚，习惯了我大兰州的凉爽惬意，想到迎接我们的闷热，我心里就犯怵！飞机在云层上飞过，仿佛在白色雪海里穿梭，蓝蓝的天空，洁白的云朵，让人感觉自己真的就在云与霞里生活，美得让人不敢呼吸，怕惊吓了这大自然给人类的美妙天堂！我们一路车马劳顿，终于在晚上五点钟的时候，到达了我们的目的地——苏州，苏州是一座园林城市，早在两年前，我也曾经来过。那是一个冬天，可苏州一直淅淅沥沥地下着小雨。着实让我感受到了丝丝的凉意，那一段时间我从早到晚都在充实地学习，晚上十点钟左右还要进行小组讨论，可是忙里偷闲，我们总会在苏州公园小憩一会儿，也会三五成群去平江路看看夜景，听听翰尔园的评弹，那段时间过得惬意而充实。今天又踏上这方热土，晚上我们又重游了平江路，也在热浪滚滚的空气中再次光临翰尔园，今晚它依然那么安静地屹立在小河旁！承载历史，无问西东！时光飞逝，今非昔比，虽然是同一个地方，可是在不同的时间，它带给我们的感受也会不一样，但是无论怎么变化，它承载的历史和文化永不改变，头顶偶尔会传来几声苍凉的评弹声，为这样的夜晚平添了几分文化气息！一个人！一座城！一个梦！让苏州成了多少学子向往的地方！因叶圣陶先生说"教育即生活"，生活在这样的城市，我们与梦相伴！为情尽情挥洒！只因为"教育为人生"。

（三）南京之行

有一双微笑的眼睛，就能看见最美的风景；

有晶莹灵动的智慧，就能拉近师生的距离；

有阳光向上的心态，就能拥有幸福的人生。

南京是一座秋天的城市，印象中秋天的南京仿佛是一个极富耐心又极具慧心的女子，将清秀、灵气、温文尔雅静悄悄地渗透进每一丝空气中。然而我们却在深冬来到了南京，南京的冬天有点儿微凉，树梢间夹着昏暗的灯光。我们带着雨来，带着雪走，与南京的初雪相遇，真的是一种缘分，就如我两次来南京也是为了一个共同的目标，那就是教育，不管是在烈日炎炎的夏日，还是寒冷潮湿的深冬，都带着一个梦想——我的教育梦。

在南京，我懂得了教师课堂的四种境界：第一种境界——遭受"一川碎石大如斗，随风满地石乱走"；第二种境界——忍受"此情无计可消除，才下眉头，却上心头"；第三种境界——感受"忽如一夜春风来，千树万树梨花开"；第四种境界——享受"悠然心会，妙处难与君说"。每一位教育者在自己的专业成长中都要以"三者""三成为"来作为自己的教育追求：终身的学习者——让学习成为需要；严谨的研究者——让研究成为习惯；积极的创新者——让创新成为追求。

洪宗礼先生的教育思想：我从来都是把工作当学问来做，把学问当生活来过；我站在讲台前，我觉得自己的知识太贫乏，我要给学生一滴水，就要让自己变成一条小溪或者一片汪洋。我选择站到书架上去（有书房、有著作、自己变成一本书）。

现在的教师一般都有两个"不大"和一个"不高"，即视野不大、格局不大、格调不高，这严重影响着教师的成长。作为一名教师，我们时刻要把"做中国好教师"作为自己的追求，作为自己发展的价值坐标。没有高峰的高地是平庸的，兰州教育就是要在高地上建高峰。每一位教育者都要有自己的教学风格，风格就是众多合唱生中领唱者的旋律。领唱者在合唱队中的价值显而易见，从好教师走向名教师，从合唱队员走向领唱者，是我们每一个人的价值追求。每个人都是一滴水，每天读一点儿书，每天进步一点点，坚持下来，就会有奇迹出现，每一个人都会成为领唱者。

在基础教育改革中，我们不需要革命，但是必须有方向，只要心中有梦想，眼前就一定有风景，总有一份遇见，唯美了整个曾经，总有一个相知，知你美丽，懂你喜欢，紧随专家，让自己越来越美丽。

（四）西师之行

秋至，不见了夏日的白云朵朵和湛蓝天空。11月22日，金城的秋阳，也懒洋洋地不见了踪影，让萧瑟的秋风把空气变得阴冷，在这样的一个清晨，我们来自全省五个地市的108人，如梁山好汉般相聚在西北师范大学，怀抱着教育的梦想，开启"金钥匙"导师的学习之旅。"金钥匙"于我们是一份荣誉，更多的是责任和义务。我们有责任让甘肃的教育强起来，更有义务让甘肃的老师联动起来，实现教育的均衡。

金钥匙是甘肃省教育厅2014年重拳推出的乡村教师培训三计划两工程。意在均衡城乡优质教师资源，促进教育公平。以城市优质中小学幼儿园和省级名优教师群体为依托。充分发挥名优学校、名优教师的引领示范和辐射带动作用。用三到五年时间，在全省打造100个"金色教苑"乡村教师影子研训基地，由1000名学科结构合理的省级名优教师组成金钥匙导师团，通过"乡村教师走出来，名优教师走下去，网络空间连起来"的培训和研修方式，针对全省乡镇及以下中小学、幼儿园进行培训。引领农村教育教学改革，提升农村教育教学质量。

本期的金钥匙导师团研修活动共计六天。我们将从金钥匙导师送培进校的环节、培训效果评估的理念与技术、金钥匙导师的职责与工作流程、磨课研课听评课分享与交流、送培进校经验交流等各个方面来进行学习。我们每个人都将做到五个一活动。一节示范课、一次交流、一次微讲座、一次评课议课、一次说课。从这五个方面来进行交流。在培训中提升，在提升中发展，在发展中辐射。

一直怀着一颗感恩的心行走于岁月中，收集一路上点点滴滴的感动，让一颗心在日复一日的平淡生活中默然欢喜。这一年的学习，收录了梦里芳华的一瞬，显得如此澄净。

三、阅读

"生活不只是眼前的苟且，还有诗和远方。"我特别喜欢这句话。生活中有书相伴，给我打开了一扇窗，让更多的风景进入了我的视野，远方的世界更让我充满了向往。自名师工作室启动以来，好多工作都得"摸着石头过河"，跌跌撞撞，在坎坷中成长，我也感觉到了自己知识的贫乏，于是就开始了阅读，在书中学习和借鉴前辈的成功经验，阅读已经成为我的一种生活习惯。腹有诗书气自华，让阅读成为提升自我的有效途径，年轻的时候，有漂亮的容貌是资本，如何让自己在岁月的长河中优雅地老去，唯有读书，"若有诗书藏心中，岁月从不败美人"。2018年，每天给自己一个目标，最少阅读半小时，为了和手机抗争，家里只要能落座的地方全部都有书，可我还是老给自己找借口，没有达到预期的效果。以色列母亲教育专家沙拉老师的《特别狠心特别爱》让我懂得，在孩子的成长中放手有多重要。现实生活中，有些父母在孩子童年时期缺席，或疏于管教，等孩子到了青春期，各种问题都凸显出来了，才开始疑惑："好好的孩子，怎么变成这样了？"其实不是孩子变了，是父母自己在有效期内没有好好把握，错过了孩子的成长。此前缺少的陪伴、沟通、了解，早就给今天埋下了种种隐忧。所以说一个孩子的教育是一场持久的马拉松，某个地方松懈了，就会被甩得很远。我们做不了教育的智者，就做好教育的陪伴者，在自己的有效期内陪孩子一起努力！

　　　　你看天，有云，有风，有太阳。

　　　　你看地，有山，有水，有生命。

　　　　你看你，有血，有肉，有灵魂。

　　　　你看我，无爱，无恨，无慈悲。

　　《你是我心中那朵最美的莲花》，语言太美，情感太细腻，读完仿佛自己谈了一轰轰烈烈的恋爱，爱得粉身碎骨，爱得无所顾忌，爱得纯粹。喜欢它的美，来自每一句语言的心灵触动"住进布达拉宫，我就是雪域最大的王，流浪在拉萨街头，我就是世间最美的情郎""第一最好不相见，如此便可不相恋。第二最好不相知，如此便可不相思。第三最好不相伴，如此便可不相欠。第四最好不相惜，如此便可不相忆。第五最好不相爱，如此便可不相弃。第六最好不相对，如此便可不相会。第七最好不相误，如此便可不相负。第八最好不相许，如此便可不相续。第九最好不相依，如此便可不相偎。第十最好不相遇，如此便可不相聚。但曾相见便相知，相见何如不见时。安得与君相决绝，免教生死作相思。"如此的爱恋，让人怎能不感叹！

　　《做骨子里有香气的女人》，女人随着年龄的增长，所有的香气都来自自身的修养，诗和远方是必不可少的选择，将阅读当成一种习惯，女人的自信就写在脸上。

　　《人生三境》：

　　（1）低得下头，沉得住气。是一个人成熟的标志，是成大事的基础。低得下头，才能被人们所容纳、赞赏和钦佩，融入人群。营造和谐的人际关系，沉得住气，才能暗蓄力量，悄然前行，在不显山不露水中成就一番事业，达到这种境界，便可鲜花掌声等闲视之，挫折灾难坦然承受。

　　（2）经得起诱惑，耐得住寂寞。是成功必经之路。诱惑的力量是无比巨大的，它能使人失去自我，迷失方向，掉入生活的深渊中，用定力抵制诱惑，虽会寂寞一时，却能幸福一生。寂寞是成功的基石，是成功前的蓄积。只有耐得住寂寞，才有时间和精力去刻苦钻研，奋力前行，承受不住平淡和寂寞，抵挡不了欲望和诱惑，成功与幸福将永远是我们的梦想。

（3）看得透人，想得开事。是为人处世的智慧，学会从细微小事中了解他人的个性、心理。是帮助我们打开人际交往之门的钥匙。唯有看得透的人，才能想和开，才不会因生活中的小事而生气，才不会斤斤计较，才不会为过多的选择而纠结，也不会抱怨生活的不如意，一个人能看淡生活中的一切时，生命就处于一种"宠辱不惊，闲看庭前花开花落；去留无意，漫随天上云卷云舒"的和谐状态。低调做人，你会一次比一次稳健，高调做事，你会一次比一次优秀。

《音乐何需懂》，音乐是抽象的艺术，是纯听觉的美，不能用文学化和美术化的方式去解读音乐。音乐是听觉的艺术，作为音乐老师，千万不要盯着学生做乐句解说而限制学生的思维，应该让学生感受纯听觉的美，就是最基本的欣赏方式。"音乐的世界是丰富多彩的，仅有通俗音乐是不够的。严肃音乐超越了简单的感官愉悦，可以触发心灵深处的感动和全身心的震撼。"幸福的人生需要良好的"感性能力"，本书作者中央音乐学院周海宏教授认为，作为一个完善的人，获得幸福生活不仅要有获得知识、分析问题、解决问题等的理性能力，更要有敏锐的感受、细腻的体验和丰富的需要等这些感性能力。高品质的生活要超越感官的愉悦，要提倡高品质的感性生活。音乐教育都是贯穿到礼仪、文化当中，音乐是最不需要教育就能感受到的艺术，它根植在我们身边，只要用心去发现，都能感受到音乐的美！

良好的感性体验是幸福人生的具体体现，个人的感性素质是获得幸福人生的条件，良好的感性环境是文明社会的具体体现，民族的感性素质是创造现代文明的保证，没有丰富感性体验的人生是枯燥的人生，没有艺术的人生是不完整的人生，不能享受音乐的人生是遗憾的人生。读完整本书，我感觉自己是多么的幸福，因为我是一名音乐老师。

2018年，阅读让我看得开，放得下，有了"拨开云雾见青天，守得云开见月明"的心态，这样的我，心生喜欢。

四、写作

记得去年每天坚持写几百字的随笔，想到什么写什么，有儿子的成长故事，有教育教学中的小叙事，有自己的所感所想，有某一天的天气变化。总之，写作的内容没有什么定数，写作的方式也很随意。可是在年终的时候粗略统计，居然写了27万字，连我自己都有点儿小吃惊，这更坚定了我每天坚持写随笔的决心，新教育的励志格言就是"只要行动就有收获，只要坚持就有奇迹"，不逼自己一把，就不知道自己的潜能有多大，感觉今年的书写情况要比去年好很多，就字数来说也提升了要求，内容更偏向于教育随笔，将学校里每天上演的平凡故事记录下来，就会是不平凡的生活。每天不管有多累，随笔都得完成，不过这样也牺牲了很多业余时间，这两年来我没有看过一部电视剧，追剧对我来说都成了一种奢望，偶尔会陪儿子去看场电影，这也是我们两个最开心的时光，我每天坚持，儿子也成了我的小小监督员，只要有一天没有看到我写作，儿子就会提醒我："妈妈，你今天的作业好像没有完成。"我就会在他的督促下继续我的写作生活，我陪儿子阅读，儿子陪我写作，我们的生活平淡而快乐。

五、辐射

工作室已经成立三年了，过去的两年不断探索，不断学习，让工作室的辐射作用扩大，影响力更深远，2018年，工作室月月有活动，周周有研修。承办了兰州市第九期"名师大讲堂"活动，聘请了美国柯达伊音乐教育专家耐克老师，耐克老师幽默风趣，专业功底扎实，他准备了丰富的水果，让老师们通过自由组合形成丰富的节奏型，可以是单条的节奏，也可以是卡农式的节奏，老师们通过实际编排，更深地体会到，其实音乐就在我们身边，只是我们缺少了体会音乐的耳朵和心灵。耐克老师的上课模式深深吸引着大家，新的教学模式和新的教育理念融汇于每一位参训老师的心田。

8月，工作室外派七位骨干教师参加在北京举办的"柯达伊教学法"培训，炎热的北京也不能阻挡我们前进的脚步，杨丽梅老师、梁洪来老师、崔健老师、托特老师等将柯达伊教学法最前沿的理念传授给学习者，培训让工作室的老师学有所获，学有所成。柯达伊教学法也让老师们的课堂充满了歌声、琴声、欢笑声。

11月份请来了陕西省奥尔夫协会副会长张贝特老师，对西固区的音乐老师进行了为期三天的"奥尔夫"教学法培训，张老师实践与理论相结合，通过大量的小组合练习，让参训的老师理解了奥尔夫教学法的理念系统、感知系统和情感系统，将系统的教学法理念娴熟地运用到自己的课堂当中，让我们的音乐课堂成为学生终生喜欢音乐的摇篮。

九月份与许芸名师工作室联合开展了"音为有你，弦动我心"全市音乐教师集体大教研，4月份带领工作室成员前往二级工作室西固区达川中心校送研送教。两次活动影响深远，收获满满。当然，工作室的活动每月都有，老师们繁忙的工作之余，总会在一起谈谈音乐教学中的困惑，大家群策群力，以集体的智慧来解决现实中存在的问题，让老师们在崔玲名师工作室这个大家庭里快乐成长，为兰州的音乐教育贡献力量。

六、收获

2018年感觉"指尖太宽，时光太瘦"，来不及回味，已经跨年。回首过往，虽有遗憾，但也收获颇丰。专著定稿，课题结题。甘肃省骨干教师也尘埃落定，几经周折，我也被聘为"甘肃省金钥匙导师团导师"，获得学校的"优秀教育工作者"称号，至此，学校的所有荣誉我已囊括。荣誉就是责任，以后的路我会一如既往，不负重托，努力奔跑，做一名幸福教育的追梦人。

一个优秀团队的形成离不开每一个成员间的团结协作，在这个温暖的"家庭"中，大家感受到了团结互助的快乐，感受到了同伴欣赏的幸福，成员们在相互学习、取长补短的同时，不断思考，不断提高自己的教育教学水平。工作室的成绩也很突出，粗略统计，规划课题结题三项，个人课题结题二项，论文发表十多篇，4人获兰州市教学新秀，十多人获兰州市艺术节辅导教师奖，2人获省部级"一师一优课"，2人获兰州市骨干教师优质课一等奖。

每一次盘点，都是为了新的出发，每一次新的出发，都是为了做最好的自己，回首一年来走过的道路，我深感充实与快乐。内心充满感激，感激所有帮助和给我压力的人，因为在压力中产生动力，我才能如陀螺般不停地旋转，不断成长；感谢这个有思想、有凝聚力、有生命活力的团队，我们在交流中取长补短，分享智慧与快乐，在进取奋斗中幸福成长。我的2018，用尽生命中最美的姿态向上生长。

总结提升　勇于攀登

2019年，对于我来说，是充实而收获满满的一年。在这一年里，我深入参与了多项与音乐名师相关的活动，包括读书、写作、辐射带动以及课题研究。

一、读书

读书是我提升自我、汲取灵感的重要途径。2019年，我阅读了大量关于音乐教育、心理学、艺术史等方面的书籍。这些书籍不仅拓宽了我的视野，也让我对音乐教育有了更深入的理解。同时，我还积极与同行交流阅读心得，共同探讨音乐教育领域的热点问题。

二、写作

写作是我表达思想、传递理念的重要手段。在2019年，我撰写了多篇关于音乐教育的论文和文章，其中一些在学术期刊上发表。这些文章涉及音乐教育的理论、实践和反思，旨在为音乐教育领域的发展贡献自己的力量。

三、辐射带动

作为一名音乐名师，我深知自己的责任和使命。在2019年，我积极参与各种音乐教育活动，如讲座、研讨会、工作坊等，与同行分享自己的经验和见解。同时，我还通过网络平台，如微博、微信公众号等，与广大音乐爱好者互动交流，传播音乐教育的理念和方法。

四、课题研究

课题研究是我不断探索、追求卓越的重要途径。在2019年，我主持并参与了多项关于音乐教育的课题研究，包括教学方法创新、评价体系改革等。这些课题研究不仅为我提供了实践机会，也让我对音乐教育有了更深入的认识和理解。

回顾2019年，我深感自己在音乐名师的道路上取得了不小的进步。但同时我也明白，成长的路途永无止境。在未来的日子里，我将继续努力，不断提升自己，为自己喜欢的音乐教育事业贡献更多的力量。

我们一起向未来

2021辛丑牛年，不负春光，奋力奔跑，这一年我们鼓足了牛劲和牛力，用"艰苦奋斗老黄牛，创新发展拓荒牛，为民服务孺子牛"的"三牛"精神来勉励自己，在工作中有干劲，有闯劲，有狠劲。转眼，壬寅虎年悄然而至，就在2022年新年钟声即将敲响之际，回首过往，总觉得要写点儿什么，留一些美好，弃一些悲伤，给我的2021年画一个圆满的句号。

一、学习

学无止境，学习永远在路上。学习除了获得知识、培养技能、产生认知外，还可以用来明智，用来开阔眼界。不渴望能够一跃千里，只希望每天能够前进一点点。2021年寒假，自我费报名参加了湖南富力文化有限公司组织的朱勇老师"合唱与声势"的培训，这个培训让我看到了自己在声势律动中的差距。柯达伊教学法、奥尔夫教学法、达尔克罗兹教学法越来越受到老师们的青睐。教无定法，贵在得法，虽然我们和国外的艺术教育有差距，但是我们的孩子是处在同一起跑线的，所以将他们的教学法结合我们的学情，用到我们的教学当中，会让我们的孩子"乐学""会学""愿意学"，让音乐课成为孩子们启智增慧、润泽心灵、提升审美、培养能力、开拓创新的源泉。这一年虽然疫情仍然肆虐，但是阻挡不了我们学习的热情，我聆听了多位大师的讲座，在大师的带领下畅游音乐的海洋。

杯子舞是通过使用杯子敲击节奏，配合手部舞蹈的新兴音乐表现形式，需要学生整体配合才能实现，对培养孩子的节奏感和协作精神具有积极的作用。杯子舞教学能够丰富音乐教学的创新形式，增加课堂的趣味性，调动学生的积极性，同时又能高效地培养学生的音乐节奏感和团结协作意识，增强团队获得感，提升班级凝聚力，增进同学间的感情。2021年，我们通过培训，将杯子节奏和声势律动融入音乐课堂教学，提升了课堂的趣味性，让学生在动手创编中感悟乐曲的节奏和韵律，将课堂交给学生，真正体现以学生为主的音乐课堂教学，使学生期盼着上音乐课，离不开音乐课，让音乐课成为孩子"每周一乐"的海洋。

这一年聆听大师的讲座，体验大师带给我们的教育精神和精准学识。戴玉强老师的"戴你歌唱"，让亚洲最美声音唱响黄河之滨。任宝平老师的"合唱让我的生活更多彩"，让我更深刻地体会到合唱教学中团队合作的重要性，一名优秀的指挥可以让合唱团找到歌唱的艺术和灵魂。罗琦老师永远都是那么的温文尔雅，他对初、高中教材的解读和把控，对新课标的研读，让我们深刻体会到名师的成长从来都不是一蹴而就的，学习永远在路上。

这一年我参加了两次无关学科的高端研修，一次是"名师发展学校高端研修班"，一次是"校长发展学校"，让我抛开学科看教育，理解了深度教学的真正含义，让学生学会、学懂、学以致用。领悟了"双减"政策下的作业设计该如何做到学校作业校本化、县区作业区域化、市属作业系统化。在这样一个大的国家教育发展的政策下，我们既要有自己的特色，也要有顶层的设计。各拿各的号，同吹一个调。

二、读书

立身以立学为先，立学以读书为本。感受文字之美，尽享读书之乐。潜下心来教书，静下心来读书。这一年，我读的书缩减为年初计划的三分之二，总给自己找忙的理由。其实心若向往，必会达成，借口都是懒惰人的避风港。杨绛先生的自传《认真的年轻，优雅的老去》让我明白，不高攀也不怕下跌，用力去爱，用心生活，于从容不迫间，成就百年优雅。一个人的成长历程，就是她的阅读经历。书中自有黄金屋，书中自有颜如玉。只有读了杨绛先生才会明白人的一生究竟有多少种可能。钱锺书盛赞她为"最贤的妻，最才的女"，也为其写下最美的情话："从今以后，咱们只有死别，没有生离。"她一生经历百年，从大家闺秀到一代名媛，从小荷尖尖到声名远扬。她始终淡然若定。在自己的天地里做自己想做的事，活成自己想要的模样。《柯达伊教学法Ⅰ》使我懂得柯达伊·佐尔坦对匈牙利音乐教育发展的贡献，体现了音乐教育对国民素质提升的重要性，孩子的教育是未来教育发展的基础，一切事情都得从孩子抓起。为孩子撑起一片蔚蓝的天空，国家的天空就是湛蓝色的。音乐的基础在于孩子，每一个学段让学生掌握那些音乐基本素养，让音乐属于每一个孩子。但单纯依赖方法而忽视内容的对应性、丰富性，再加上机械套用，最终会把教学法带入"套子"里，变得笨拙、僵化，看似生动活泼的教学效果，都是些糊弄家长、学校、社会的"假把式"，根本不会对教学内容的完成产生多大作用。如何才能发挥西方教学法的最大效能？这是我们音乐教育者要探索和思考的课题。《人生由我》讲的是特斯拉CEO埃隆·马斯克的母亲的故事，这位母亲传奇的一生告诉我们，在教育上投资自己，年龄并不是问题，投资自己永远不会白费。作为一位母亲，工作并不会耽误孩子的成长，反而让他们对自己更负责。美貌没有年龄限制，要优雅地老去，快乐地生活。腹有诗书气自华，读书万卷始通神。2021年读的书太少，终将成为这一年的遗憾，因为我的人生里，再不会有2021。

三、成长

一直在纠结第三部分到底写"收获""成长"还是"进步"，最终确定为"成长"，有两个方面的考虑，第一是成长一直在路上，不同阶段、不同年龄，都有自己要学习、要成长的内容和意义。第二是2021年是一个让我对"成长"这个词有了更深刻理解的觉醒年份。建党百年、五项管理、"双减"落地等"热点词汇"。让我明白了中国共产党为什么"能"，是因为她具有深厚的为民情怀，根基在人民，血脉在人民，力量在人民，一直与人民站在一起、想在一起、干在一起。中国特色社会主义为什么"好"？是因为她"主义真""道路新""制度优""贡献大"。回想庆祝建党100周年直播大会上，当总书记高举拳头喊出：伟大、光荣、正确的中国共产党万岁，伟大、光荣、英雄的中国人民万岁。我瞬间泪目，感慨自己何其有幸，生在红旗下，长在春风里，目光所至，皆为华夏，星光所及，皆为五星。感慨自己虽已不惑，仍觉自己意气风发，在培养祖国未来建设者的事业上，不忘初心担使命，请党放心，为党培养人才，为国培养栋梁。有我，有他，有千千万万名教育工作者。在祖国未来建设的道路上，教育人将不忘育人初心，牢记教书使命！将立德树人的根本任务作为己任，在教育的追光之路上砥砺前行！那一刻，我觉得用世界上最华丽的语言来赞美我的祖国、我的党、我四万万同胞都不为过。你翻过了山，他爬过了岭，我只走了路。不用羡慕，不必自怜，那不过是一条不同纬度的教书育人的曲线，脚下皆为华夏沃土，美满自知。我不需要死记硬背，那些慷慨激昂的话语已深深烙在我的心里，我不需要豪言壮语，所有的期望只用行动表白。我只请党放心，在实现中华民族伟大复兴中国梦的征程中，我是那不可或缺的14亿分之一！

四、辐射

这一年对工作室来说，既是考验也是突破，前半年，庆祝建党百年的所有活动都如火如荼地拉开帷幕，工作室的成员都担任着各种比赛的指导教师，甚至一个人担任多个节目的指导，我们只能在电话或者微信里互相交流，互相切磋，集中起来很困难。不过所有的老师在兰州市第七届中小学生艺术节中都成绩斐然，付出都有回报，我经常跟他们说，一定要做好自己的本职工作，体育、艺术是学校的门面，作为艺术老师，打造学校的门面是我们义不容辞的责任，当然也有老师会抱怨学校不支持。我说得最多的就是：只要你干出成绩来，做出特色来，学校领导没有不支持的，领导看不到你的成绩，你就想要支持，换谁都会犹豫。踏踏实实做人，勤勤恳恳做事。81中唐婷婷老师代表工作室前往榆中送教，她多变的才艺、幽默的语言，受到老师和学生的一片点赞。2021年10月份，突如其来的疫情让金城兰州按下了暂停键，我们也居家教学，这期间，工作室的老师们积极制作、精心准备，为全市的老师和学生推送出了13节优质的音乐微课，让居家的孩子们也能通过云端感受音乐带给他们的快乐和愉悦。最难能可贵的是11月19日进行的"名师讲堂"活动，在没有任何直播经验的情况下，我们进行了三次试播，不断讨论，不断改进，使得活动开展得顺利有序，参与培训学习的老师达555人，超出了我们预期的一半人数，老师们的评价也很高。这次活动为工作室以后开展活动积累了经验，也开拓了我们培训的思路。工作室也为老师们购买了1000本读书和教学软件，相信2022年我们会做得更好。

五、收获

2021年虽有遗憾，但收获蛮多，发表论文2篇，参与课题研究1项，自己主持的省级课题也在研究当中，指导的学生京剧、朗诵、舞蹈分别获得兰州市第七届中小学生艺术节一、二、三等奖。申报的基础教育成果也获得兰州市一等奖。参加省教育厅组织的征文比赛获教师组优秀奖。参加兰州市音体美教师优质课比赛也在评选当中，不管结果如何，重在参与，意在过程。

每一次盘点总觉得时间如烟，一年就在弹指一挥间，2021年对每一个教育人来说都是考验，情境教育、新教育、智慧教育等等，在百年未遇之大变局中都要变成适应孩子身心健康和国家发展的教育。最后借用《人民日报》的金句摘抄结束我的2021：我们总是为了太多遥不可及的东西去奔命，却忘了人生真正的幸福不过是灯火阑珊的温暖和柴米油盐的充实。这一年里，无论你赚钱是多是少，经历的事情是好是坏。请记住，如果这一年，你是健康的，那就是最好的一年。

随风潜入夜　润物细无声

2024新年，来得地动山摇，来得惊心动魄，来得冷暖分明，来得感天动地。无论怎样的一种状态、怎样的一种心境、怎样的一种方式，2024还是毫分不差，准时准点地到达。在新的一年许下诺言，定下计划，期待所有的美好都能相遇，所有的愿望都能实现。回首我的2023，我该用怎样的语言和文字为它做一个盘点？很喜欢几天前看的一篇文章里用到的一个字"随"，我想这也是

2023年最适合我的关键字。

随风　随笔　追随　随意　随遇而安

随不是随便，而是不躁进、不过度、不强求，一切顺应自然。随不是随便，而是把握机缘，不悲观、不慌乱、不忘形，一切顺意而安。随不是随便，而是在若有若无之间，把握住万物的根本。

一、随风

喜欢随风是因为古诗《春夜喜雨》，随风潜入夜，润物细无声，那夜的春雨伴随着春风在夜晚悄悄地下起来，无声地滋润着万物。教育何尝不是这样呢？默默地、不求回报地爱每一个孩子，如春雨般滋润着他们，让他们的心灵里开出一朵朵温暖绚烂的花朵，2023年，我通过家访、谈心、鼓励，劝回了已经辍学的马同学，让他顺利地毕业，完成了自己的九年义务学业。回想第一次去马同学家，是和他的班主任张老师，我们一个中午去了马耳山的两位同学家，马同学是第二家，他的妈妈很热情，漂亮紧凑的二层楼收拾得很干净，我去看了马同学的房间，也干净整洁，就是和学习有关的东西几乎没有，在他家的客厅里，我们聊关于孩子上学的问题，他爸爸就是各种指责，我也明白了孩子的教育出现问题，原因在什么地方。我们谈了很多，马同学回到了学校，可是孩子的成绩已经落下得太多，我多次和他的班主任交谈，对于马同学，我们只能让他安全、完整地完成他的学业就好，多给他一些鼓励，让他不要离开班级、离开学校，记得中考前的一天晚上，快12点钟了，我已经进入梦乡，电话响了，马同学给我打电话，说他回不了家，他晚上和同学出去玩，回来迟了，他妈妈将门反锁了，他进不了家门，孩子声泪俱下，我问他能不能去同学家先住一晚上，并且给他发了20元钱。第二天他到学校来了，好像什么事情也没发生，直到他参加完中考，再没有旷课。中考他考了325分，我很欣慰。教育就是这样，随风滋养每一个孩子，不仅教会他们知识和本领，更要帮助他们建立人格、传递价值、涵养精神。让他们毕业后做一个对社会有用的人，有出彩的人生，因为育人比教书更重要。我们不强求每一个孩子都上重点高中，让孩子在适合自己的土壤里苗壮成长，随风自由地翱翔。

二、随笔

书写随笔是好多年前就有的一个习惯，在特殊的时期间断过一段时间，2023年，我继续开始记录我的生活点滴、工作常态、孩子教育、阅读感悟、所见所闻。新教育十大行动之一就是"师生共写随笔"，于学生来说，书写随笔可以增强学生的写作能力，提高学生的创造力和想象力，建立良好的师生关系，增强学生的团队合作能力，扩大学生的交际圈。于我个人来说，书写随笔让我每天很充实，感觉日子过得很精彩，每天都有值得纪念和书写的事情和心情。每一次洋洋洒洒的文字随着我的手指出现在手机或电脑的屏幕上，我的内心都充满了激动和温暖，书写随笔，也让我在文字中感受自己的成长，感悟时代的发展，感叹岁月的蹉跎。2023年出版专著一本——《乘着歌声的翅膀》，其中第四篇章就是我平时积累的随笔"我的教育故事"，在这个浮躁的时代，我们将大把时间都交给了网络，网络占去了我们的阅读时间，如果再不记录生活中的点滴美好，那我们的生活就太过苍白，随笔让我内心在繁忙的一天中有了些许的惬意，那就让这份惬意永远保持下去，给未来留一些色彩。

三、追随

追随岁月的痕迹，寻找生命的印记，品味人生的韵味，追随是一种信念，2024年，在追随的道路上，我发现努力过程中无数的可能，也收获了无比的快乐。一直追随自己在音乐课堂中的一种师生忘我状态。享受音乐的快乐，感悟音乐的治愈，体验音乐的美好，创编音乐的灵感。这一年从年初开始认真上好每一节课，和学生不断地探讨，不断地磨合，利用假期，研读各种版本的教材，撰写教案，制作课件，完成了一节九年级音乐基础教育精品课的录制，过程虽然很艰辛，但是最终通过层层推选，在全国22万名老师参加的情况下，获得了部级奖的只有4473节课，我的那节九年级音乐课《赛龙夺锦》就在其中，公示的那一刻，我的内心激动不已，感谢这些年在教育改革中给老师们实现梦想的教育部门，感谢没有放弃努力的自己，感谢兰州市教育局"三名人才"计划对我的培养和指导，感谢学校领导和老师对我的帮助和鼓励，更要感谢我的孩子们，在给你们传授知识的过程中，让我发现那个更好的自己，尼采说：

"每一个不曾起舞的日子，都是对生命的辜负。"在音乐教育的生涯中，追随光，靠近光，成为光，散发光。

四、随意

随意春芳歇，王孙自可留，已过不惑之年的我，需要的是随意的心态，工作或生活，只管做好自己，其他都随意，不强求，不争辩，不在意。随意只是一种心态，它不是一种躺平的姿态，而是豁达的心境。想阅读什么样的书籍，就去随意阅读，不强迫自己非得阅读专业类的书籍。想吃什么样的美食，就好好犒劳自己，不必在意会涨多少体重。想和志同道合的人约会，就立刻施行，不必去讨好看自己不顺眼的人，你若强大，他可绕道。做别人不愿意做的事情，不是为了显示自己的能耐，只是不能让机会错失。别人争着抢着的事情，避开绕行。有名额限制的活动，不主动报名。机会留给年轻的同事，帮年轻人成长，是一个中年教师的责任和义务，成就别人，快乐自己。2023年，放弃规划课题申报的机会，避开"最美教师"评选，优质课比赛、千校万师比赛资格均弃权，最后年轻的同事在这些比赛中都取得了优异的成绩，比赛是教学相长的过程，是自我提升的途径，是成就自己的舞台。幽幽陌上风尘染，淡淡花开十里香。淡泊名利，品味人生，在简朴平淡的生活中，活得快乐而自在，过一种幸福完美的教育生活，品一种上乘随意的人生境界。

五、随遇而安

随遇而安，斯真隐矣。春有百花秋有月，若无闲事挂心头，便是人间好时节。心存感念，岁月静好，安暖相伴。学会随遇而安，快乐便如汩汩泉水，随时都滋润着你的心灵。比赛，我总是享受赛前准备的过程，那是一个自我提高和储备知识的过程，从中就会发现自己能力的不足和知识的短板，不断地充盈自己，一场比赛，扎实地准备才是真理，至于结果就随遇而安，有好的结果自然是好的，如果没有也不必自怨自艾，毕竟在过程中我成长了，这就是最大的收获。将自己的欲望降低，就会感受到每天的清新空气、温暖阳光，随遇而安。无论在任何岗位，做好自己，懂得取舍，不要抱怨，学会沉淀。雨果说："花的事业是尊贵的，果实的事业是甜美的，那就让我们做叶的事业吧，因为叶的事业是平凡而谦逊的。"教育就是这样，平凡中有伟大，琐碎中见成就。我们的样子就是未来中国的样子，未来中国的样子在今天的课堂里。这就是我们潜心做教育的意义。随心才能安心，安心才能静心，静心才能尽心，尽心才能潜心，潜心才能事事用心。

人勤春来早，奋斗正当时，2023年的盘点在零零散散的文字里画上了句号。2024年，照顾好身体，健康才是最大的底气，经营好家庭，家才是最温馨的港湾。完成好工作，工作是美好生活的保障。2024年，不拖延，想做的事情今天就迈出第一步，与其等待，不如尽快去实现。趁着大好光阴，奔赴期待的生活。做自己想做的事情，每一天，每个时刻都值得期待。

春华秋实　善爱育人

——我的教育收获

时代在变迁，教育在发展，回首走过的二十年教育生涯，有坎坷，但更多的是喜悦和收获，感恩遇见的每一位领导和携手同行的同事，更要感谢我的每一届学生。让我更加坚信教育就是以爱育爱，以情换情。在说短不短、说长不长的二十多年教学中，我取得了自己比较满意的成果。

一、传承中华"国粹"我先行

优秀传统文化是中华民族的命脉。继承和发扬中华优秀传统文化是青少年一代要肩负起的责任，京剧是我们国家的国粹，将国粹发扬光大是学校教育的重要内容。是青少年进行美育教育的重要途径，在坚定文化自信、坚守传统的基础上，不断增强中华优秀传统文化对青少年的影响力和吸引力。为了积极响应国家提出的"戏曲进校园"活动，我所在的学校2006年成立京剧代表队，因为全校只有一个音乐老师的缘故，京剧代表队辅导教师的光荣使命就扛在了我的肩上，当时的我一段京剧唱腔都不会，如何教学生？于是我就利用周末和晚上向我所在区文化馆的京剧老票友请教，当时教我的崔老师是一位在我们当地很有影响力的京剧老票友，80多岁的老人，拉着一手漂亮的京胡，对"戏曲进校园"活动特别支持，他给我手把手地教唱了《四大派别流水联唱》，分别为《苏三起解》《红娘》《锁麟囊》《穆桂英挂帅》。我回到学校再传授给我的学生。从此我就喜欢上了京剧，直到今天，京剧已经成了我们学校的特色课程。

在教学中，我要求学生做到"六个一"：会唱一出京剧，会唱一首艺术歌曲，观看一部戏曲录像，绣制一个工艺香包，会画一张科幻画，参加一次艺术社团活动。通过看、听、学、唱、画、做、写等训练，促进了戏曲特色教育的新发展。通过看、听、学、唱、画、做、写等训练，将传统文化进校园工作进一步推进。我在教学过程中将传统国学《弟子规》《三字经》等，创编成了京剧的曲调，让学生唱出来，更好地将诵经典、唱经典、演经典紧密结合起来，更好地体现中国传统文化的魅力。每周星期四、五开展戏曲社团活动。我开发的校本课程《陇域之韵——香包、刺绣、剪纸入门》《戏韵》也在七年级实施，深受学生的喜爱。

由于我国戏曲剧种繁多，唱腔复杂，题材都趋于成人化，在加之现在的流行音乐风靡全球，极大地冲击着传统艺术的市场。我所在学校的京剧启蒙教育的教学往往会使学生感到深奥、枯燥、不易理解，在这一点上，我下了很大的功夫，先从学生们比较容易接受的京歌入手，一步一步转化为京剧，这个方法极大地推动了京剧教学的进程。

正因为有了以上的这些基础工作，我所带领的京剧团每年都能创编出一些具有一定质量的作品，并积极参与每一次的重大比赛活动。在京剧社团成立十几年来，已经获得了不少的成绩。

2021年京剧团排练的节目《粉墨青春传京韵》获得兰州市中小学生艺术节一等奖。本节目从京剧表演的形式：唱、念、做、打进行设计。开场的水袖和飞虎兵的入场，体现了京剧表演的走位和圆场的行云流水。接着两个武生的对打，让京剧中的"一人一枪可抵千军万马"尽显眼前。长绸永远是戏曲舞台上的华彩。两个长绸在舞台上同时起舞，犹如七彩云霞降落人间。水袖舞是京剧表演中不可或缺的重要部分。节目的最后以婀娜多姿的水袖舞结束。让学生在表演中体会"国粹"的韵味和魅力。

节目中设计穿插了两个京剧唱段。传统戏曲《红娘》和现代京剧《红梅赞》，着重体现传承的理念。让中华国粹在实现中华民族伟大复兴的征程中不断强大。让文化自信成为学生前行道路上一层靓丽而坚固的底色。

戏曲进校园为学生们架起文化上联通过去与未来的桥梁，让孩子们自觉地从中华优秀传统文化中汲取力量，获得思想涵养和价值支持，为校园文化的提升和学生精神世界的塑造提供了无限可能。

不断传承和创新，让学生在学习的过程中理解京剧、表演京剧、喜欢京剧、传承京剧。为学生传承中华优秀传统文化和树立文化自信奠定基础，我多次获得省、市、区戏曲比赛优秀辅导教师，我所在的学校2018年也荣获教育部第二批优秀传统文化基地校。这也成为学校进一步开展此项目的新的契机。

二、传唱中国歌曲我同行

合唱艺术是集语言、音乐、演唱于一体的综合艺术，是声乐艺术中最具表现力、内涵最丰富的一种演唱形式。合唱是最能训练团队凝聚力的一种艺术表演形式，我从上班以来，就一直辅导学校合唱团，我们都知道初中学生的声音最难调整，他们正处在变声期，男孩子喉头逐渐宽大，声带拉长，喉结突出，声音也逐渐变得重浊、低沉起来。在变声期，男孩子的嗓音通常要比变声前低8度左右。此期间，还会出现声音嘶哑、咽干、咽痒、咽部异物感等症状。可是每个孩子都有喜欢歌唱的自由和权利，男孩子们也喜欢合唱，也要参加合唱团，我不能剥夺孩子享受音乐的权利，所以我的合唱团是初中很少有的混声合唱团。在我的合唱训练中，我极大地发挥孩子们的主观能动性，让他们在合唱中感悟自我价值。

（一）平时排练，保护嗓子

第一点，我要求学生注意保暖。因为变声期，孩子的喉咙已经很脆弱了。如果忽略了保暖工作，孩子就容易感冒，尤其是近几年各种病毒传染性极强。随时会入侵孩子们娇嫩的身体，咳嗽、发烧、嗓子疼痛等症状时有发生，这种感冒引起的炎症会加剧声带的充血和肿胀。

第二点，要求学生加强锻炼。多做运动，提高身体素质，对声带的发育有帮助。同时，日常作息要有规律，避免熬夜，让孩子能有充足的睡眠。

第三点，要求学生正确使用声音。如果孩子们在变声期间过多地用嗓，会使本来就充血的喉咙更累。因此，我要求孩子们在说话和唱歌时，应尽量避免用力和大声地使用自己的声音，不要大声叫喊，勉强用力去尖声唱歌。

第四点，要求学生避免刺激性食物。刺激性食物会对喉咙产生不良刺激，影响变声期的变声。比如在唱歌、讲话后，不要马上喝冷水、吃冷食。因为喉部正处在组织充血、代谢旺盛的时候，如果突然给予冷的刺激，会损伤声带。

（二）声音训练，讲究方法

第一点，呼吸的训练，歌唱是呼吸的艺术。在对合唱团进行发声训练时，无论坐、立，均要求上身平直，双肩放松，保持积极而兴奋的状态，在此基础上进行正确的呼吸训练。解决吸气量、控制呼气的机能、气与声结合的正确比例关系、轻声高位置的气息支撑。

第二点，发声训练，发声训练就必须教会学生运用"头声唱法"，养成用头声演唱的习惯，要将追求音质的美放在第一位。在训练的最初阶段，为了让大家掌握发音方法，养成轻唱的习惯从而获得高位置的头腔共鸣，我通常只用135三个音，因为它们的发音比较接近，发u时软腭抬起，咽喉处于积极状态，嘴微张开，声音像在头部作响，头顶有振动感，这就是高位置的头声。以人的头声、混声、胸声三个高、中、低声区为依据的共鸣腔体有可调节（如咽、喉、口）与不可调节（如胸、鼻、额窦）之分。要获得好听的合唱声音，除呼吸和发声训练外，作品的选择也很重要。

（三）作品选择，力求自主

一个好的合唱团在比赛中能否取得好的成绩，演唱作品的选择非常重要，我们的合唱团在平时训练时，作品主要以短小精悍的合唱练习曲为主，比赛时的作品要求学生和老师以原创和改编为主，我们曾将初音未来演唱的《甩葱歌》改编成三声部合唱，获得市级比赛二等奖，将《知否知否》改编成三声部合唱，获得市级比赛一等奖。在改编的过程中，学生既感受了创作的乐趣，也了解了作品表达的意境和旋律的关系，给学生提供了展示自我才能的空间，更好地激发了学生学习音乐创作的兴趣。

附：照片

荣获一等奖的京剧《梨花颂》

参加国际和平合唱节

荣获一等奖的京剧《同光十三绝》

合唱团在维也纳金色大厅前合影留念

荣获一等奖的京剧《粉墨青春传京韵》

参 考 文 献

［1］李香华.情境教学在初中音乐课堂中的应用状况研究［D］.哈尔滨：哈尔滨师范大学，2017.

［2］闫丽莉.初中音乐教学课堂互动式教学模式研究［D］.石家庄：河北师范大学，2017.

［3］王斐.平板电脑引入初中音乐课堂教学的行动研究［D］.烟台：鲁东大学，2017.

［4］孔凡红.初中音乐教学中探究式教学应用的现状调查与对策研究［D］.烟台：鲁东大学，2017.

［5］林平.初中音乐教学中的自主学习现状调查及对策研究［D］.烟台：鲁东大学，2017.

［6］魏晓飞.农村初中音乐课堂有效教学管理策略研究［D］.哈尔滨：哈尔滨师范大学，2017.

［7］杨舒越.翻转课堂教学模式在初中音乐课堂中的实践研究［D］.西安：陕西师范大学，2017.

［8］邱中慧.初中音乐课程外国民族音乐内容教学研究［D］.重庆：重庆师范大学，2017.

［9］陈发鑫.信息技术在初中音乐教学中应用的研究［D］.桂林：广西师范大学，2017.

［10］方佳.基于代币制的初中音乐课堂教学创新研究［D］.南昌：江西师范大学，2017.

［11］胡龚前.人音版与花城版初中音乐教材之比较与使用研究［D］.长沙：湖南师范大学，2017.

［12］张思瑶. "微课"在初中音乐教学中的设计与应用研究［D］.重庆：重庆师范大学，2017.

［13］乔翔.钢琴音乐引入初中音乐课堂的理论与实践［D］.呼和浩特：内蒙古师范大学，2017.

［14］潘氏如琼.越南初中音乐教育调查研究［D］.上海：上海音乐学院，2017.

［15］张静.流行音乐对初中音乐教育的影响及策略研究［D］.昆明：云南师范大学，2017.

［16］徐红霞.淮安市初中音乐教育现状调查研究［D］.曲阜：曲阜师范大学，2017.

［17］王博然.初中音乐课堂小型打击乐器的有效性运用研究［D］.新乡：河南师范大学，2017.

［18］章婉.初中音乐教师学科教学知识应用研究［D］.桂林：广西师范大学，2017.

［19］韦珍雅.初中音乐课堂渗透壮族民间音乐文化的实践研究［D］.桂林：广西师范大学，2017.

［20］周珊.新课标下初中音乐教师钢琴伴奏技能的培养与作用初探［D］.呼和浩特：内蒙古师范大学，2017.

［21］王耀华，王安国，吴斌.义务教育音乐课程标准（2011年版）解读［M］.北京：北京师范大学出版社，2012.

［22］周成平.新课程名师100条建议［M］.北京：中国科学技术出版社，2009.

后　记

时光荏苒，岁月如梭。在这本《乘着歌声的翅膀》音乐专著的编写过程中，我倾注了无数的心血与汗水，现在终于能够与大家分享我的教育理念、教学设计、教育故事以及教学成果。

音乐教育，不仅仅是教授孩子们唱歌、演奏乐器，更是培养他们对美的感知、对情感的表达以及对生活的热爱。我始终坚持"以音乐为媒，以情感为魂"的教育理念，致力于将音乐融入孩子们的生活，让他们在音乐的熏陶中茁壮成长。

在教学设计上，我注重因材施教，根据孩子们的年龄特点、兴趣爱好和个体差异，制定个性化的教学方案。我善于运用多媒体教学手段，通过丰富多彩的音乐活动，激发孩子们的学习兴趣和创造力。同时，我也注重培养孩子们的音乐素养，让他们在音乐学习中不断提升自己的综合素质。

在教育故事方面，我有幸见证了无数孩子在音乐道路上的成长与蜕变。有的孩子从胆小羞涩变得自信大方，有的孩子从对音乐一无所知变得热爱并精通。书中有很多在教学过程中的点滴思考和触动心弦的教育故事，都是我教育生涯最宝贵的财富，这些故事让我深感教育的力量，也让我更加坚定了自己从教的信念。

至于教学成绩，我深感欣慰与自豪。在我的指导下，许多孩子在各类音乐比赛中取得了优异的成绩，他们的音乐才华得到了充分的展现和认可。同时，我也收到了许多家长和同行的赞誉与肯定，这些成绩与认可不仅是对我工作的肯定，更是对我教育理念的认可。

回首过去，我深感自己在这条音乐教育之路上走得坚定而充实。展望未来，我将继续秉承"以音乐为媒，以情感为魂"的教育理念，不断探索与创新，为培养更多优秀的音乐人才贡献自己的力量。我相信，只要我们携手同行，乘着歌声的翅膀，一定能够飞得更高、更远。

最后，我要感谢所有支持我、关心我、帮助我成长的人。你们的陪伴与鼓励是我前行的动力，也是我不断追求卓越的力量源泉。感谢工作室的各位老师，尤其是唐婷婷老师的大力支持和积极配合，让我有了很多思路和启发。愿我们共同携手，为音乐教育事业谱写更加辉煌的篇章！

第一次写书稿，有很多欠缺，敬请各位读者谅解。学无止境，教海无涯，我将继续努力，不忘教育初心，牢记育人使命，在音乐教育之路上书写自己的教育故事，开启幸福的教育生活。

崔 玲

2024年4月